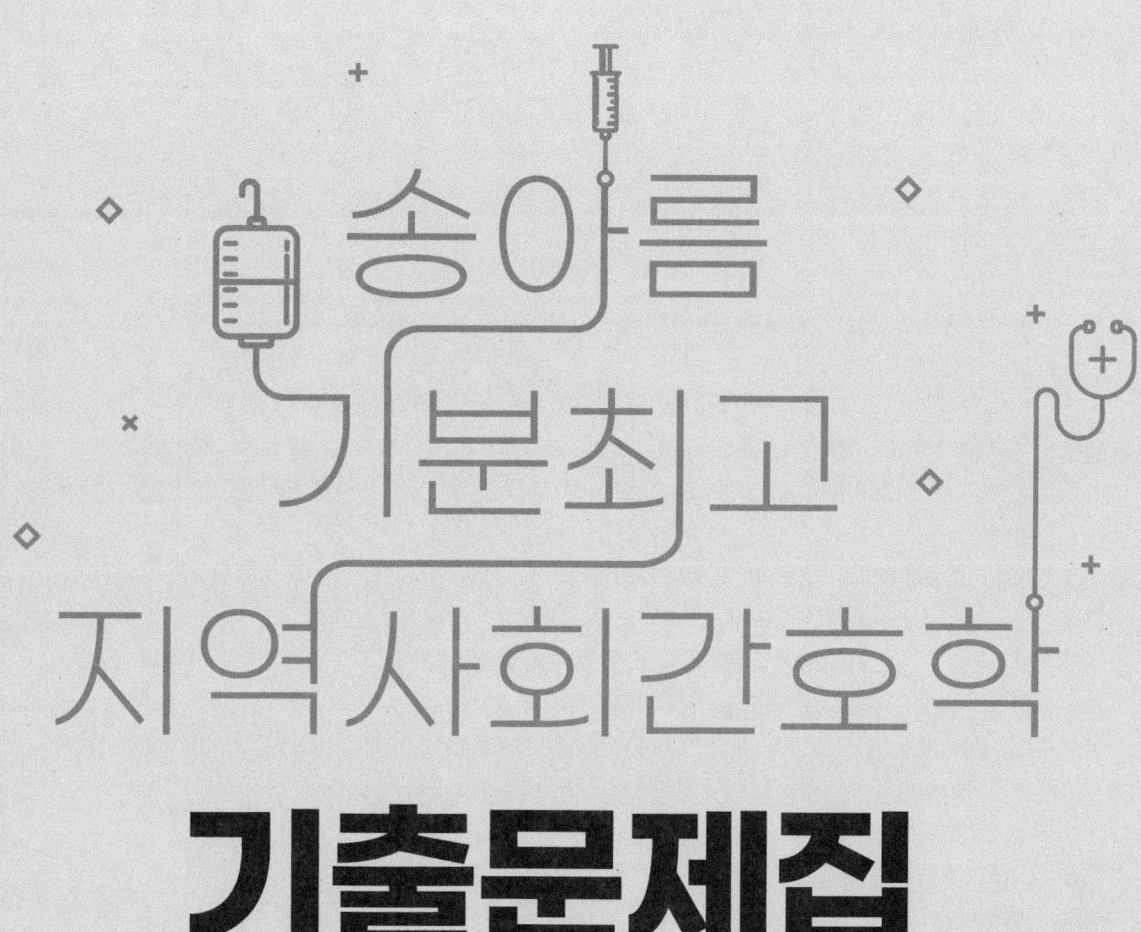

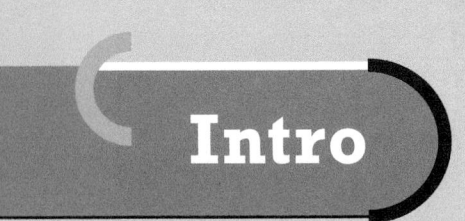

전국에 계신 예비 간호직/보건진료직 공무원 여러분 안녕하십니까?
저는 메가공무원에서 간호직/보건진료직 공무원 전공과목 강의하는 송아름입니다.

본 교재는 지역사회간호학에서 출제된 기출문제를 담았고, 기출에 나왔던 그대로 같은 문제를 반복하는 기출문제집이 아닌 양질의 문제를 담아 보기 쉽게 분석하였습니다. 개정된 법, 바뀐 정책들을 반영하지 못한 기출문제가 많아 혼란을 줄 수 있는 부분은 모두 제외하였고 특히 감염병의 경우 지금과 분류체계와 개념이 달라 최근의 개념만 실었습니다.

각 단원별 출제 분포를 기출 문제 시작 전 보기 쉽게 구현하여 리빌드 개념완성 기본서와 함께 맞춰서 보기에 제격인 수험서입니다. 그리고 문제 시작에 앞서 핵심 주요 개념인 '기분최고 핵심 잡기'를 전면에 배치하여 회독 개념으로 기본기를 다진 후 문제를 풀 수 있게 되어 효과가 더 좋을 것입니다.
문제와 관련된 더 자세한 개념은 관련 문제 바로 아래에도 추가학습을 배치하여 여러모로 개념을 다잡으며 문제까지 풀 수 있습니다. 또한 난이도와 중요도를 상, 중, 하로 참고할 수 있게 제시하였습니다.

지금까지의 기출문제집과의 차별성은 앞에서도 언급한 분석 부분인데 문제집을 다 풀었을 때는 '개념과 문제경향을 마스터 했고 분석능력도 생겼으니 자신감 충만하다! 더 어려운 문제에 도전해보자!'라는 기분이 들 것입니다. 즉 시험의 고지에 도달하는 느낌을 받으실 수 있습니다. 그래서 책 제목도 기.분.최.고(기출문제 분석으로 최고의 고지에 도달하다)입니다.
분석이라고 지칭하는 이유는 문제와 설명 뿐 아니라 시험 경향 및 출제 이유 그리고 앞으로의 시험에 대해 제시하고 분석능력을 기르기 위한 분석 부분을 넣었기 때문입니다. 간호직/보건진료직 공무원 시험에서는 전공과목이 당락을 결정할 만큼 중요하기 때문에 기본서와 기출문제만으로는 합격이 보장이 되지 않으므로 연간 커리큘럼 코스마다 새로운 시도를 한 가지 이상씩 배치하여 합격선을 보장하기 위해 긴 시간 노력했습니다. 기.분.최.고가 그 두 번째 코스이고 중반정도 오셨으니 이제 가속도 달려 시험을 향해 달려가시면 됩니다. 시험준비는 보통 시간이 지나면서 초심을 잃어가게 됩니다. 그래서 우리의 이 시간이 더욱 어려운 것입니다. 뒤로 갈수록 뒷심을 발휘하고 심화과정과 회독량을 증가하며 보지 않았던 내용도 다시 점검해야 합니다. 그 과정을 함께하도록 하겠습니다.

메가스터디교육의 메가공무원 관계자분들, 메가공무원학원 관계자분들 늘 간호직/보건진료직 공무원 준비에 함께 해주시고 최선을 다해주셔서 감사합니다. 그리고 제 교재를 선택해주신 전국에 계신 예비 간호직/보건진료직 공무원 여러분들께 감사하다는 말씀 전하고 싶습니다. 여러분들의 합격 그리고 인생의 목표와 원하시는 행복을 온 마음 다해 기원하겠습니다. 감사합니다.

여러분들의 러닝메이트 **송아름**

Contents

- **PART 1** 지역사회간호 입문 ……… 005
- **PART 2** 국내외 보건정책의 이해 ……… 065
- **PART 3** 역학지식 및 통계기술 실무적용, 질병관리 ……… 095
- **PART 4** 보건사업 기획 및 자원활용 ……… 127
- **PART 5** 건강증진사업 운영 ……… 139
- **PART 6** 보건교육 ……… 163
- **PART 7** 일차보건의료사업 ……… 183
- **PART 8** 가족간호 ……… 195
- **PART 9** 지역사회간호사업 ……… 225
- **PART 10** 환경보건관리 ……… 271
- **PART 11** 재난관리 ……… 283

Part 1

지역사회간호 입문

출제경향
지역사회간호 입문은 최근 3년 지역사회간호학 시험을 분석했을 때 평균 20% 출제 분포를 보였습니다.

◇+ 빈출 키워드
- 지역사회간호 개념   • 지역사회간호 이론   • 지역사회간호사 역할   • 지역사회간호과정
- 지역사회간호활동수단   • 체계이론   • 교환이론   • 건강관리체계이론   • 적응이론
- 자가간호이론   • 간호진단 우선순위   • 건강관리실   • 방문간호   • OMAHA 진단체계
- 우선순위 결정기준   • SMART 목표기술   • 간호수단   • 가정방문   • 의뢰   • 평가계획
- 사례관리

기분최고 핵심 잡기

기출문제 분석으로 최고의 고지에 도달하다!

01 지역사회간호 개념

- 지역사회는 "공통적인 목표를 지닌 어느 특정한 시, 공간에 있는 사람들의 집단", "사람(인간), 장소, 사회구조, 사회활동, 감정과 같은 구성요소가 하나로 통합된 것을 의미
- WHO(1974)는 "지역사회란 지리적 경계 또는 공동 가치와 관심에 의해 구분되는 사회집단으로, 이들은 서로를 알고 상호작용하면서 특정 사회구조 내에서 기능하며, 규범과 가치 및 사회제도를 창출한다."고 지역사회에 대하여 정의함.

02 지역사회 유형

- 구조적 지역사회
  ① 대면공동체: 구성원 상호 간에 상호 교류가 빈번하여 소식이 쉽게 전달되고 사람들은 서로 친근감과 공동의식을 소유하고 있는 집단 ex 가족, 이웃
  ② 생태학적 문제 공동체: 지리적 특성, 기후, 자연환경과 같은 요인의 영향으로 동일한 생태학적 문제를 내포하고 있는 집단 ex 대기오염, 수질오염, 토양오염 등의 문제가 있는 지역사회
  ③ 지정학적 공동체: 지리적이고 법적인 경계로 정의된 지역사회 ex 특별시, 광역시
  ④ 집합체: 동일한 건강문제가 있는 집단이나 보건의료 문제측면에서 볼 때 생활환경이 위험에 노출된 위험집단 ex 미혼모집단, 광산촌
  ⑤ 조직: 특정목표를 달성하기 위하여 환경과 끊임없이 상호작용하는 체제 ex 병원, 보건소, 학교
- 기능적 지역사회
  ① 동일한 요구를 가진 지역사회 공동체: 주민들의 일반적인 공통문제 및 요구에 기초를 두고 있는 공동체
  ② 자원공동체: 특정 문제를 해결하기 위한 자원의 활용범위로 모인 집단
- 감정적 지역사회
  ① 소속공동체: 지역적 공간을 공유함으로써 형성되는 고향과 같은 지연, 출신학교가 같은 학연, 종친회와 같이 친밀감으로 결속된 집단
  ② 특수흥미공동체: 서로 같은 관심과 목적을 가지고 관계를 맺고 있는 결속체로서, 특별한 논제나 화제가 생겼을 때 더욱 부각 ex 대한간호협회, 야구동호회

03 건강결정요인(라론드보고서)

- 생활습관(50%)
  개인이 반복해 온 습관이므로 이를 개인의 의지로 변화시키기 매우 어려워 전문인력의 도움을 받는 것이 좋음.
- 환경(20%)
  각종 환경호르몬이 갈수록 심해져 환경은 건강과 밀접한 관계
- 유전, 생물학적(20%)
  인종, 성별, 태생조건, 각종 유전도 건강과 밀접
- 보건의료서비스(10%)
  보건의료시설과 보건의료서비스

04 지역사회 간호 역사(외국)

- 방문간호시대(1900년 이전)
  ① 여집사 페베: 초기 기독교시대의 신자를 가정 방문하여 돌보았던 것이 시초
  ② 구역간호사업: 영국 리버풀(1859)
  ③ 구제사업소 설치: 미국 뉴욕 헨리가(왈드, 1893)
  ④ 방문간호사업이 기여한 점은 간호비용 지불제도와 체계의 확립, 전염성 질환으로 인한 사망률을 감소시킴.
- 보건간호시대(1900~1960)
  ① 학교간호사 배치: 미국 뉴욕시 교육위원회(1902)
  ② 대중의 건강과 이에 관련된 제반 복지시설들에 초점을 두는 접근
  ③ 각 주에 지역주민들의 건강에 관한 제반 사업에 대한 책임을 지도록 함(연방정부법, 1910).
- 지역사회간호시대(1960~현재)
  ① 지역사회건강센터에 재정지원이 이루어져 모자보건, 정신보건, 정신박약 등의 보건사업과 보건사업을 위한 훈련에 재원이 증가(1964)
  ② 노인을 위한 보건의료혜택인 메디케어(Medicare, 1965)와 저소득층의 보건의료혜택(Medicaid)이 제정
  ③ 일차보건의료에 간호사 참여(콜로라도 대학, 1965)
  ④ 보건간호사들은 농촌지역, 도시중심부, 의료취약계층 지역에서 1차 보건의료 제공

05 지역사회 간호 역사(우리나라)

- **방문간호시대(1945년 이전)**
  ① 간호학교가 설립되어 간호사를 배출하면서 정식으로 간호사업 시작(대한제국 시기)
  ② 보건사업부 설치: 기독교 공중보건회관인 태화여자관(1923)
  ③ 동대문 부인 병원 간호원장, 로선복(로젠버그)의 주선으로 환경위생과 질병예방에 대한 계몽 시작
- **보건간호시대(1945~1980)**
  ① 미군정 하에서 보건후생국이 보건후생부로 개편(1946)
  ② 중앙 조직에 보건국 설립(1948)
  ③ 보건소법이 제정(1956), 개정(1962)
  ④ 학교보건법 제정(1967)
  ⑤ 의료보험 시행(1977)
- **지역사회간호시대(1980~2000)**
  ① 농어촌 보건의료를 위한 특별조치법 공포(1980)
  ② 보건진료원 배치(1981)
  ③ 산업안전보건법의 제정(1982)
  ④ 세분화된 보건사업을 통합, 통합보건사업 시도(1985)
  ⑤ 전국민 의료보험 시행(1989)
  ⑥ 가정간호사 추가, 산업안전보건법의 개정(1990)
  ⑦ 국민건강증진법 제정, 보건소법을 지역보건법으로 변경, 정신보건법 제정(1995)
- **지역사회간호사업시대(2000년 이후)**
  ① 양호교사가 보건교사로 변경(2002)
  ② 전문간호사 13개 분야로 확대(2006)
  ③ 노인장기요양보험법 시행(2008.07.01)
  ④ 지역보건법 전부 개정(2015)
  ⑤ 무면허 의료행위 금지 조항 구체적 명시(2020)
  ⑥ 제5차 국민건강증진 종합계획(Health Plan 2030) 설정(2021)

06 지역사회 간호사의 역할

[지역사회간호사의 건강관리 중심의 역할]
- **조정자**
  ① 대상자의 요구를 충족시키기 위해 의료서비스를 조직하고 통합하는 과정
  ② 대상자의 건강관리 조정자로서의 기능
  - 대상자에게 건강관리를 제공하는 사람, 의료서비스가 제대로 이루어지는지 확인
  - 대상자의 요구도, 상태에 대해 다학제적으로 의사소통
  - 의료서비스에 대해 전반적인 조정
- **협력자**
  ① 대상자의 문제 해결을 위한 공통 활동에 참여
  ② 관련된 건강요원들과 원활한 의사소통으로 협력적 업무추진
- **교섭자**
  ① 대상자와 기관의 인력과의 의사소통을 원활하게 할 수 있도록 해줌.
  ② 대상자와 기관의 접촉단계에서부터 도움을 줌.

[지역사회간호사의 인간 중심의 역할]
- **지도자**
  ① 지지자들의 지도력으로 요구를 사정
  ② 활동과 지도력에 대한 요구를 확인
  ③ 지지자들과 함께 적합한 지도력 선정
- **변화촉진자**
  ① 대상자의 행동을 바람직한 방향으로 유도하고 변화시킴.
  ② 대상자의 건강문제에 스스로 대처하는 능력을 증진시킴.
  ③ 동기부여를 통하여 건강문제에 대해 실질적으로 변화하도록 유도함
- **사례발견자**
  ① 의료서비스가 필요한 개인, 특정 질환 이환자를 발견하는 역할
  ② 확인된 사례의 추후 관리를 제공
  ③ 질병 관련 사례를 확인하는 진단적 과정을 이용
- **연구자**
  ① 문제에 대한 해결을 위한 방법을 제시하고 분석하고 역할
  ② 연구 결과를 실무에 적용하고 연구 결과를 보급하는 역할
- **건강관리책임자**
  ① 확인된 건강문제의 해결방법 구축
  ② 건강문제 해결을 위해 지역사회 준비

[지역사회간호사의 대상자 중심의 역할]
- **직접간호 제공자**
  ① 지역사회간호과정을 적용하여 간호문제를 해결
  ② 지역사회에 있는 대상자의 건강상태 사정
  ③ 질병예방, 최적의 건강수준을 성취할 수 있는 간호 제공 및 결과를 평가
- **상담자**
  ① 지역사회 주민들의 건강문제에 대한 전문적 지식과 기술을 토대로 상담
  ② 대상자가 스스로 문제를 확인하고 그 해결방법을 확인 및 평가하도록 도움
  ③ 대상자가 문제 해결 과정을 알도록 도움
- **교육자**
  ① 지역사회 주민들의 교육 요구도를 사정하여 보건교육을 주도
  ② 대상자가 스스로 건강증진 행위를 할 수 있도록 교육
  ③ 질병에 대한 인식을 돕고 건강문제 결정에 필요한 지식 제공

- 의뢰자
  ① 문제 해결을 위해 대상자를 지역사회 기관 또는 자원과 연결
  ② 대상자의 의뢰 요구와 적합성 결정 후 추후관리
- 대변자, 옹호자
  ① 간호대상자가 독립적 역할 수행하도록 대변 또는 옹호
  ② 간호대상자가 자신의 이익을 위한 활동을 할 수 있도록 보호
  ③ 가족의 경우 건강관리체계를 이용할 수 있도록 전문가를 연결해줌.
  ④ 지역사회 주민들의 입장에서 의견을 제시하는 역할 수행
  ⑤ 지역사회 취약계층의 입장에서 의견을 제시하고 대상자들의 유익을 위해 행동
  ⑥ 대상자에게 자신의 상황을 설명하도록 미리 준비시킴.
- 역할모델
  ① 간호사는 다양한 대상자들에게 역할모델이 됨.
  ② 지역사회 간호사의 행동은 학생간호사뿐 아니라 지역사회 대상자들에게 역할모델이 됨.
- 일차간호 제공자
  ① 지역사회 모든 주민들이 보편적으로 이용 가능한 기본적이고 1차적인 건강관리서비스
  ② 지역사회 내 보건의료서비스 접근이 용이하도록 노력함.
  ③ 예방접종, 산전간호 등 질병을 예방하고 건강을 증진시키는 활동을 함.
- 사례관리자
  ① 지역사회 거주하는 고위험군을 발굴하여 문제를 사정, 계획, 수행, 평가하고 지역사회 내 보건의료서비스를 연계시켜주는 역할
  ② 다른 사람이 수행한 간호를 관리감독
  ③ 대상자의 욕구를 충족, 자원을 비용 효과적으로 사용하도록 유도
- 관리자
  ① 간호대상자의 요구에 충족되는 의료서비스를 기획, 조직, 인사, 통합, 감독, 통제하는 역할
  ② 지역사회 내 관리자의 역할 수행을 위해 계획, 조직화, 조정 기능 이용
  ③ 지역사회 내 제공되는 모든 간호활동을 관리하는 역할

07 전문간호사 제도

- 전문간호사제도의 도입
  ① 전문간호사제도는 간호서비스의 질적 수준 향상과 의료자원 배분의 효율성 제고를 위해 도입
  ② 1973년 도입된 4개의 분야별 간호사가 2000년 전문간호사로 명칭 개정
  ③ 전문간호사 제도 법제화(2003)
  ④ 전문간호사 자격 인정 등에 대한 규칙 제정되어 전문간호사 직제 확립(2006)
- 전문간호사 자격요건과 종류
  ① 자격요건: 간호사 면허증 소지, 최근 10년 이내 해당분야 간호실무 3년 이상, 대학원 전문간호사 과정 또는 그 수준에 준한 전문간호사 교육과정을 이수, 전문간호사 자격시험에 합격해야 함.
  ② 종류(13개 영역): 가정, 감염관리, 노인, 마취, 보건, 산업, 아동, 응급, 임상, 정신, 종양, 중환자, 호스피스

08 버틀란피 일반체계이론

- 버틀란피(Bertalanffy, 1968)의 일반체계이론은 하나의 체계와 그 주변의 체계와의 상호관계, 하나의 체계에서 투입과 산출의 계속적 과정을 설명해주는 이론
- 일반체계이론은 간호이론개발에 가장 많이 활용될 정도로 중요함.
- 경계
  체계를 환경으로부터 구분하는 것으로, 투과성에 따라 체계가 얼마나 개방적인지 결정. 경계를 통해 환경과 상호작용하는 정도에 따라 폐쇄적이거나 개방적
- 계층
  체계의 배열은 계층적 위계질서. 상위체계와 두 개 이상의 하위체계로 구성되어 있으며 계속적인 활동으로 체계가 유지. 통합된 전체는 각 부분들의 합보다 크다.
- 환경
  경계외부의 세계로서 속성의 변화가 이루어지는 요소
- 속성
  ① 투입(input): 체계 내로 에너지(정보, 물질 등)가 유입되는 과정
  ② 변환(throughput): 체계 내에서 에너지. 정보. 물질을 사용하는 과정
  ③ 산출(output): 체계 내 보유하지 않은 에너지를 배출하는 과정
  ④ 회환(feedback): 체계가 완전한 기능을 발휘하기 위해 산출의 일부가 재투입되는 과정. 살아 있는 체계는 생존과 성장을 위해 투입-변환-산출을 포함하여 적응, 통합, 의사결정의 세 기능을 수행해 나감. 이 세 과정이 상호작용함으로써 체계는 체계 내와 환경의 끊임없는 변화에 대응할 수 있게 함.
- 목표
  적정기능수준 향상, 건강의 유지 및 증진
- 구성
  지역사회 모든 주민
- 자원
  지역사회 내 인적, 물적, 사회적 자원 등

- 경계
  지역사회의 경계(테두리 안)

09 호만스의 교환이론

- 호만스(Homans)의 교환이론은 개인 간의 관계에 중점을 둔 미시적 분석방법으로 접근하였으며, 블라우(Blau)는 사회적 구조에 중점을 둔 거시적 분석방법으로 접근
- 1950년대 시작한 사회이론의 하나로 교환이론의 기본은 인간은 합리적인 동물이며, 최대의 이익을 추구하려는 경향이 있다는 심리적인 요인에 가정
- 인간의 사회관계를 비용과 보상에 토대를 두고 인간행동의 상호작용은 주고받는 것(give and take)의 교환으로 보았음.
- 인간의 사회적 행동에 초점을 두고 발전하였는데, 인간행위가 차별적인 강화에 의해 형성된다는 행동심리학과 인간은 비용과 보상을 비교해보아 유리한 행동 노선을 선택하는 경향이 있다는 기초경제학의 영향을 받았음.
- 교환은 경제적 측면에서뿐만 아니라 사회적인 관계에서도 이해득실을 따져 행동하는 경우가 많음. 즉, 사람들은 정신적, 시간적, 경제적으로 손해를 보거나 비용이 많이 드는 일은 피하고, 이득이 있거나 보상이 큰 일을 추구하는 경향이 있음.
- 사회적 교환이론은 이해득실을 따지기보다 개인의 자유의사에 입각하며, 교환에는 호의가 끼여 있다는 견해를 보임. 즉, 인간의 많은 사회적 행동 중에는 비용에 비해 보상이 적은데도 수행되는 경우가 있다는 것
- 교환과정은 간호과정 중 수행단계에서 가장 잘 이루어짐.

[교환이론의 명제]
- **성공명제**: 특정 행동이 이익 또는 성공으로 보상을 받게 되면 그 행동은 계속 반복될 가능성이 높음.
- **자극명제**: 특정한 자극을 포함한 과거의 행동이 보상을 받으면 이전과 동일하거나 유사한 활동을 많이 하게 됨.
- **가치명제**: 측정행동의 결과가 주는 가치가 클수록 그 행동을 반복할 가능성이 높아짐.
- **박탈명제**: 특정한 보상을 많이 받을수록 그 이상의 보상은 점차 가치 없는 것으로 됨.
- **공격명제**: 행위에 대한 보상이 적으면 욕구불만이 있음. 이것이 행동으로 이어지면 공격적 행동을 취할 수 있고 그 결과 보상을 받게 될 가능성이 높음.

10 뉴만의 건강관리체계이론

- 대상체계
  ① 인간은 생리적, 심리적, 사회문화적, 발달적, 영적 변수로 구성된 대상 체계 구조
  ② 대상체계는 환경과 접하고 있으며 대상체계와 계속적인 상호작용을 하며, 스트레스원에 접하고 있음.
- 간호목표
  인간체계 속의 기본구조와 방어선들이 환경의 변수들인 스트레스원을 막아내어 안전 상태를 이루고 있는 상태가 건강
- 간호활동
  ① 간호활동은 기본구조를 보호하기 위해 스트레스원 제거 또는 약화시키는 것
  ② 일차적 예방활동은 유연방어선 및 정상방어선을 강화시키는 것
  ③ 이차적 예방활동은 반응을 조기발견하고 바른 처치를 시행하는 것
  ④ 삼차적 예방활동은 기본구조에 손상이 왔을 때 이를 재구성하도록 돕는 것
- 스트레스원
  ① **내적요인**: 개체 내에서 일어나는 것으로 대상체계에 영향을 줄 수 있는 자극을 의미함. 조건반사, 통증, 불안, 상실 등
  ② **대인적 요인**: 역할기대, 역할갈등
  ③ **외적요인**: 경계 밖에 있는 외적 환경 변화요인으로 관습의 변화, 경제적 상황, 재난 등
- 저항선(3차 방어선)
  ① 저항선은 기본구조를 보호하는 3개의 선 중 가장 내면적인 힘으로 기본구조에 가장 가까운 곳에 자리. 인간을 안정시켜 정상방어선으로 되돌아가게 하는 보호선
  ② 저항선이 무너지게 되면 생명이나 존재에 위협을 받게 됨.
      ex 비효율적 건강관리 행동, 낮은 경제수준, 낮은 교육수준 등
  ③ 스트레스원에 의해 기본구조가 손상되는 것을 방지하기 위한 내적 요인, 신체면역 반응 체계
- 정상방어선(2차 방어선)
  ① 정상방어선은 저항선의 바깥쪽에 있는 방어선
  ② 정상방어선은 개인의 상태가 정상으로 적응 상태를 유지하기 위한 기능
  ③ 정상방어선은 일상적인 대처유형, 삶 유형, 발달단계 같은 행위적 요인과 변수들의 복합물
  ④ 정상방어선이 축소되는 것은 건강상태가 나빠짐을 의미
      (ex 감염병, 부적합한 환경, 만성질환), 유병률 증가, 건강문제의 인식 또는 문제 해결능력 부족 등
- 유연방어선(1차 방어선)
  ① 정상방어선의 바깥쪽에 있는 방어선
  ② 스트레스요인이 정상방어선의 침입을 방지하는 보호 장벽
  ③ 대상자의 능력을 감소시키는 수면장애와 같은 변수에 영향
  ④ 스트레스원
      ex 의료체계 부족, 부적절한 보건의료전달체계

11 로이의 적응이론

- **자극(투입)**
  ① 인간의 행동과 발달에 영향을 주는 모든 상황
  ② 주위 여건이나 인간 내부에서 일어나는 상태를 자극으로 보며, 이 자극은 적응체계인 인간에게 투입으로 작용하는 내·외적 자극이 됨.
  ③ **초점자극**: 인간이 즉각적으로 직면하는 것으로 인간의 행동 유발에 가장 큰 영향을 미침.
  ④ **연관자극**: 초점자극이 주어졌을 때 영향을 주는 초점자극 외의 모든 자극, 다른 환경요소에 영향을 주는 것을 말함.
  ⑤ **잔여자극**: 현재의 상황에 영향을 미치는 측정하기 어려운 자극으로, 인간 행동에 간접적 영향을 줄 수 있는 문화적 신념 혹은 질병에 대한 태도 등 분명하지 않은 자극

- **대처기전(과정)**
  ① 조절기전
   - 조절기의 하위체계는 투입, 내적과정, 산출 구성
   - 투입은 외적·내적 환경에서 발생
     ex) 내적 환경은 생리 반응으로 신경, 내분비 반응
  ② 인지기전
   - 과정: 적응체계인 인간이 사용하는 통제 기제
     ex) 지각, 정보처리, 과거경험을 통한 학습, 판단
  ③ 과정: 적응체계인 인간이 사용하는 통제 기제
  ④ 효과기: 적응하는 데 관련된 생리기능, 자아개념, 역할기능

- **적응양상(영향)**
  ① 생리기능: 산소·영양·배설·활동·휴식·피부 통합성·감각·수분과 전해질·신경기능과 내분비기능 등을 포함
  ② 자아개념
   - 신체적 자아: 감각과 신체상
   - 개인적 자아: 자아 일관성과 자아 이상
   - 도덕 및 윤리적 자아: 자아관찰과 자아평가
  ③ 역할기능
   - 일차적: 연령, 성
   - 이차적: 남편, 아내
   - 삼차적: 코치 역할
  ④ 상호의존
   - 의존적 행위: 도움, 관심과 애정을 구함.
   - 독립적 행위: 솔선수범, 일에서 만족을 느낌.
   - 인간의 사랑, 양육, 애정에 대한 욕구를 충족시킴.

- **반응(산출)**
  ① 적응반응: 자극에 대한 대처기전 활동의 결과로 나타나는 적응양상은 바로 반응으로 이어져 표현됨.
  ② 비효율적 반응: 생존, 성장, 생식, 성숙과 같은 인간의 통합성을 증진시킬 수 있는 긍정적인 반응을 의미하며 이러한 통합성 증진에 도움을 주지 못하거나 방해가 되는 반응

12 오렘의 자가간호이론

- **자가간호요구**
  ① 일반적 자가간호요구
   - 모든 인간이 공통적으로 가지는 자가간호요구
   - 인간의 구조, 기능을 유지하기 위한 내적, 외적 조건과 관련된 요구
   - 물, 공기, 음식, 배설, 활동, 휴식, 고립과 사회적 상호작용, 위험으로부터 예방 등
  ② 발달적 자가간호요구
   - 인간의 발달과정, 생애주기의 다양한 단계에서 필요한 발달과업과 관련된 자가간호요구
   - 임신, 미숙아 출생, 배우자사망, 부모사망 등
  ③ 건강이탈 자가간호요구
   - 질병, 상해 시에 요구되는 자가간호요구로서 자아상의 정립, 건강 이탈로 인해 나타나는 것
   - 일반적 자가간호요구는 충족시키지만 건강 이탈 자가간호요구를 충족시키기 위해서는 간호사의 도움이 필요한 경우이기 때문에 보상체계 해당함.

- **자가간호 역량**
  ① 자가 간호 활동을 수행하는 힘을 말하며, 개인이 삶과 건강을 유지하기 위해 스스로 실행하고 개발하는 능력
  ② 자가간호를 수행할 수 있는 지식, 기술, 태도, 신념, 가치로 구성됨.
  ③ 대상자가 자신의 이익과 안녕을 위해 지속적으로 스스로 개발하는 능력

- **자가간호 결핍**
  자가 간호 요구가 자가 간호 역량보다 클 때 나타나는 현상

- **간호역량**
  ① 자가 간호 결핍이 일어난 사람들에게 자가 간호 요구의 종류와 이를 충족시킬 수 있는 자가 간호 역량의 정도에 따라 대상자를 위한 간호의 필요성을 결정
  ② 간호체계를 설계, 제공하는 간호사들의 복합적인 능력

- **간호체계**
  ① 자가 간호 요구를 충족시키고 자가 간호 역량을 조절하여 결손을 극복하도록 돕기 위하여 간호 상황에서 환자를 위하여 처방하고 설계하고 직접 간호를 제공하는 체계적인 간호 활동
  ② **전체적 보상체계**: 개인이 자가 간호활동을 거의 수행하지 못하는 상황에 제공
  ③ **부분적 보상체계**: 일반적 간호욕구는 충족시킬 수 있으나 도움이 필요한 경우 부분적으로 자가 간호를 대신 시행
  ④ **지지적 교육체계**: 환자가 자가 간호요구를 충족시키는 자원을 가지고 자가 간호를 수행할 수 있으나 지식이나 기술을 습득하는 데 간호사의 도움이 필요할 때 제공

간호사정

13 자료수집

- **자료수집 내용**
  ① 지역사회 주민의 일반적 특성
  ② 지역적 특성
  ③ 인구학적 특성
  ④ 경제 사회적 특성
  ⑤ 환경보건 상태 자원
  ⑥ 지역사회 인구의 건강수준(질병 이환 상태: 유병률, 발생률)
- **자료수집 방법 – 1차 자료(직접 정보)**
  ① 대상자 자신에게서 수집한 자료로써 지역 시찰을 통해 수집 = 차창 밖 조사
  ② 면접과 관찰
  ③ 지역 지도자와 면담 등의 방법으로 간호사 자신이 직접 수집한 자료 = 지역 조사
  ④ 공청회
- **자료수집 방법 – 2차 자료(간접 정보)**
  ① 기존의 자료를 수집한 자료로써 보건소의 진료기록부를 통해 수집
  ② 동사무소의 사망자료
  ③ 센서스
  ④ 생정 통계
  ⑤ 보고자료
  ⑥ 의료기관의 의무기록자료
  ⑦ 연구논문
- **자료 유형에 따른 사정**
  ① **친밀화 사정**: 지역사회와 친밀도를 높이기 위해 관련 기관을 시찰, 필요 자료 수집
  ② **포괄적 사정**: 기존의 모든 자료 검토, 전체 지역사회가 대상이므로 시간과 비용 많이 소요
  ③ **문제중심 사정**: 전체 지역사회 중요 문제에 초점
  ④ **하위체계 사정**: 지역사회 하위체계 초점

14 자료분석

- **자료 분류**
  자료를 서로 연관된 것끼리 분류
- **자료 요약**
  자료를 지역사회 특성에 따라 서술하고 지도, 비율, 차트, 도표 등으로 작성
- **자료 확인**
  자료를 과거와 비교하여 부족하거나 더 필요한 자료를 확인
- **자료 결론**
  지역사회 문제가 무엇인지 결론

간호진단

15 OMAHA 진단체계

① 지역사회 간호실무영역에서 가장 효율적으로 적용할 수 있고, 활용도가 높은 간호진단 분류체계임.
② 문제분류체계는 영역, 문제, 수정인자, 증상 및 징후의 4개 수준으로 이루어짐.

항목	영역	문제(진단)	수정인자 대상자	수정인자 심각도	증상/징후
문제 분류 틀	1. 환경	4종	• 개인 • 가족 • 집단 • 지역사회	• 건강증진 • 잠재적 결핍 및 손상 • 실재적 결핍 및 손상	• 문제의 증상 • 문제의 징후
	2. 심리사회	12종			
	3. 생리	18종			
	4. 건강 관련 행위	8종			
중재 틀	1. 범주 　1) 건강교육, 상담, 안내 　2) 처치와 시술 　3) 사례관리 　4) 감독 2. 중심내용: 간호중재와 활동내용 3. 대상자에 대한 구체적 정보				
결과	1. 서비스 전 과정을 통하여 대상자 발전과정 측정 2. 5점 Likert 척도로 점수가 높을수록 양호한 상태 나타냄.				

16 우선순위 결정기준

- **지역사회 간호진단 우선순위 결정기준**
  우선순위 결정기준은 부족한 보건의료자원의 분배 기준을 마련하는 것으로, 공정한 방법과 기준 그리고 절차에 따라야 함. 최소 지출에서 최대 편익을 얻으려는 목적
- **Bryant 결정기준**
  ① 감염성 질환 관리사업에 적용되었던 기준으로 결핵, 나병, 성병, 에이즈 등 감염성 질환을 선정하기 위하여 사용되어 왔고, 문제의 심각도는 긴급성, 심각성, 경제적 손실, 잠재적 영향 등 세부항목이 평가됨.
  ② **우선순위 결정기준**
  　– 문제의 크기
  　– 문제의 심각도
  　– 주민의 관심도
  　– 보건사업의 기술적 해결 가능성, 즉 관리가능성
- **BPRS(Basic Priority Rating System)**: 절대적 결정기준

① 보건사업 우선순위 결정기준으로 보건소에서 가장 널리 사용되는 방법
② BPRS는 공식 사용하여 건강문제별로 점수 산출 후 각 평가 항목마다 점수 부여하는 방법
BPRS = (A + 2B) × C
A: 건강문제의 크기(10점 만점)
B: 건강문제의 심각도(10점 만점)
C: 보건사업의 효과성(10점 만점)
- A = 건강문제의 크기: 건강문제를 가진 인구비율에 따라 결정
- B = 건강문제의 심각도: 긴급성, 중증도, 경제적 손실, 타인에 의한 영향
- C = 보건사업의 효과성: 전문가의 조언과 평가, 선행연구를 통한 문헌고찰을 이용하여 사업의 최대 효과와 최소 효과를 추정하여 점수 부여함.
③ BPRS 우선순위 결정 방법
- 건강 문제별로 평가항목별 점수를 기재하고, BPRS 계산 공식으로 최종 점수를 계산하며 계산된 BPRS 점수 크기에 따라 우선순위 측정
④ BPRS 한계점
- 주관적 자료에 치중하여 점수의 타당성에 대한 신뢰도를 낮춤.
- 이를 극복하기 위하여 PEARL 사용함.

[PEARL]
BPRS 계산 후 사업 실현가능성 여부 판단하는 기준으로 사용 (각 평가항목에 0점 또는 1점의 점수를 준 후, 다섯 가지 항목 점수를 곱하여 사업 시행여부 결정)
- Propriety(적절성): 해당 기관의 업무범위에 해당되는가?
- Economic feasibility(경제적 타당성): 문제를 해결하는 것이 경제적으로 의미가 있는가?
- Acceptability(수용성): 지역사회나 대상자들이 사업을 수용할 것인가?
- Resources(자원의 이용 가능성): 사업에 사용할 재원이나 자원이 있는가?
- Legality(적법성): 법적으로 문제가 없는가?
(5가지 항목 중 하나라도 불가 판정 받으면 사업 시작은 불가능)

• PATCH(Planned Approach To Community Health)
① 지역보건요원의 보건사업 기획 시 건강문제의 중요성, 변화 가능한 건강문제의 우선순위를 결정하는 두 가지 기준으로 사용
② 건강문제의 중요성: 건강문제가 지역사회에 얼마나 심각한 영향을 주는지, 건강문제를 변화시키면 건강수준에 얼마나 좋아지는지 나타나는가를 평가하는 기준
③ 변화가능성: 변화가능성은 건강문제가 얼마나 유연하게 변화될 수 있는가를 평가하는 기준으로, 과학적 근거에 의해 건강문제의 변화 가능성을 측정해야 함.
④ PATCH의 5가지 요소
- 지역사회 구성원 참여
- 지역사회자료에 근거한 보건교육 프로그램 개발
- 종합적 접근 전략 개발
- 환류와 개선을 위한 평가
- 건강증진을 위한 지역사회 역량 강화

• MATCH(Multilevel Approach To Community Health)
① 개인의 행동과 환경에 영향을 주는 요인들을 개인, 조직, 지역사회, 정부 등 여러 수준으로 나누어 프로그램을 계획
② 질병과 사고예방을 위한 행동, 환경적 요인이 알려져 있고 우선순위가 정해졌을 때 적용 가능한 모델
③ 요구도에 대한 충분한 자료가 있기 때문에 프로그램의 목적을 선택하고 기술하는 것부터 시작함. 사정단계 없음.
④ 과정: 목적/목표 설정 → 중재계획 → 프로그램 개발 → 실행 → 평가

• NIBP(Needs Impact-Based Planning)
① 보건사업기획방법으로 '건강문제 크기'와 '해결방법의 효과'를 우선순위를 평가
② 필요의 크기와 추정효과의 정도에 따라 보건사업을 반드시 실행해야 하는 문제, 실행하여야 하는 문제, 연구를 촉진해야 하는 문제, 사업실행을 금지해야 할 문제로 구분
③ NIBP에서는 CLEAR 기준을 이용하여 보완하고 있는데 PEARL와 유사함.
④ NIBP 7단계
- 문제의 발견
- 전략의 효과 평가
- 우선순위 결정
- 서비스 수급 불균형 분석
- 자원의 배분
- 실행
- 평가

• 황금다이아몬드 모델: 상대적 결정기준
① 보건지표의 상대적 크기와 변화의 경향을 이용하여 우선순위를 결정하는 방법, 상대적 결정기준에 해당함.
② 건강지표자료, 과거의 경향이 확보되어 있다면 우선순위를 쉽게 정할 수 있으며 형평성을 추구하는 데 매우 적합한 우선순위 결정방법임.

• MAPP모형(Mobilizing for Action through Planning and Partnership)
① MAPP란 전략기획과 공공-민간 협력을 통한 건강증진전략
② 지역사회를 중심으로 구성된 지역보건체계가 총체적 체계 사고를 통해 해당 지역사회의 보건현황을 파악하고, 보건문제에 대응하는 역량개발에 초점

③ 과정
- 1단계: 조직화와 파트너십(협력체계) 개발
- 2단계: 비전 제시
- 3단계: 4개 영역 사정(지역사회 특성 및 강점 사정, 지역사회 보건의료체계 사정, 지역건강수준 사정, 변화가능성)
- 4단계: 전략적 이슈 확인
- 5단계: 목표 전략 수립
- 6단계: 순환적 수행(실행 → 행동 – 기획 → 중재 → 평가의 순환)

간호계획

17 SMART 목표기술

- Specific(구체성)
  목표는 구체적으로 기술
- Measurable(측정가능성)
  측정 가능한 목표
- Aggressive(적극성)
  진취적이고 현실적인 목표
- Relevant(연관성)
  목표 사업 목적과 문제 해결과 직접 연관이 있어야 함.
- Time limited(기한)
  달성 기한을 명시해야 함.

18 평가계획

- 평가자
  누가 평가할지 정함.
- 평가시기
  주말, 월말 기말, 연말 언제 평가할지 정함.
- 평가도구
  무엇을 가지고 평가할지. 타당성과 신뢰성 고려
- 평가범주
  ① **투입된 자원에 대한 평가**: 담당자를 비롯한 인적, 물적, 사회적 자원에 대한 평가
  ② **사업진행 정도에 대한 평가**: 진행계획을 기준으로 평가. 내용과 일정에 맞도록 수행되었는지 파악. 평가결과 차질 있는 것으로 나타나면 원인을 분석하여 계획을 변경하거나 원인을 제거하도록 함.
  ③ **목표 달성 정도에 대한 평가**: 설정된 목표가 제한된 기간 동안에 어느 정도 달성되었는지 목표 성취 여부 평가. 목표에 쉽게 도달했는지, 어려웠는지 분석 및 원인 규명
  ④ **사업 효율성에 대한 평가**: 사업수행에 투입된 노력(인적, 물적자원)을 비용으로 환산하여 사업 단위 목표량에 대한 투입된 비용이 어느 정도인지 산출(최소의 비용으로 최대의 효과를 원함)

간호활동

19 지역사회간호 수행에서 요구되는 활동

- 조정
  ① 수행에 있어서 업무 중복 또는 부족함이 없도록 수행 구성원의 관계를 명확히 함.
  ② 업무를 분담하여 그때그때의 결정사항에 대해 의사소통을 통한 조정 시행
- 감시
  ① 목표달성을 위해 계획대로 진행되는지 확인
  ② 투입, 과정, 결과로 감시하며 계속적 관찰, 기록을 검사, 자원점검, 구성원과 지역사회주민과 토의
- 감독
  ① 정기적으로 목표 정도를 평가
  ② 발생한 문제, 개선점 토의 및 개선에 대한 조언

간호평가

20 평가유형

- 평가시기에 따라서
  ① **현황평가(진단평가)**: 기획과정에서 사업 시작 전에 지역사회 건강문제를 분석하여 사업의 시행 가능성 검토
  ② **과정평가(형성평가)**: 사업의 중간에 사업의 수행상태를 파악하고, 잘못된 부분이 있다면 개선방안을 검토하는 평가. 사업의 실행과정 중에 이루어짐.
  ③ **결과평가(최종평가)**: 사업 수행 후 결과 평가. 사업의 개선 사항과 지속 여부 결정
- 체계모형에 따라서
  ① **투입평가**: 사업인력의 양적 충분성, 사업정보의 적절성, 사업수행에 필요한 전문성 확보, 시설 및 장비의 적절성
  ② **과정평가**: 제공된 서비스의 질에 대한 평가로 목표 대비 사업의 진행 정도, 사업자원의 적절성과 사업의 효율성이 포함
  ③ **결과평가**: 사업이 종료된 시점에서 목표달성 정도, 즉 사업 효과를 평가하는 것
- 평가 주체에 따라서
  ① **내부평가 – 외부평가**: 사업에 대한 내부에서의 평가는 여러 가지 상황에 대해 잘 아는 상태에서 평가가 가능. 외부에서의 평가는 주관을 배제한 객관적인 평가는 가능하지만 모든 과정적 상황을 반영할 수 없음.
  ② **질적평가 – 양적평가**: 질적평가는 사업에 대한 신뢰성과 객관성 확보가 높지만 수량화된 자료를 통계적으로 사용하는 평가는 양적평가를 반영

21 평가절차

- 평가내용, 측정기준 설정
  ① 목표수준과 일치해야 함.
  ② 이미 계획단계에서 마련된 평가내용, 측정기준 확인하는 절차
- 평가자료 수집
  ① 자료수집이 어렵지 않은 자료를 활용하는 것이 효율적
  ② 양적자료 이외에 질적자료 수집을 통해 사업에 대한 통찰력 높일 수 있음.
- 설정된 목표와 현재상태 비교
- 목표 도달 정도의 가치판단과 분석
  목표 도달정도 파악 후 원인 분석
- 재계획
  평가결과에 따라 사업 진행 여부, 개선사항을 반영하여 추후 사업 진행방향 결정

간호수단

22 가정방문

- 방문 전 계획
  ① 방문대상을 이해. 개인, 가족, 지역사회에 대한 기록과 보고서가 있으면 전부 검토
  ② 예측되는 요구와 문제에 대처. 즉, 필요한 물품, 기구, 약품 등을 준비하며, 서류양식 및 의뢰서 등도 준비
  ③ 방문일시 및 방문목적을 방문할 사람들에게 사전에 연락
  ④ 필요 시 서류양식과 의뢰서 등도 준비
  ⑤ 방문에 필요한 교통수단을 확인하고 방문 목적, 출발 시간과 귀환 예정 시간을 다른 보건요원에게 보고하고 기재하여 놓기
  ⑥ 사전 약속이 되어 있어도 대상자에게 한 번 더 확인
  ⑦ 응급상황에 대비하여 병원, 보건소 등의 연락방법을 확보
- 방문 중 활동
  ① 개인, 가족, 지역사회와 우호적인 관계를 맺음.
  ② 관찰과 질문
  ③ 동원 가능한 자원을 최대한 활용하여 필요한 간호를 제공
  ④ 대상자의 질문에 응하고 상담
  ⑤ 간호대상자들 자신을 표현하고, 평가하고 결정할 수 있도록 권장한다. 또한 자신의 문제에 대하여 수용하도록 도와줌.
  ⑥ 간호대상자와 함께 공동 활동계획을 작성한다. 스스로 문제를 해결하는 방법을 모색
  ⑦ 앞으로 대상자가 해결해야 할 활동에 대한 계획을 스스로 세울 수 있도록 도움
  ⑧ 사용한 물품을 정리하고 대상자와 가족에게 필요한 보건교육 시행

- 방문 후 활동
  ① 방문 후 지역사회간호사가 해야 할 부분을 처리하고 간호대상자의 수행과정을 감시
  ② 방문활동에 대한 평가
  ③ 필요한 기록을 하고 다른 요원이나 상급자에게 방문 결과를 보고
- 방문간호 가방
  ① 간호사가 대상을 방문할 때에는 필수적으로 방문 가방을 가지고 감.
  ② 방문 가방에는 필요한 물품 및 도구를 여건에 맞추어 조금 여유 있게 지참
- 방문활동 장점
  ① 대상자가 심리적으로 안정감을 가지고 편안하게 간호서비스를 받을 수 있음.
  ② 대상자의 생활, 흥미, 태도, 가치관 등 대상자를 비롯한 가족이 처한 상황을 파악할 수 있음.
  ③ 가정 상황에 따라 적절한 교육과 상담을 제공
  ④ 대상자 자신이 직접 관찰하고 평가할 수 있는 기회를 제공함으로써 건강관리에 대한 동기 부여가 가능
  ⑤ 환자를 포함한 가족 전체를 포괄하는 가족 단위의 건강교육이 가능
  ⑥ 대상자와 간호사 사이의 우호관계가 형성되어 신뢰감이 높음.
- 방문활동 단점
  ① 가정방문에 시간과 비용이 많이 들게 됨.
  ② 같은 건강문제를 가지고 있는 사람들과 정보를 교환할 기회가 적음.
  ③ 간호 제공시 보건소에서 사용할 물품을 활용할 수 없음.
  ④ 대상자의 교육과 상담을 할 때 주의집중이 어려움
  ⑤ 대상자가 타인의 가정방문을 부담스럽게 생각할 수 있음.

23 의뢰

① 간호와 관련된 목적이 분명히 있어야 함.
② 지역사회간호사 자신이 타인에게 제공해야 할 것을 아는 것, 자신의 능력 및 가능성과 타인을 위한 자신 가치를 인식하는 것, 서로의 능력을 교환할 것
③ 타인에게 먼저 접근하는 시도가 있어야 함. 초기 접촉시에 간호사 자신이 제공 가능한 것, 자신의 필요, 자신의 접촉 목적을 분명히 밝히되 소극적인 자세를 버릴 것
④ 의미 있는 시간 투자가 필요. 이는 서로 회환할 수 있도록 시간을 투자함을 의미
⑤ 대상자와 함께 상의하여 의뢰

24 사례관리

- **사례관리 정의**
  ① 건강관리 전달체계에서 질적인 건강관리를 제공하고, 서비스 전달체계의 붕괴를 예방하여 대상자의 삶의 향상과 비용 억제를 목적으로 함(미국간호협회, 1991).
  ② 지역사회 간호사가 복잡한 제반 건강문제를 가진 대상자에게 질병관리 이외에도 필요로 하는 서비스를 받을 수 있도록 포괄적인 서비스를 제공하기 위한 방법

- **사례관리 필요성**
  ① 탈시설화의 영향
  ② 서비스 전달의 지방분권화
  ③ 복잡, 다양한 문제와 욕구를 가진 대상자 증가
  ④ 서비스 단편성의 조정 및 통합
  ⑤ 사회적 지원체계와 관계망의 중요성 인식 증가
  ⑥ 비용효과성에 대한 인식의 증가
  ⑦ 가족을 기반으로 하는 중재방법의 필요성 증가

- **사례관리의 과정**
  ① 1단계: 대상자 선정 및 등록
    - 대상자 선정, 전화로 안내 및 방문 일정 약속, 동의하에 방문건강관리 대상자로 등록
  ② 2단계: 요구사정
    - 안내문 발송 후 전화 또는 방문, 문제, 욕구 탐색
  ③ 3단계: 목표설정 및 관리계획 수립
    - 사정자료 근거로 환자 요구도 충족시킬 수 있는 사례관리 계획 수립
    - 목표의 우선순위 설정 후 서비스 계획, 자원배치
    - 확인된 문제 해결을 위한 구체적 개입 계획과 평가계획 수립
  ④ 4단계: 개입 및 실행
    - 전문인력 판단과 팀 구성에 따라 건강관리서비스 내용 조정
    - 문제의 우선순위에 따라 실제 대상자에게 필요한 다양한 자원 연계 및 활용
    - 새로운 사회적 지지망 구축
    - 서신발송, 전화, 방문, 자원 연계 실시
  ⑤ 5단계: 점검 및 재사정
    - 사례관리자가 대상자와 함께 수립한 목표 달성여부 파악하는 단계
    - 중재의 적절성을 지속적으로 파악하고 필요시 재사정을 하여 3단계인 목표설정과 계획 수립의 단계로 되돌아가 중재계획 수정
  ⑥ 6단계: 평가 및 종결

기출로 실력 올리기

01 <보기>에서 설명하는 지역사회 기능으로 가장 옳은 것은? 2022 서울시

| 보기 |

- 사회를 구성하는 조직원 간에 관련된 기능으로, 지역 사회가 유지되기 위하여 사회의 구성원 사이에 서로가 믿음과 신뢰를 바탕으로 상호 존중한다.
- 구성원 상호 간 결속력과 사명감이 필요하며 주민 공동의 문제해결을 위하여 공동으로 노력하는 활동이 포함된다.

① 경제적 기능
② 사회화 기능
③ 사회통제 기능
④ 사회통합 기능

LINK 이론서 10p
난이도 상 중 **하**
중요도 ★★★★★
CHECK ☐☐☐

---

01 지역사회간호 입문 – 지역사회간호의 이해 – 지역사회의 기능 ④

지역사회 기능 중 믿음과 신뢰를 바탕으로 상호존중하며, 문제 해결을 위하여 공동으로 노력하는 활동을 사회통합 기능 또는 참여적 사회통합 기능이라고 한다.

추가 학습

지역사회의 기능

1. 사회화 기능
   ① 지역사회와 공유하는 일반적인 지식, 사회적 가치, 행동양상을 새로이 창출하고 유지, 전달 기능
   ② 지역사회 구성원들은 다른 지역사회 구성원들과 구별되는 생활양식을 터득함.
2. 경제적 기능
   ① 지역사회 차원으로 특산품을 개발한다거나 기업을 유지하는 등 자립을 위한 활동
   ② 일상생활을 영위하는 데 필요한 물자와 서비스를 생산, 분배, 소비하는 과정과 관련된 기능
3. 사회통제 기능: 지역사회 스스로 규칙이나 사회규범을 형성하여 구성원들의 행동을 통제하는 활동
4. <u>참여적 사회통합 기능: 결속력과 사기를 높이고 주민공동의 문제해결을 위하여 공동으로 노력하는 활동이 포함</u>
5. 상부상조 기능: 도움이 필요한 상황에서 서로 지지해 주고 조력해 주는 기능

출제분석

지역사회에서 가장 중요한 단어는 "지역사회 주민" "자발적 참여" 그리고 "적정기능수준향상" 기억해주세요! 위의 문제는 전형적인 사회통합 기능을 말하고 있어요.

02 향우회와 같은 집단은 어떤 지역사회 유형에 해당되는가?   2016 서울시

① 기능적 지역사회
② 경제적 지역사회
③ 구조적 지역사회
④ 감정적 지역사회

---

02 지역사회간호 입문 – 지역사회 유형　　🔑 ④

선지체크
④ 감정적 지역사회 – 향우회는 소속공동체에 속한다.

추가 학습
감정적 지역사회
1. 소속공동체: 지역적 공간을 공유함으로써 형성되는 고향과 같은 지연, 출신학교가 같은 학연, 종친회와 같이 친밀감으로 결속된 집단
2. 특수흥미공동체: 서로 같은 관심과 목적을 가지고 관계를 맺고 있는 결속체로서, 특별한 논제나 화제가 생겼을 때 더욱 부각　**ex** 대한간호협회, 야구동호회

출제분석
지역사회의 유형은 다빈도 출제 유형이라서 예시만 잘 기억하셔도 금방 풀 수 있어요.
생전 처음보는 예시도 비슷한 맥락으로 유추하면 쉽게 풀 수 있어요.

03 다음 (ㄱ)에 해당하는 지역사회 유형은?

2018 지방직

> 「지역보건법 시행령」 제8조(보건소의 설치)
> ① 법 제10조에 따른 보건소는 (ㄱ)별로 1개씩 설치한다. 다만, 지역주민의 보건의료를 위하여 특별히 필요하다고 인정되는 경우에는 필요한 지역에 보건소를 추가로 설치, 운영할 수 있다.

① 생태학적 문제의 공동체
② 특수흥미 공동체
③ 지정학적 공동체
④ 자원 공동체

---

03 지역사회간호 입문 – 지역사회 유형

선지체크
① 생태학적 문제의 공동체: 지리적 특성, 기후, 자연환경과 같은 요인의 영향으로 동일한 생태학적 문제를 내포하고 있는 집단
② 특수흥미 공동체: 서로 같은 관심과 목적을 가지고 관계를 맺고 있는 결속체로, 특별한 논제나 화제가 생겼을 때 더욱 부각
④ 자원 공동체: 특정 문제를 해결하기 위한 자원의 활용범위로 모인 집단

추가학습
구조적 지역사회
1. 대면공동체: 구성원 강호 간에 상호 교류가 빈번하여 소식이 쉽게 전달되고 사람들은 서로 친근감과 공동의식을 소유하고 있는 집단 **ex** 가족, 이웃
2. 생태학적 문제 공동체: 지리적 특성, 기후, 자연환경과 같은 요인의 영향으로 동일한 생태학적 문제를 내포하고 있는 집단 **ex** 대기오염, 수질오염, 토양오염 등의 문제가 있는 지역사회
3. 지정학적 공동체: 지리적이고 법적인 경계로 정의된 지역사회 **ex** 특별시, 광역시
4. 집합체: 동일한 건강문제가 있는 집단이나 보건의료 문제측면에서 볼 때 생활환경이 위험에 노출된 위험집단 **ex** 미혼모집단, 광산촌
5. 조직: 특정목표를 달성하기 위하여 환경과 끊임없이 상호작용하는 체제 **ex** 병원, 학교

04 우리나라 보건소는 어떤 지역사회 유형에 근거하여 설치되는가?   2014 서울시

① 소속 공동체　　② 대면 공동체　　③ 자원 공동체　　④ 지정학적 공동체

> **04 지역사회간호 입문 – 지역사회 유형** 🔑 ④
>
> **선지체크**
> ④ 지정학적 공동체: 구마다 1개씩 설치
>
> **추가학습**
> 구조적 지역사회
> 1. 대면공동체: 구성원 강호 간에 상호 교류가 빈번하여 소식이 쉽게 전달되고 사람들은 서로 친근감과 공동의식을 소유하고 있는 집단 ex 가족, 이웃
> 2. 생태학적 문제 공동체: 지리적 특성, 기후, 자연환경과 같은 요인의 영향으로 동일한 생태학적 문제를 내포하고 있는 집단 ex 대기오염, 수질오염, 토양오염 등의 문제가 있는 지역사회
> 3. 지정학적 공동체: 지리적이고 법적인 경계로 정의된 지역사회 ex 특별시, 광역시
> 4. 집합체: 동일한 건강문제가 있는 집단이나 보건의료 문제측면에서 볼 때 생활환경이 위험에 노출된 위험집단 ex 미혼모집단, 광산촌
> 5. 조직: 특정목표를 달성하기 위하여 환경과 끊임없이 상호작용하는 체제 ex 병원, 학교
>
> **출제분석**
> 지역사회 유형을 묻는 문제는 직접적으로 '지리적이고 법적인 경계로 정의된 지역사회를 무엇이라고 하는가.'라는 문제보다 위와 같이 "보건소"처럼 예시를 통해서 유형을 찾는 문제로 더 많이 나오니 앞서서 분석에서 알려드린대로 구분하여 외워주세요!

05 지역사회 분류에 대한 설명으로 옳지 않은 것은?   2015 지방직

① 가족, 이웃 등과 같이 친밀성과 공동의식을 소유하고 있는 집단을 '대면공동체'라고 한다.
② 감염병 관리 대상 집단은 '동일한 요구를 지닌 공동체'에 해당한다.
③ 지정학적 경계를 넘어 대기오염, 수질오염, 토양오염 등의 동일한 문제가 있는 지역사회를 '자원공동체'라고 한다.
④ 같은 고향 출신 집단은 '소속공동체'에 해당한다.

> **05 지역사회간호 입문 – 지역사회 유형** 🔑 ③
>
> **선지체크**
> ③ 지정학적 경계를 넘어 대기오염, 수질오염, 토양오염 등의 동일한 문제가 있는 지역사회를 '생태학적 문제 공동체'라고 한다.
>
> **출제분석**
> 지역사회 유형에서 구조적 지역사회, 기능적 지역사회, 감정적 지역사회로 나눌 수 있고 여기에 해당하는 종류와 예시를 정확히 알아두세요.

06 다음 중 우리나라 지역사회 간호의 역사적 사건으로 옳은 것은? 2016 서울시

① 1990년 보건소법이 지역보건법으로 개정되면서 지역보건의료계획이 수립되어 포괄적인 보건의료사업이 수행되었다.
② 부분적이고 지역적인 수준에서 시행되던 보건간호사업이 1960년 보건소법이 제정되면서 보건소를 중심으로 전국적인 차원에서 이루어지게 되었다.
③ 국민의 의료에 대한 욕구가 증가하여 1989년 우리나라 최초로 의료보험이 시행되었다.
④ 1985년 정부는 군단위 보건소를 대상으로 보건간호인력 한 명이 세분화된 보건사업을 통합하여 제공하는 통합보건사업을 시도하였다.

---

06 지역사회간호 입문 – 지역사회간호 역사 – 우리나라 지역사회 간호 역사

선지체크
① 1995년 보건소법이 지역보건법으로 개정되면서 지역보건의료계획이 수립되어 포괄적인 보건의료사업이 수행되었다.
② 부분적이고 지역적인 수준에서 시행되던 보건간호사업이 1956년 보건소법이 제정되면서 보건소를 중심으로 전국적인 차원에서 이루어지게 되었다.
③ 국민의 의료에 대한 욕구가 증가하여 1977년 우리나라 최초로 의료보험이 시행되었다.
  (현재의 모습은 아니지만 최초의 시행)

추가학습
우리나라 지역사회간호의 역사
1. 방문간호시대(1945년 이전)
   ① 간호학교가 설립되어 간호사를 배출하면서 정식으로 간호사업 시작(대한제국 시기)
   ② 보건사업부 설치: 기독교 공중보건회관인 태화여자관(1923)
   ③ 동대문 부인 병원 간호원장, 로선복(로젠버그)의 주선으로 환경위생과 질병예방에 대한 계몽 시작
2. 보건간호시대(1945~1980)
   ① 미군정 하에서 보건후생국이 보건후생부로 개편(1946)
   ② 중앙 조직에 보건국 설립(1948)
   ③ 보건소법이 제정(1956), 개정(1962)
   ④ 학교보건법 제정(1967)
   ⑤ 의료보험 시행(1977)
3. 지역사회간호시대(1980~2000)
   ① 농어촌 보건의료를 위한 특별조치법 공포(1980)
   ② 보건진료원 배치(1981)
   ③ 산업안전보건법의 제정(1982)
   ④ 세분화된 보건사업을 통합, 통합보건사업 시도(1985)
   ⑤ 전국민 의료보험 시행(1989)
   ⑥ 가정간호사 추가, 산업안전보건법의 개정(1990)
   ⑦ 국민건강증진법 제정, 보건소법을 지역보건법으로 변경, 정신보건법 제정(1995)

4. 지역사회간호사업시대(2000년 이후)
   ① 양호교사가 보건교사로 변경(2002)
   ② 전문간호사 13개 분야로 확대(2006)
   ③ 노인장기요양보험법 시행(2008.07.01)
   ④ 지역보건법 전부 개정(2015)
   ⑤ 무면허 의료행위 금지 조항 구체적 명시(2020)
   ⑥ 제5차 국민건강증진 종합계획(Health Plan 2030) 설정(2021)

   출제분석
   우리나라 지역사회간호의 역사는 연도에 따른 주요 이벤트를 정확히 암기해주세요.
   이러한 문제는 연도까지 정확히 외우지 않으면 아무리 고민해도 풀 수 없는 문제이지만 정확하게
   만 외워준다면 쉽게 답을 고를 수 있죠.

07 다음과 같은 지역사회간호의 시대적 흐름과 관련한 설명으로 옳은 것은? 　2018 지방직

(가) 1900년 이전: 방문간호시대
(나) 1900~1960년: 보건간호시대
(다) 1960년 이후: 지역사회 간호시대

① (가) - 한국에서 로선복이 태화여자관에 보건사업부를 설치하여 모자보건사업을 실시하였다.
② (나) - 라론드 보고서의 영향을 받아 건강생활실천을 유도하는 건강증진사업이 활성화되었다.
③ (다) - 릴리안 왈드가 가난하고 병든 사람들을 간호하기 위하여 뉴욕 헨리가에 구제사업소를 설립하였다.
④ (다) - 미국에서 메디케어와 메디케이드의 도입 이후 가정간호가 활성화되었다.

07 지역사회간호 입문 - 지역사회간호 역사 　🔑 ④

선지체크
① (가) - 태화여자관에 보건사업부를 설치하여 모자보건사업을 실시하였다. → (나)
② (나) - 라론드 보고서의 영향을 받아 건강생활실천을 유도하는 건강증진사업이 활성화되었다. → (다)
③ (다) - 릴리안 왈드가 가난하고 병든 사람들을 간호하기 위하여 뉴욕 헨리가에 구제사업소를 설립하였다. → (가)

출제분석
이렇게 국내 + 국외의 역사를 섞어서 내는 것이 트렌드!!

08 캐나다의 보건성 장관이었던 Lalonde의 보고서(1974)에서는 건강에 결정을 미치는 주요 요인을 제시하였다. 건강결정요인으로 가장 옳지 않은 것은?

2015 서울시

① 생물학적 요인
② 생활습관
③ 교육정도
④ 보건의료조직

08 지역사회간호 입문 – 지역사회 건강 (Part5 건강증진사업 운영에도 내용 중복)

 ③

추가 학습

건강결정요인
1. 생활습관(50%): 개인이 반복해 온 습관이므로 이를 개인의 의지로 변화시키기 매우 어려워 전문인력의 도움을 받는 것이 좋음.
2. 환경(20%): 각종 환경호르몬이 갈수록 심해져 환경은 건강과 밀접한 관계
3. 유전, 생물학적(20%): 인종, 성별, 태생조건, 각종 유전도 건강과 밀접
4. 보건의료서비스(10%): 보건의료시설과 보건의료서비스

출제 분석

1974년 보고서이지만 아직까지도 그 공신력을 인정받는 보고서이므로 시험에는 매번 자주 출제되오니 달달 외워주세요!

09 <보기>에 나타난 지역사회간호사의 역할로 가장 옳은 것은? 2020 서울시

| 보기 |

코로나19(COVID-19) 사태에서 사회적 약자들이 방치되는 것을 방지하기 위해 지역사회의 차상위계층, 기초생활수급자, 독거노인, 신체장애인에 전화를 걸어 호흡기 등의 건강상태와 정신건강 상태를 확인하였다.

① 상담자
② 사례관리자
③ 교육자
④ 변화촉진자

---

09 지역사회간호 입문 – 지역사회간호사 역할 및 활동 — ②

선지체크
① 상담자: 지역사회 주민들의 건강문제에 대한 전문적 지식과 기술을 토대로 상담
③ 교육자: 지역사회 주민들의 교육 요구도를 사정하여 보건교육을 주도
④ 변화촉진자: 대상자의 행동을 바람직한 방향으로 유도하고 변화시킴

추가 학습
사례관리자
1. 지역사회 거주하는 고위험군을 발굴하여 문제를 사정, 계획, 수행, 평가하고 지역사회 내 보건의료서비스를 연계시켜 주는 역할
2. 다른 사람이 수행한 간호를 관리감독
3. 대상자의 욕구를 충족, 자원을 비용 효과적으로 사용하도록 유도

출제 분석
지역사회간호사의 역할은 간호직 공무원, 보건진료직 공무원이 꼭 알아야 할 필수 지식 및 상식이에요. 해야 할 역할도 많고 그에 따른 내용도 다양해서 헷갈리기 딱 좋고 시험에서 다양하게 나올 수 있으니 헷갈리지 않도록 정확히 구분해서 외우셔야 해요.

10 다음에서 설명하는 지역사회 간호활동은?

2021 지방직

- 목표를 향하여 계획대로 진행되고 있는지 관련 기록을 감사한다.
- 도구소독법, 물품의 비축, 상병자 간호, 보건교육 등 업무가 원활하게 수행되는지 관찰한다.
- 지역사회 주민들과의 대화를 통해 주민의 요구와 사업이 부합되는지 파악한다.

① 조정 ② 옹호
③ 감독 ④ 사례관리

---

10 지역사회간호 입문 – 지역사회간호사 역할 및 활동 ③

선지체크
① 조정: 대상자의 요구를 충족시키기 위해 의료서비스를 조직하고 통합하는 과정
② 옹호: 간호대상자가 독립적 역할을 수행하도록 대비 또는 옹호
④ 사례관리: 지역사회에 거주하는 고위험군 주민을 발굴한 후 문제를 사정, 계획, 수행, 평가하고 지역사회 내 보건의료서비스를 연계시켜주는 역할

추가학습
관리자 = 감독자
1. 간호대상자의 요구에 충족되는 의료서비스를 기획, 조직, 인사, 통합, 감독, 통제하는 역할
2. 지역사회 내 관리자의 역할 수행을 위해 계획, 조직화, 조정기능 이용
3. 지역사회 내 제공되는 모든 간호활동을 관리하는 역할

11 지역사회간호사의 역할에 대한 설명으로 옳지 않은 것은?

2020 지방직

① 조정자(coordinator) - 대상자의 행동이 바람직한 방향으로 변화되도록 유도하는 역할
② 의뢰자(refer agent) - 문제해결을 위해 대상자를 적절한 지역사회 자원이나 기관에 연결해주는 역할
③ 사례관리자(case manager) - 대상자의 욕구를 충족시키고 자원을 비용-효과적으로 사용하도록 유도하는 역할
④ 사례발굴자(case finder) - 지역사회 인구 집단 중 서비스가 필요한 개인 및 특정 질환 이환자를 발견하는 역할

> **11 지역사회간호 입문 – 지역사회간호사 역할 및 활동** 🔑①
> 지역사회간호사 역할 중 조정자(coordinator)는 대상자의 요구를 충족시키기 위해서 의료서비스를 조직하고 통합하는 과정의 역할을 한다.
>
> **선지체크**
> ① 변화촉진자 - 대상자의 행동이 바람직한 방향으로 변화되도록 유도하는 역할

---

12 흡연대상자에게 금연의지를 갖도록 동기를 유발시키고, 금연행위를 지속하도록 도와주는 지역사회간호사의 역할은?

2011 지방직

① 대변자
② 의뢰자
③ 변화촉진자
④ 협력자

> **12 지역사회간호 입문 – 지역사회간호사 역할 및 활동** 🔑③
>
> **선지체크**
> ① 대변자: 지역사회 주민들 입장에서 의견을 제시하는 역할을 수행
> ② 의뢰자: 문제 해결을 위해 대상자를 지역사회 기관 또는 자원과 연결
> ④ 협력자: 관련된 건강요원들과 원활한 의사소통으로 협력적 업무 추진
>
> **추가 학습**
> 변화촉진자
> 1. 대상자의 행동을 바람직한 방향으로 유도하고 변화시킴.
> 2. 대상자의 건강문제에 스스로 대처하는 능력을 증진시킴.
> 3. 동기부여를 통하여 건강문제에 대해 실질적으로 변화하도록 유도함.
>
> **출제분석**
> 다양한 예시와 함께 질문하는 '지역사회 간호사의 역할'

13 〈보기〉에서 설명하고 있는 지역사회간호사의 주된 역할로 가장 옳은 것은? 2023 서울시

| 보기 |

A보건소의 방문건강관리팀은 당뇨병을 앓고 있는 독거노인을 대상으로 혈당 관리, 복약지도, 영양상담 등의 서비스를 제공하는 프로그램을 추진하기 위해 방문간호사, 의사, 약사, 영양사, 사회복지사 등의 보건·의료전문가들과 건강관리 서비스의 내용과 제공과정을 결정하는 회의를 시행하였다.

① 교육자(educator)
② 조정자(coordinator)
③ 협력자(collaborator)
④ 사례관리자(case manager)

---

13 지역사회간호 입문 – 지역사회간호사 역할 및 활동 ③

선지체크
방문간호사, 의사, 약사, 영양사, 사회복지사 등의 관련된 건강요원들과 원활한 의사소통으로 협력적 업무추진을 하므로 협력자의 역할

추가 학습
지역사회간호사의 건강관리 중심의 역할
1. 조정자
   ① 대상자의 요구를 충족시키기 위해 의료서비스를 조직하고 통합하는 과정
   ② 대상자의 건강관리 조정자로서의 기능
      - 대상자에게 건강관리를 제공하는 사람, 의료서비스가 제대로 이루어지는지 확인
      - 대상자의 요구도, 상태에 대해 다학제적으로 의사소통
      - 의료서비스에 대해 전반적인 조정
2. 협력자
   ① 대상자의 문제 해결을 위한 공통 활동에 참여
   ② 관련된 건강요원들과 원활한 의사소통으로 협력적 업무추진
3. 교섭자
   ① 대상자와 기관의 인력과의 의사소통을 원활하게 할 수 있도록 해줌
   ② 대상자와 기관의 접촉단계에서부터 도움을 줌

출제분석
합격 후 지역사회간호사로 일하게 될 예정이므로 지역사회간호사의 역할을 묻는 문제는 너무나 중요할 수밖에 없죠!

14 체계이론에 근거한 가족에 대한 설명으로 옳은 것은?   2019 지방직

① 가족구성원은 사회적 상호작용을 통해 상징에 대한 의미를 해석하고 행동한다.
② 가족은 내·외부 환경과 지속적으로 교류하고, 변화와 안정 간의 균형을 통해 성장한다.
③ 가족은 처음 형성되고 성장하여 쇠퇴할 때까지 가족생활주기의 단계별 발달과업을 가진다.
④ 가족기능은 가족구성원과 사회의 요구를 충족하는 것으로 애정·사회화·재생산·경제·건강관리 기능이 있다.

---

14 지역사회간호 입문 - 지역사회간호 관련 이론 - 체계이론 ②

[선지체크]
① 가족간호이론에서 구조 및 기능이론
③ 듀발의 가족발달이론
④ 가족기능에 대한 설명

[추가학습]
체계이론
1. 경계: 체계를 환경으로부터 구분하는 것으로, 투과성에 따라 체계가 얼마나 개방적인지 결정. 경계를 통해 환경과 상호작용하는 정도에 따라 폐쇄적이거나 개방적
2. 계층: 체계의 배열은 계층적 위계질서. 상위체계와 두 개 이상의 하위체계로 구성되어 있으며 계속적인 활동으로 체계가 유지. 통합된 전체는 각 부분들의 합보다 크다.
3. 환경: 경계외부의 세계로서 속성의 변화가 이루어지는 요소
4. 속성
   ① 투입(input): 체계 내로 에너지(정보, 물질 등)가 유입되는 과정
   ② 변환(throughput): 체계 내에서 에너지. 정보. 물질을 사용하는 과정
   ③ 산출(output): 체계 내 보유하지 않은 에너지를 배출하는 과정
   ④ 회환(feedback): 체계가 완전한 기능을 발휘하기 위해 산출의 일부가 재투입되는 과정 살아 있는 체계는 생존과 성장을 위해 투입-변환-산출을 포함하여 적응, 통합, 의사결정의 세 기능을 수행해 나감. 이 세 과정이 상호작용함으로써 체계는 체계 내와 환경의 끊임없는 변화에 대응할 수 있게 함.

[출제분석]
버틀란피의 일반체계이론과 뉴만의 건강관리체계이론과 혼동 금지!!!
가족간호에 대한 문제는 뒤에 가족간호 파트에서 자세히 다룹니다.

15 다음은 지역사회간호사업 체계모형이다. (가)에 해당하는 것은? 2023 지방직

투입 → 변환 → (가)
↑↑↑ 환경

① 지역사회주민
② 지역사회간호과정
③ 지역사회 적정기능 수준 향상
④ 지역사회 물적 자원

---

15 지역사회간호 입문 – 지역사회간호 관련 이론 – 체계모형 ③

(가)는 산출에 해당되는 내용으로 지역사회 적정기능 수준 향상이 해당된다.

선지체크
① 지역사회주민 – 투입
② 지역사회간호과정 – 변환
④ 지역사회 물적 자원 – 투입

---

16 베티 뉴만(Betty Neuman)의 건강관리체계이론에 대한 설명으로 옳은 것은? 2020 지방직

① 역할 기대는 스트레스원 중 외적 요인에 해당한다.
② 저항선은 유연방어선보다 바깥에 위치하면서 대상 체계를 보호한다.
③ 유연방어선을 강화시키는 활동은 일차예방에 해당한다.
④ 정상방어선은 기본구조 내부에 위치하면서 대상 체계를 보호한다.

---

16 지역사회간호 입문 – 지역사회간호 관련 이론 – 뉴만(Neuman)의 건강관리체계이론 ③

선지체크
① 역할 기대는 스트레스원 중 대인적 요인에 해당한다.
② 저항선은 유연방어선보다 안쪽에 위치하면서 대상 체계를 보호한다.
④ 정상방어선은 기본구조 외부(외측)에 위치하면서 대상 체계를 보호한다.

출제분석
뉴만의 건강관리체계이론은 지역사회 간호이론 중 가장 많이 출제되는 이론이에요. 현대인의 스트레스가 만병의 근원이므로 더욱더 적용 범위가 넓어졌기 때문에 지역사회 간호에서 다양하게 적용할 수 있어요. 동심원과 개념을 확실히 기억해 두시면 되죠!

17 뉴만의 건강관리체계모형의 주요개념인 1차 예방으로 옳은 것은? *2010 지방직*

① 학령전기 아동을 대상으로 손 씻기 교육을 하였다.
② 뇌졸중 환자의 자조모임에서 자가간호 교육을 실시하였다.
③ 30대 이상 여성에게 여성암 예방을 위한 자궁경부암 검진을 실시하였다.
④ 만성 천식아동을 대상으로 재입원율 감소를 위한 자가조절 천식프로그램을 교육하였다.

---

17 지역사회간호 입문 – 지역사회간호 관련 이론 – 뉴만(Neuman)의 건강관리체계이론 ①

선지체크
② 뇌졸중 환자의 자조모임에서 자가간호 교육을 실시하였다. → 환자의 자조모임이므로 3차 예방
③ 30대 이상 여성에게 여성암 예방을 위한 자궁경부암 검진을 실시하였다. → 조기검진은 2차 예방
④ 만성 천식아동을 대상으로 재입원율 감소를 위한 자가조절 천식프로그램을 교육하였다. → 3차 예방

추가학습
뉴만의 건강관리체계이론
1차 예방 = 유연방어선과 정상방어선을 지키는 것

1차 방어선 = 유연방어선(보건의료체계)
2차 방어선 = 정상방어선 (마스크, 손위생)
3차 방어선 = 저항선 (면역력, 비타민 C 보충 등)

유연방어선(1차 방어선)
1. 정상방어선의 바깥쪽에 있는 방어선
2. 스트레스요인이 정상방어선의 침입을 방지하는 보호 장벽
3. 대상자의 능력을 감소시키는 수면장애와 같은 변수에 영향
4. 스트레스원 **ex** 의료체계 부족, 부적절한 보건의료전달체계

18 다음 지역사회간호 활동에서 적용한 간호이론은?

2023 지방직

- 기본 구조와 에너지 자원의 상태를 사정한다.
- 실제적 · 잠재적 스트레스원과 반응을 사정한다.
- 저항선, 정상방어선, 유연방어선을 확인한다.
- 스트레스원과 방어선과의 상호작용을 중심으로 간호진단을 기술한다.
- 1차 · 2차 · 3차 예방활동을 초점으로 중재방법을 모색한다.

① 건강관리체계이론
② 자가간호이론
③ 교환이론
④ 적응이론

---

18 지역사회간호 입문 – 지역사회간호 관련 이론 – 뉴만(Neuman)의 건강관리체계이론 ①

저항선, 정상방어선, 유연방어선과 스트레스원과 상호작용 중심으로 간호진단을 기술하는 간호이론은 뉴만의 건강관리체계이론이다.

추가 학습

건강관리체계이론의 개요
1. 대상체계
   ① 인간은 생리적, 심리적, 사회문화적, 발달적, 영적 변수로 구성된 대상 체계 구조
   ② 대상체계는 환경과 접하고 있으며 대상체계와 계속적인 상호작용을 하며, 스트레스원에 접하고 있음.
2. 간호목표: 인간체계 속의 기본구조와 방어선들이 환경의 변수들인 스트레스원을 막아내어 안전 상태를 이루고 있는 상태가 건강
3. 간호활동
   ① 간호활동은 기본구조를 보호하기 위해 스트레스원 제거 또는 약화시키는 것
   ② 일차적 예방활동은 유연방어선 및 정상방어선을 강화시키는 것
   ③ 이차적 예방활동은 반응을 조기발견하고 바른 처치를 시행하는 것
   ④ 삼차적 예방활동은 기본구조에 손상이 왔을 때 이를 재구성하도록 돕는 것

출제분석
지역사회 간호이론은 실제 지역사회간호 과정 속에서 활용되므로 시험에 항상 다빈도 출제입니다.

19 다음 사례에 해당하는 로이(Roy) 적응이론에 따른 적응 양상은?　　2024 지방직

> A 씨는 본인의 외모에 만족하고, 자신이 가치 있는 사람이라고 생각한다.

① 생리적 기능 양상
② 자아개념 양상
③ 역할기능 양상
④ 상호의존 양상

---

19 지역사회간호 입문 − 지역사회 간호이론 − 로이(Roy) 적응이론　　②

본인의 외모에 대한 생각 또는 가치있는 사람으로 생각하는 것들은 자신을 어떻게 생각하는지에 대한 것이므로 자아개념 양상에 해당된다.

추가 학습

로이(Roy) 적응이론 − 적응양상
생리적 기능: 산소·영양·배설·활동·휴식·피부 통합성·감각·수분과 전해질·신경기능과 내분비기능 등을 포함
1. 자아개념
   ① 신체적 자아: 감각과 신체상
   ② 개인적 자아: 자아 일관성과 자아 이상
   ③ 도덕 및 윤리적 자아: 자아관찰과 자아평가
2. 역할기능
   ① 1차적: 연령, 성
   ② 2차적: 남편, 아내
   ③ 3차적: 코치 역할
3. 상호의존
   ① 의존적 행위: 도움, 관심과 애정을 구함
   ② 독립적 행위: 솔선수범, 일에서 만족을 느낌
   ③ 인간의 사랑, 양육, 애정에 대한 욕구를 충족시킴

출제 분석

로이의 적응이론은 지역사회간호에 구체적인 예시를 통해 출제되므로 외우고 있는 개념을 응용하는 능력이 중요해요! 실제로 지역사회간호사가 지역사회간호학을 통해 알고 있던 개념을 현장에서 응용하는 것과 같은 이치라고 생각하시면 되죠.

LINK 이론서 35p
난이도 상 중 **하**
중요도 ★★★☆☆
CHECK ☐☐☐

20 지역사회 간호사정 시 다음 설명에 해당하는 자료분석 단계는?

2024 지방직

> A 지역 보건소 간호사는 수집한 정보를 서로 연관성 있는 항목끼리 묶어 범주화하였다.

① 분류단계
② 요약단계
③ 확인·비교단계
④ 결론단계

---

20 지역사회간호 입문 – 지역사회간호 관련 이론 – 자료사정 후 분석 🔍 ①

연관성이라는 단어가 키워드로 작용하고 연광성 있는 자료끼리 범주화 하였으므로 간호분석 단계에서 분류단계라고 할 수 있다.

선지체크
① 분류단계: 자료를 서로 연관된 것끼리 분류
② 요약단계: 자료를 지역사회 특성에 따라 서술하고 지도, 비율, 차트, 도표 등으로 작성
③ 확인·비교단계: 과거와 자료를 비교하여 부족하거나 더 필요한 자료를 확인
④ 결론단계: 지역사회 문제가 무엇인지 결론을 내림

출제분석
간호사정 단계에서 얼마나 양질의 정보를 수집했는지, 자료를 연관된 것끼리 분류하고 요약했는지에 따라 향후 간호과정에 많은 영향을 미친다.

21 지역사회간호사가 방문간호 대상자에게 오렘(Orem)의 자가간호이론을 적용하고자 할 때 〈보기〉에서 대상자의 간호요구는?

2022 서울시

| 보기 |

김 씨(71세, 여성)는 독거노인으로 6개월 전 고혈압 진단을 받아 혈압약을 처방받았다. 현재 혈압이 180/100mmHg, 체질량지수(BMI)가 25이며, 가끔씩 두통과 어지러움을 호소하고 있으나, 증상이 있을 때만 약을 복용하고 있으며, 식이요법이나 운동 등을 실천하지 않고 있다.

① 일반적 자가간호요구
② 발달적 자가간호요구
③ 보상체계적 자가간호요구
④ 건강이탈 자가간호요구

---

21 지역사회간호 입문 – 지역사회간호 관련 이론 – 오렘(Orem)의 자가간호이론   ④

고혈압. 이미 진단을 받아 처방약을 복용중이므로 대상자는 자가간호결핍상태, 건강이탈 상태

추가 학습

자가간호요구
1. 일반적 자가간호요구
   ① 모든 인간이 공통적으로 가지는 자가간호요구
   ② 인간의 구조, 기능을 유지하기 위한 내적, 외적 조건과 관련된 요구
   ③ 물, 공기, 음식, 배설, 활동, 휴식, 고립과 사회적 상호작용, 위험으로부터 예방 등
2. 발달적 자가간호요구
   ① 인간의 발달과정, 생애주기의 다양한 단계에서 필요한 발달과업과 관련된 자가간호요구
   ② 임신, 미숙아 출생, 배우자사망, 부모사망 등
3. 건강이탈 자가간호요구
   ① 질병, 상해 시에 요구되는 자가간호요구로서 자아상의 정립, 건강 이탈로 인해 나타나는 것
   ② 일반적 자가간호요구는 충족시키지만 건강 이탈 자가간호요구를 충족시키기 위해서는 간호사의 도움이 필요한 경우이기 때문에 보상체계 해당함.

출제분석
오렘의 자가간호이론은 상당히 구체적인 이론이라 예시와 함께 문제에 자주 등장하죠. 그 어떠한 예시가 나와도 자가간호요구, 자가간호역량, 자가간호 결핍 등 자가간호 이론의 개념을 잘 숙지하고 있으면 됩니다!

LINK 이론서 21~23p
난이도 상 중 하
중요도 ★★★★★
CHECK ☐☐☐

22 지역사회간호사가 오렘이론을 적용하여 간호목표를 설정하였다. 옳은 것은?   2015 서울시

① 가출청소년이 가족과의 원만한 의사소통과 상호작용을 유지한다.
② 당뇨질환을 가진 노인이 합병증 예방을 위해 자가간호를 수행한다.
③ 치매노인을 둔 가족이 환경 변화 속에서 역동적인 평형상태를 유지한다.
④ 재혼가족이 새로운 구성원과 변화된 가족환경에 적응반응을 나타낸다.

---

22 지역사회간호 입문 - 지역사회간호 관련 이론 - 오렘(Orem)의 자가간호이론   ②

"오렘의 자가간호 이론"을 적용한 것을 고르는 문제

[선지체크]
① 가출청소년이 가족과의 원만한 의사소통과 상호작용을 유지한다.
→ 적응이론
③ 치매노인을 둔 가족이 환경 변화 속에서 역동적인 평형상태를 유지한다.
→ 체계이론
④ 재혼가족이 새로운 구성원과 변화된 가족환경에 적응반응을 나타낸다
→ 적응이론
"자가간호" 등장
나머지는 로이의 적응이론을 적용

[출제분석]
역시 오렘이론은 구체적인 예시로!

23 다음에 해당하는 오렘(Orem) 이론의 자가간호요구는?   2021 지방직

> 당뇨로 진단받아 투약 중인 대상자가 식후 혈당이 420mg/dl였고, 합병증 예방 및 식이조절에 대하여 궁금해 하고 있다.

① 생리적 자가간호요구
② 건강이탈 자가간호요구
③ 발달적 자가간호요구
④ 일반적 자가간호요구

---

23 지역사회간호 입문 - 지역사회간호 관련 이론 - 오렘(Orem)의 자가간호이론 ②

선지체크
③ 발달적 자가간호요구: 인간의 발달과정, 생애주기의 다양한 단계에서 필요한 발달과업과 관련된 자가간호 요구(임신, 미숙아 출생, 배우자 사망, 부모 사망 등)
④ 일반적 자가간호요구: 모든 인간이 공통적으로 가지는 자가간호요구(물, 공기, 음식, 배설, 활동, 휴식, 고립과 사회적 상호작용, 위협으로부터 예방 등)

추가학습
건강이탈 자가간호요구
1. 질병, 상해 시에 요구되는 자가간호요구로서 자아상의 정립, 건강 이탈로 인해 나타나는 것
2. 일반적 자가간호요구는 충족시키지만 건강 이탈 자가간호요구를 충족시키기 위해서는 간호사의 도움이 필요한 경우이기 때문에 보상체계 해당함.

24 다음 글에 해당하는 오렘(Orem)의 간호체계는?

2019 지방직

> - 가정전문간호사는 오렘(Orem)의 이론을 적용하여 수술 후 조기 퇴원한 노인 대상자에게 간호를 제공하려고 한다.
> - 노인 대상자는 일반적인 자가간호요구는 충족할 수 있으나 건강이탈시의 자가간호요구를 충족하기 위한 도움이 필요한 상태이다.

① 전체적 보상체계
② 부분적 보상체계
③ 교육적 체계
④ 지지적 체계

---

24 지역사회간호 입문 – 지역사회간호 관련 이론 – 오렘(Orem)의 자가간호이론 ②

일반적 자가간호요구는 충족하지만 건강이탈 시 자가간호요구를 충족시키는 것이므로 부분적 보상체계라고 할 수 있다.

추가 학습

간호체계
1. 자가 간호 요구를 충족시키고 자가 간호 역량을 조절하여 결손을 극복하도록 돕기 위하여 간호 상황에서 환자를 위하여 처방하고 설계하고 직접 간호를 제공하는 체계적인 간호활동
2. 전체적 보상체계: 개인이 자가 간호활동을 거의 수행하지 못하는 상황에 제공
3. 부분적 보상체계: 일반적 간호욕구는 충족시킬 수 있으나 도움이 필요한 경우 부분적으로 자가 간호를 대신 시행
4. 지지적 교육체계: 환자가 자가 간호요구를 충족시키는 자원을 가지고 자가 간호를 수행할 수 있으나 지식이나 기술을 습득하는 데 간호사의 도움이 필요할 때 제공

출제 분석

구석구석 개념을 활용하여 문제 여기저기 출제할 수 있는 오렘의 자가간호이론, 이제 와 닿으시죠?

25 다음의 간호행위에 적용된 이론은?　　　　　　　　　　　2011 지방직

> 결장암 수술 후 colostomy를 한 환자에게 가정방문을 통하여 colostomy 부위의 피부간호와 가스형성 감소를 위한 식이교육을 실시하였다.

① 오렘(Orem)의 자가간호결핍이론을 적용한 부분적 보상체계 수행
② 뉴만(Neuman)의 건강관리체계이론을 적용한 유연방어선 강화
③ 로이(Roy)의 적응이론을 적용한 역할기능의 적응
④ 펜더(Pender)의 건강증진모형을 적용한 건강증진행위 수행

---

25 지역사회간호 입문 – 지역사회간호 관련 이론 – 오렘(Orem)의 자가간호이론

colostomy 후 자가간호결핍을 적용한 부분적 보상체계 수행하는 오렘의 자가간호이론이다.

추가학습

오렘의 자가간호이론
1. 자가간호 결핍: 자가 간호 요구가 자가 간호 역량보다 클 때 나타나는 현상
2. 간호역량
   ① 자가 간호 결핍이 일어난 사람들에게 자가 간호 요구의 종류와 이를 충족시킬 수 있는 자가 간호 역량의 정도에 따라 대상자를 위한 간호의 필요성을 결정
   ② 간호체계를 설계, 제공하는 간호사들의 복합적인 능력
3. 간호체계
   ① 자가 간호 요구를 충족시키고 자가 간호 역량을 조절하여 결손을 극복하도록 돕기 위하여 간호 상황에서 환자를 위하여 처방하고 설계하고 직접 간호를 제공하는 체계적인 간호활동
   ② 전체적 보상체계: 개인이 자가 간호활동을 거의 수행하지 못하는 상황에 제공
   ③ 부분적 보상체계: 일반적 간호욕구는 충족시킬 수 있으나 도움이 필요한 경우 부분적으로 자가 간호를 대신 시행
   ④ 지지적 교육체계: 환자가 자가 간호요구를 충족시키는 자원을 가지고 자가 간호를 수행할 수 있으나 지식이나 기술을 습득하는 데 간호사의 도움이 필요할 때 제공

26 오마하체계(Omaha System)를 구성하는 영역(domain)이 아닌 것은?

① 인지적 영역
② 환경적 영역
③ 생리적 영역
④ 사회심리적 영역

---

26 지역사회간호 입문 - 지역사회 간호과정 - 간호진단 우선순위 - 오마하체계 — ①

오마하체계는 환경적 영역, 심리사회적 영역, 생리적 영역, 건강 관련 행위 영역 4가지 영역으로 구성된다. 여기에 해당하지 않은 영역은 인지적 영역이다.

추가 학습

오마하체계(Omaha System)

항목	영역	문제(진단)	수정인자		증상/징후
			대상자	심각도	
문제 분류틀	1. 환경	4종	• 개인 • 가족 • 집단 • 지역사회	• 건강증진 • 잠재적 결핍 및 손상 • 실재적 결핍 및 손상	• 문제의 증상 • 문제의 징후
	2. 심리사회	12종			
	3. 생리	18종			
	4. 건강 관련 행위	8종			
중재틀	1. 범주 1) 건강교육, 상담, 안내 2) 처치와 시술 3) 사례관리 4) 감독 2. 중심내용: 간호중재와 활동내용(62개 목록) 3. 대상자에 대한 구체적 정보				
결과	1. 서비스 전 과정을 통하여 대상자 발전과정 측정 2. 5점 Likert 척도로 점수가 높을수록 양호한 상태 나타냄				

출제분석
위의 표가 (   ) 처리되어 다양하게 나올 수 있으므로 제목, 내용 모두 다 암기해주세요!

27 브라이언트(Bryant) 우선순위 결정방법에 대한 설명으로 옳은 것은? 2024 지방직

① 캐나다 토론토 보건부가 개발하였다.
② 결정기준에 주민의 관심도가 포함된다.
③ 보건지표의 상대적 크기와 변화의 경향을 황금다이아몬드 상자에 표시한다.
④ 평가항목별로 0점 혹은 1점을 부여하며, 한 항목이라도 0점을 받으면 사업을 수행하지 못하게 된다.

---

27 지역사회간호 입문 – 지역사회 간호진단 우선순위 – 브라이언트(Bryant) 우선순위 ②

브라이언트(Bryant) 우선순위는 문제의 크기, 심각도 그리고 주민의 관심도, 보건사업의 기술적 해결가능성이 우선순위 결정기준이다.

선지체크
① 캐나다 토론토 보건부가 개발하였다. → 건강증진을 위한 건강결정요인 라론드 보고서와 연관된 내용
③ 보건지표의 상대적 크기와 변화의 경향을 황금다이아몬드 상자에 표시한다. → 황금다이아몬드 모델
④ 평가항목별로 0점 혹은 1점을 부여하며, 한 항목이라도 0점을 받으면 사업을 수행하지 못하게 된다.
→ PREAL

추가 학습
브라이언트(Bryant) 우선순위 결정방법
감염성 질환 관리사업에 적용되었던 기준으로 결핵, 나병, 성병, 에이즈 등 감염성 질환을 선정하기 위해 사용되어 왔음
우선순위 결정기준: 문제의 크기, 문제의 심각도, 주민의 관심도, 보건사업의 기술적 해결가능성

출제분석
지역사회 간호진단의 우선순위 결정기준은 현장에서 바로 활용되므로 시험에 중요하게 매번 출제될 수밖에 없는 개념이에요!

28 A 간호사는 지역 보건소에 처음 발령을 받고 주민센터 동장님을 만나 지역사회 건강 문제에 대한 의견을 물어 보았다. 이때의 자료수집 방법으로 가장 옳은 것은?　　2020 서울시

① 정보원 면담
② 설문지 조사
③ 차창 밖 조사
④ 참여관찰

---

28 지역사회간호과정 - 자료수집방법　🔑 ①

주민센터 동장님을 만나 지역사회 건강 문제에 대한 의견을 물어 보았으므로,
지역 지도자와 면담 등의 방법으로 간호사 자신이 직접 수집한 자료 = 지역조사 = 정보원면담

추가 학습

자료수집 방법 - 1차 자료(직접 정보)
1. 대상자 자신에게서 수집한 자료로써 지역 시찰을 통해 수집 = 차창 밖 조사
2. 면접과 관찰
3. 지역 지도자와 면담 등의 방법으로 간호사 자신이 직접 수집한 자료 = 지역 조사
4. 공청회

출제분석
자료수집 방법에 1차 자료수집, 2차 자료수집에 대한 내용은 꾸준히 출제되는 유형이에요.

---

29 지역사회 간호과정을 적용하여 대학생을 대상으로 금연프로그램을 실시하고자 한다. 다음 중 사정단계에서 이루어진 내용으로 옳은 것은?　　2015 서울시

① 금연전문강사가 대학을 방문하여 개별금연교육을 실시하였다.
② 이 지역에 있는 2개 대학의 흡연율을 타 지역과 비교하였다.
③ 흡연대학생의 30%가 금연에 성공한다. 로 목표를 설정하였다.
④ 금연성공률은 6주, 12주, 6개월 후에 평가하기로 하였다.

---

29 지역사회 간호과정 - 전반적인 간호과정　🔑 ②

② 이 지역에 있는 2개 대학의 흡연율을 타 지역과 비교하였다. → 사정

선지체크
① 금연전문강사가 대학을 방문하여 개별금연교육을 실시하였다. → 수행
③ 흡연대학생의 30%가 금연에 성공한다. 로 목표를 설정하였다. → 계획
④ 금연성공률은 6주, 12주, 6개월 후에 평가하기로 하였다. → 계획(평가계획)

출제분석
간호사정 → 진단 + 우선순위 → 계획 → 수행 → 평가 단계의 세부적인 내용에 대한 이해와 분류는 필수에요.

30 지역사회 사정 시 자료 수집에 대한 설명으로 옳지 않은 것은?

2017 지방직

① 참여관찰법은 주민들의 자발적 참여 정도를 파악할 수 있다.
② 공공기관의 연보 및 보고서 등 이차 자료를 활용할 수 있다.
③ 간접법은 자료 수집 기간이 길고 비용이 많이 든다.
④ 기존 자료의 타당성이 문제될 때 직접법을 활용한다.

---

30 지역사회 간호과정 – 지역사회 사정 시 자료 수집 — ③

③ 간접법은 자료 수집 기간이 짧고 비용이 적게 든다.

추가 학습

자료수집

1. 자료수집 내용
   ① 지역사회 주민의 일반적 특성
   ② 지역적 특성
   ③ 인구학적 특성
   ④ 경제 사회적 특성
   ⑤ 환경보건 상태 자원
   ⑥ 지역사회 인구의 건강수준
   (질병 이환 상태: 유병률, 발생률)

2. 자료수집 방법 – 1차 자료(직접 정보)
   ① 대상자 자신에서 수집한 자료로써 지역 시찰을 통해 수집 = 차창 밖 조사
   ② 면접과 관찰
   ③ 지역 지도자와 면담 등의 방법으로 간호사 자신이 직접 수집한 자료 = 지역 조사
   ④ 공청회

3. 자료수집 방법 – 2차 자료(간접 정보)
   ① 기존의 자료를 수집한 자료로써 보건소의 진료기록부를 통해 수집
   ② 동사무소의 사망자료
   ③ 센서스
   ④ 생정 통계
   ⑤ 보고자료
   ⑥ 의료기관의 의무기록자료
   ⑦ 연구논문

4. 자료 유형에 따른 사정
   ① 친밀화 사정: 지역사회와 친밀도를 높이기 위해 관련 기관을 시찰, 필요 자료 수집
   ② 포괄적 사정: 기존의 모든 자료 검토, 전체 지역사회가 대상이므로 시간과 비용 많이 소요
   ③ 문제중심 사정: 전체 지역사회 중 문제에 초점
   ④ 하위체계 사정: 지역사회 하위체계 초점

출제분석
간호사정은 간호과정 중 첫 단추를 끼우는 중요한 작업이므로 다빈도 출제에요.
사정단계에서 양질의 자료를 수집하고 분석해야 다음 단계로 수월하게 넘어가고 전체적인 간호 목표를 달성하는 데 큰 도움이 되지요.

31 지역사회 간호사가 지역의 환경이나 생활상을 신속하게 파악하기 위해 걷거나 자동차를 이용하여 관하는 자료 수집 방법은?

2016 지방직

① 참여 관찰
② 차창 밖 조사
③ 정보원 면담
④ 설문지 조사

---

31 지역사회 간호과정 – 지역사회 사정 시 자료 수집 ②

환경, 생활상을 걷거나 자동차를 이용해서 신속하게 파악 할 수 있는 방법은 지역 시찰을 통해 수집한 차창 밖 조사가 대표적이라고 할 수 있다.

추가 학습

자료수집 방법 – 1차 자료(직접 정보)
1. 대상자 자신에게서 수집한 자료로써 지역 시찰을 통해 수집 = 차창 밖 조사
2. 면접과 관찰
3. 지역 지도자와 면담 등의 방법으로 간호사 자신이 직접 수집한 자료 = 지역 조사
4. 공청회

32 다음은 오마하(Omaha) 문제분류체계의 수준에 따른 사례이다. (가)에 들어갈 용어는?

2021 지방직

영역	문제	(가)	증상/징후
생리적	전염성 상태	지역사회, 실제적	감염 발열 양성의 감별검사

① 초점
② 판단
③ 구성요소
④ 수정인자

---

32 지역사회 간호과정 – 간호진단의 우선순위 – 오마하(Omaha) 문제분류체계 ④

추가 학습

| 항목 | 영역 | 문제
(진단) | 수정인자 | | 증상/징후 |
			대상자	심각도	
문제 분류틀	1. 환경 2. 심리사회 3. 생리 4. 건강 관련 행위	4종 12종 18종 8종	• 개인 • 가족 • 집단 • 지역사회	• 건강증진 • 잠재적 결핍 및 손상 • 실재적 결핍 및 손상	• 문제의 증상 • 문제의 징후

중재틀	1. 범주
	  1) 건강교육, 상담, 안내
	  2) 처치와 시술
	  3) 사례관리
	  4) 감독
	2. 중심내용: 간호중재와 활동내용
	3. 대상자에 대한 구체적 정보				

결과	1. 서비스 전 과정을 통하여 대상자 발전과정 측정 2. 5점 Likert 척도로 점수가 높을수록 양호한 상태 나타냄.				

출제분석
지역사회간호과정 중 간호진단에서 많이 사용하는 OMAHA 진단체계의 중요성은 당연한 거죠!

33 다음 사례에 적용한 간호진단 분류체계는?

2019 지방직

- 임신 36주된 미혼모 K씨(29세)는 첫 번째 임신 때 임신성 당뇨가 있어 분만이 어려웠던 경험이 있었다. 현재 두 번째 임신으로 병원에 다니고 싶으나 경제적인 여건이 좋지 않아 산전 관리를 받은 적이 없다.
- 문제분류체계
  영역: 생리적 영역
  - 문제: 임신
  - 수정인자: 개인의 실제적 문제(산전관리 없음, 임신성 당뇨의 경험 있음)
  - 증상/징후: 임신 합병증에 대한 두려움, 산전 운동/식이의 어려움

① 오마하(OMAHA) 분류체계
② 가정간호(HHCCS) 분류체계
③ 국제간호실무(ICNP) 분류체계
④ 북미간호진단협회(NANDA) 간호진단 분류체계

---

33 지역사회 간호과정 – 간호진단 분류체계 – OMAHA 진단체계

4가지 영역 중 생리적 영역이 나왔으며 수정인자와 증상 및 징후까지 파악하는 간호진단의 분류체계는 지역사회에서 가장 많이 사용하는 오마하 분류체계이다.

추가 학습

OMAHA 진단체계
1. 지역사회 간호실무영역에서 가장 효율적으로 적용할 수 있고, 활용도가 높은 간호진단 분류체계임.
2. 문제분류체계는 영역, 문제, 수정인자, 증상 및 징후의 4개 수준으로 이루어짐.

34 BPRS(Basic Priority Rating System)를 적용할 때, 우선순위가 가장 높은 건강 문제는?

2020 지방직

건강 문제	평가항목		
	건강 문제의 크기(0~10)	건강 문제의 심각도(0~10)	사업의 추정 효과(0~10)
①	5	5	7
②	5	6	6
③	6	5	5
④	7	5	5

---

34 지역사회간호과정 – 지역사회 간호진단의 우선순위 – BPRS(Basic Priority Rating System): 절대적 결정기준

🔍 ①

선지체크

BPRS = (A + 2B) × C를 대입했을 때,
① 105
② 102
③ 80
④ 85

추가 학습

BPRS(Basic Priority Rating System): 절대적 결정기준
1. 보건사업 우선순위 결정기준으로 보건소에서 가장 널리 사용되는 방법
2. BPRS는 공식 사용하여 건강문제별로 점수 산출 후 각 평가 항목마다 점수 부여하는 방법
   BPRS = (A + 2B) × C
   A: 건강문제의 크기(10점 만점)
   B: 건강문제의 심각도(10점 만점)
   C: 보건사업의 효과성(10점 만점)
   BPRS는 300점 만점
   - A = 건강문제의 크기: 건강문제를 가진 인구비율에 따라 결정
   - B = 건강문제의 심각도: 긴급성, 중증도, 경제적 손실, 타인에 의한 영향
   - C = 보건사업의 효과성: 전문가의 조언과 평가, 선행연구를 통한 문헌고찰을 이용하여 사업의 최대 효과와 최소 효과를 추정하여 점수 부여함.
3. BPRS 우선순위 결정 방법
   - 건강 문제별로 평가항목별 점수를 기재하고, BPRS 계산 공식으로 최종 점수를 계산하며 계산된 BPRS 점수 크기에 따라 우선순위 측정
4. BPRS 한계점
   - 주관적 자료에 치중하여 점수의 타당성에 대한 신뢰도를 낮춤.
   - 이를 극복하기 위하여 PEARL 사용함.

출제분석

보건사업 우선순위 결정기준으로 보건소에서 가장 널리 사용되는 방법이라서 BPRS는 다빈도 출제에요. 계산하는 문제도 잘 나올 수 있으니 전반적인 개념과 계산식도 알아두세요!

35

BPRS(Basic Priority Rating System)를 적용했을 때 가장 먼저 해결해야 할 건강문제는?

2023 지방직

건강문제	문제의 크기	문제의 심각도	사업의 효과
① 높은 흡연율	8	6	4
② 높은 고위험 음주율	2	4	7
③ 낮은 고혈압 인지율	4	8	5
④ 낮은 신체활동 실천율	10	5	3

35 지역사회 간호진단 우선순위 – BPRS(Basic Priority Rating System)

정답 ③

우선순위는 점수로, 공식은 BPRS=(A+2B)×C이므로 아래와 같은 답이 나오고,
① 80
② 70
③ 100
④ 60
③ → ① → ② → ④ 순서로 우선순위 선정하면 됩니다.

추가학습

BPRS(Basic Priority Rating System)
절대적 결정기준
- 보건사업 우선순위 결정기준으로, 보건소에서 가장 널리 사용되는 방법
- BPRS는 공식 사용하여 건강문제별로 점수 산출 후 각 평가 항목마다 점수를 부여하는 방법
  BPRS = (A + 2B) × C
  A: 건강문제의 크기(10점 만점)
  B: 건강문제의 심각도(10점 만점)
  C: 보건사업의 효과성(10점 만점) BPRS는 300점 만점

출제분석
지역사회에서 간호진단의 우선순위는 한정된 자원을 효율적으로 이용하기 위한 필수 적용 대상이므로 너무 중요해서 시험에 매번 나올 수밖에 없어요.

36 지역사회 간호진단의 우선순위 결정 기준 중 BPRS(Basic Priority Rating System)의 구성요소에 해당하는 것은?

2023 서울시

① 문제의 중요성, 변화 가능성
② 문제의 크기, 문제의 심각성, 해결 가능성, 주민의 관심도
③ 대상자의 취약성, 문제의 심각성, 주민의 관심도
④ 문제의 크기, 문제의 심각성, 사업의 추정효과

---

36 지역사회 간호진단 우선순위 – BPRS(Basic Priority Rating System) ④

추가학습
BPRS(Basic Priority Rating System)의 구성요소
1. 건강문제의 크기: 건강문제를 가진 인구비율에 따라 결정
2. 건강문제의 심각도: 긴급성, 중증도, 경제적 손실, 타인에 의한 영향
3. 보건사업의 효과성: 전문가의 조언과 평가, 선행연구를 통한 문헌고찰을 이용하여 사업의 최대 효과와 최소 효과를 추정하여 점수 부여함.

---

37 보건사업의 우선순위 결정기준 중 BPRS 계산 후 사업의 실현가능성 여부를 판단하는 기준으로 사용되는 것은?

2018 지방직

① Bryant
② PATCH
③ MAPP
④ PEARL

---

37 지역사회 간호과정 – 보건사업의 우선순위 결정기준 ④

추가학습
BPRS 한계점
1. 주관적 자료에 치중하여 점수의 타당성에 대한 신뢰도를 낮춤.
2. 이를 극복하기 위하여 PEARL 사용함.

PEARL
BPRS 계산 후 사업 실현가능성 여부 판단하는 기준으로 사용(각 평가항목에 0점 또는 1점의 점수를 준 후, 다섯 가지 항목 점수를 곱하여 사업 시행여부 결정)
1. Propriety(적절성): 해당 기관의 업무범위에 해당되는가?
2. Economic feasibility(경제적 타당성): 문제를 해결하는 것이 경제적으로 의미가 있는가?
3. Acceptability(수용성): 지역사회나 대상자들이 사업을 수용할 것인가?
4. Resources(자원의 이용 가능성): 사업에 사용할 재원이나 자원이 있는가?
5. Legality(적법성): 법적으로 문제가 없는가?
(5가지 항목 중 하나라도 불가 판정 받으면 사업 시작은 불가능)

38 PATCH(Planned Approach To Community Health) 모형에서 우선순위를 설정하는 평가 기준은?

2019 지방직

① 경제성, 자원 이용 가능성
② 건강문제의 중요성, 변화 가능성
③ 문제해결 가능성, 주민의 관심도
④ 건강문제의 심각도, 사업의 추정효과

---

38 지역사회 간호과정 – 보건사업 기획 모형 – 7 PATCH(Planned Approach To Community Health) 모형

추가 학습

PATCH(Planned Approach To Community Health)
1. 지역보건요원의 보건사업 기획 시 건강문제의 중요성, 변화가능한 건강문제의 우선순위를 결정하는 두 가지 기준으로 사용
2. 건강문제의 중요성: 건강문제가 지역사회에 얼마나 심각한 영향을 주는지, 건강문제를 변화시키면 건강수준에 얼마나 좋아지는지 나타나는가를 평가하는 기준
3. 변화가능성: 변화가능성은 건강문제가 얼마나 유연하게 변화될 수 있는가를 평가하는 기준으로, 과학적 근거에 의해 건강문제의 변화 가능성을 측정해야 함.
4. PATCH의 5가지 요소
   ① 지역사회 구성원 참여
   ② 지역사회자료에 근거한 보건교육 프로그램 개발
   ③ 종합적 접근 전략 개발
   ④ 환류와 개선을 위한 평가
   ⑤ 건강증진을 위한 지역사회 역량 강화

39 다음에서 설명하는 보건사업기획 모형은?

2021 지방직

- 보건사업전략이 생태학적인 여러 차원에 단계적으로 영향을 주도록 고안되었다.
- 질병이나 사고에 대한 위험요인과 예방방법이 알려져 있고 우선순위가 정해져 있을 때 적합한 방법이다.

① PATCH(planned approach to community health)
② MATCH(multi-level approach to community health)
③ MAPP(mobilizing for action through planning and partnerships)
④ NIBP(needs/impact-based planning)

---

39 지역사회 간호과정 – 보건사업 기획 모형 – **MATCH**(Multilevel Approach To Communuty Health) ②

보건사업전략을 여러 수준으로 나누어 프로그램을 계획하는 모형은 multi-level로 접근하는 MATCH 모형이다.

추가학습

MATCH(Multilevel Approach To Communuty Health)
1. 개인의 행동과 환경에 영향을 주는 요인들을 개인, 조직, 지역사회, 정부 등 여러 수준으로 나누어 프로그램을 계획
2. 질병과 사고예방을 위한 행동, 환경적 요인이 알려져 있고 우선순위가 정해졌을 때 적용 가능한 모델
3. 요구도에 대한 충분한 자료가 있기 때문에 프로그램의 목적을 선택하고 기술하는 것부터 시작함. 사정단계 없음.
4. 과정: 목적/목표 설정 → 중재계획 → 프로그램 개발 → 실행 → 평가

출제분석

우선순위 결정기준은 번갈아가며 출제되기 때문에 어느 것 하나 중요하지 않은 게 없어요.

40 MATCH(Multi-level Approach to Community Health) 모형의 단계별 활동으로 옳지 않은 것은?

2020 지방직

① 목적 설정 단계 - 행동요인 및 환경요인과 관련된 목적을 설정한다.
② 중재 계획 단계 - 중재의 대상과 접근 방법을 결정한다.
③ 프로그램 개발 단계 - 사업의 우선순위가 높은 인구집단을 선정한다.
④ 평가 단계 - 사업의 과정, 영향, 결과에 대해 평가한다.

---

40 지역사회 간호과정 - 보건사업 기획 모형 - MATCH(Multilevel Approach To Communuty Health)
③

③ 중재 계획 단계 - 사업의 우선순위가 높은 인구집단을 선정한다.

MATCH의 단계
목적/목표 설정 → 중재계획 → 프로그램 개발 → 실행 → 평가

41 MAPP(Mobilizing for Action Planning and Partnership) 모형을 활용하여 지역사회보건사업을 기획할 때 2단계에 해당하는 것은?

2022 서울시

① 목표와 전략을 수립한다.
② 전략적 이슈를 확인한다.
③ 비전을 설정한다.
④ 지역사회 건강상태를 사정한다.

---

41 지역사회간호과정 – 보건사업기획모형

지역사회보건사업을 기획할때 MAPP모형은 공공과 민간의 협력을 통한 전략이기 때문에 협력체계를 먼저 개발하고 함께 할 비전을 제시해야 한다. 그 후에 자료를 수집하는 사정단계를 진행하면 된다.

추가 학습

MAPP란 전략기획과 공공–민간 협력을 통한 건강증진전략
MAPP모형의 과정
1. 1단계: 조직화와 파트너십(협력체계) 개발
2. 2단계: 비전 제시
3. 3단계: 4개 영역 사정(지역사회 특성 및 강점 사정, 지역사회 보건의료체계 사정, 지역건강수준 사정, 변화가능성)
4. 4단계: 전략적 이슈 확인
5. 5단계: 목표 전략 수립
6. 6단계: 순환적 수행(실행 → 행동–기획 → 중재 → 평가의 순환)

출제분석

MAPP란 공공–민간 협력을 통한 건강증진전략이므로 중요 정책에 대해 공공–민관 협력을 하게 되는 때에는 아무래도 시험에 나올 가능성이 큰 개념이므로 올해도 꼭 알아두셔야 해요. 사회서비스제도도 현재 공공–민관 협력 중!

42 다음 중 가장 우선적으로 해결해야 할 지역사회 간호문제는? 2015 지방직

① 지역사회 주민의 결핵 발생
② 노인의 정서적 지지 부족
③ 성인의 높은 당뇨병 유병률
④ 지역사회 소아 비만율 증가

> **42 지역사회 간호진단 - 우선순위 결정기준**
> 내용 중 가장 심각하고 문제의 크기가 큰 결핵 발생을 우선적으로 해결해야 한다.
>
> **추가 학습**
> 우선순위 결정기준
> 1. 문제의 크기
> 2. 문제의 심각도
> 3. 주민의 관심도
> 4. 보건사업의 기술적 해결 가능성, 즉 관리가능성

43 지역사회의 건강요구 중 가장 우선적으로 해결해야 할 문제는? 2011 지방직

① 음용수 오염으로 인해 복통을 호소하며, 설사하는 주민들이 많다.
② 청소년들의 음주, 흡연율이 높다.
③ 성인들의 고혈압, 당뇨병 유병률이 높다.
④ 가족계획을 실천하지 않는 모성이 많다.

> **43 지역사회 간호과정 - 지역사회 건강요구 우선순위** ①
> 음용수 오염으로 인한 복통이면 뉴스속보에 준하는 위급상황이고 심지어 설사를 하는 주민도 많다고 하므로 이를 우선적으로 해결해야 한다.
>
> **출제분석**
> 이러한 문제는 가장 먼저 해결하지 않으면 생명에 위협이 되거나, 주변에 감염성 질병을 전파할 수 있는 것들을 최우선 순위로 골라야 해요.

44 지역사회 주민을 대상으로 금연사업을 계획하고 있다. 투입-산출 모형에 따라 목표를 설정할 때 산출목표에 해당하는 것은?

2023 서울시

① 금연 클리닉을 4개소 설치한다.
② 금연 클리닉 상담인력을 8명 확보한다.
③ 성인 흡연율을 36%에서 32%로 낮춘다.
④ 금연 이동 클리닉을 6개월 간 8개 지역에 운영한다.

---

44 지역사회간호 입문 – 투입목표, 산출목표, 결과목표 🔍 ④

④ 금연 이동 클리닉을 6개월 간 8개 지역에 운영한다. → 산출목표

선지체크
① 금연 클리닉을 4개소 설치한다. → 투입목표
② 금연 클리닉 상담인력을 8명 확보한다. → 투입목표
③ 성인 흡연율을 36%에서 32%로 낮춘다. → 결과목표

추가 학습
투입목표, 산출목표, 결과목표
1. 투입목표: 인력, 시간, 돈, 장비, 시설, 장소 등의 자원
2. 산출목표: 활동, 이벤트, 서비스 생산물, 의도하는 사업량 등
3. 결과목표: 활동의 결과로 도달하게 될 해결결과물, 건강수준 결정요인의 변화

출제분석
투입-산출-결과에 대한 개념은 다양한 예시와 접근법으로 출제가 되는 것을 볼 수 있어요!

45 지역사회 간호과정에서 목표 설정 시 고려해야 할 사항으로 가장 옳지 않은 것은?

2020 서울시

① 추상성
② 관련성
③ 성취가능성
④ 측정가능성

---

45 지역사회간호과정 – 목표 설정 ①

① 추상성 → 구체성

추가 학습

SMART 목표기술
1. Specific(구체성): 목표는 구체적으로 기술
2. Measurable(측정가능성): 측정 가능한 목표
3. Aggressive(적극성): 진취적이고 현실적인 목표
4. Relevant(연관성): 목표 사업 목적과 문제 해결과 직접 연관이 있어야 함.
5. Time limited(기한): 달성 기한을 명시해야 함

출제분석
SMART 목표기술은 다빈도 출제이므로 제목, 정의 정확히 외워주셔야 해요.

46 서울특별시 A구에서 노인인구를 위한 2022년도 신체 활동증진사업 계획을 수립하고자 한다. 투입-산출모형에 따른 사업의 목표설정에서 산출목표에 해당하는 것은? 2022 서울시

① A구 보건소 노인운동교실의 연간 참가인원을 1,200명으로 한다.
② A구 노인인구의 걷기실천율이 52%에서 60%로 증가한다.
③ A구 보건소 노인운동교실 공간설치로 예산 7,500천원을 편성한다.
④ A구 노인인구의 중간강도 신체활동실천율이 43%에서 48%로 증가한다.

46 지역사회 간호의 입문 – 지역사회간호과정 – 산출목표 ①
의도하는 사업량, 활동에 대한 목표가 산출목표이므로 참가인원 1200명이 산출목표에 해당한다.

선지체크
② A구 노인인구의 걷기실천율이 52%에서 60%로 증가한다. → 결과목표
③ A구 보건소 노인운동교실 공간설치로 예산 7,500천원을 편성한다. → 투입목표
④ A구 노인인구의 중간강도 신체활동실천율이 43%에서 48%로 증가한다. → 결과목표

추가학습
1. 투입목표: 인력, 시간, 돈, 장비, 시설, 장소 등의 자원
2. 산출목표: 활동, 이벤트, 서비스 생산물, 의도하는 사업량 등
3. 결과목표: 활동의 결과로 도달하게 될 해결결과물, 건강수준 결정요인의 변화

출제분석
투입-산출은 지역사회간호학 전반에 걸쳐 활용될 수 있는 개념이에요. 초반에 정확히 이해하셨으니 어렵지 않죠?! 여기서 조심해야 할 것은 보통 우리가 수치로 나오면 무조건 산출이라 생각하는데 여기서 중요한 것은 지역사회 간호 목표 설정 분류에서 산출목표와 결과목표를 구분하는 것이 가장 중요해요! 그 부분만 조심하면 어렵지 않게 풀 수 있어요.

47 지역사회간호사업의 평가계획에 대한 설명으로 가장 옳은 것은? 2019 서울시

① 평가의 객관성을 최대한 유지하기 위해 사업의 내부 최고책임자를 포함한다.
② 평가자, 시기, 범주, 도구의 구체적인 계획은 사업평가 시에 작성한다.
③ 평가도구의 타당성은 평가하고자 하는 내용을 올바르게 평가하는 것을 의미한다.
④ 평가계획은 사업 시작 전 단계, 사업 수행 단계, 사업 종결 단계에서 수시로 가능하다.

---

47 지역사회 간호과정 – 지역사회간호 평가계획 ③

평가도구는 무엇을 가지고 평가할지, 타당성과 신뢰성을 고려해야 한다. 타당성은 평가내용을 올바르게 평가하는 것을 말한다.

선지체크
① 평가의 객관성을 최대한 유지하기 위해 대상자를 포함한다.
② 평가자, 시기, 범주, 도구의 구체적인 계획은 사업계획부터 준비한다.
④ 평가계획은 주말, 월말 기말, 연말 언제 평가할지 정한다.

추가 학습
평가계획
1. 평가자: 누가 평가할지 정함.
2. 평가시기: 주말, 월말 기말, 연말 언제 평가할지 정함.
3. 평가도구: 무엇을 가지고 평가할지. 타당성과 신뢰성 고려
4. 평가범주
   ① 투입된 자원에 대한 평가: 담당자를 비롯한 인적, 물적, 사회적 자원에 대한 평가
   ② 사업진행 정도에 대한 평가: 진행계획을 기준으로 평가. 내용과 일정에 맞도록 수행되었는지 파악. 평가결과 차질 있는 것으로 나타나면 원인을 분석하여 계획을 변경하거나 원인을 제거하도록 함.
   ③ 목표 달성 정도에 대한 평가: 설정된 목표가 제한된 기간 동안에 어느 정도 달성되었는지 목표 성취 여부 평가. 목표에 쉽게 도달했는지 어려웠는지 분석 및 원인 규명
   ④ 사업 효율성에 대한 평가: 사업수행에 투입된 노력(인적, 물적자원)을 비용으로 환산하여 사업 단위 목표량에 대한 투입된 비용이 어느 정도인지 산출(최소의 비용으로 최대의 효과를 원함)

48 다음 설명에 해당하는 지역사회 간호수행 활동은?   2024 지방직

- 지역사회사업 담당자의 기술 수준이나 능력에 맞게 일이 분배되었는지 대조한다.
- 담당자들 간에 업무가 중복되거나 누락되지 않도록 확인한다.

① 감독
② 감시
③ 조정
④ 직접간호

> **48 지역사회간호 입문 - 지역사회 간호과정 - 지역사회 간호수행** ③
> 조정은 업무가 중복되거나 누락되지 않도록 조율하고 배합하는 과정을 말한다.
>
> **선지체크**
> ① 감독: 정기적으로 지역사회 방문, 사업 진행 과정과 관찰, 조언을 수행하는 복합적 활동
> ② 감시: 목적 달성을 위해 사업이 계획대로 진행되고 있는지 확인하는 것
> ④ 직접간호: 환자에게 직접적인 간호서비스를 수행하는 것
>
> **출제분석**
> 헷갈리는 용어정의를 제대로 하는 것이 매우 중요해요 예시로 나오더라도 응용할 수 있어요.

49 지역사회간호사업 수행단계에서 계획대로 사업이 진행되고 있는지를 확인하기 위한 활동으로, 업무수행을 관찰하거나 기록을 검사하여 문제를 파악하고 문제의 원인을 찾는 활동에 해당하는 것은?   2019 서울시

① 조정
② 의뢰
③ 감시
④ 감독

> **49 지역사회 간호과정 - 간호수행** ③
> 감독보다 더욱 구체적이고 실질적인 조언, 조정을 하는 활동을 감시라고 한다.
>
> **추가학습**
> 간호수행단계 - 감시
> 1. 목표달성을 위해 계획대로 진행되는지 확인
> 2. 투입, 과정, 결과로 감시하며 계속적 관찰, 기록을 검사, 자원점검, 구성원과 지역사회주민과 토의
>
> **출제분석**
> 간호수행단계에서 조정, 감시, 감독이 있고 그 세부내용을 구별할 수 있어야 해요.

50 서울시는 지역진단을 통해 비만과 성인병 관리에 대한 요구를 파악한 후 대사증후군 관리 사업을 계획, 시행 및 평가하였다. 사업의 적절성 평가를 위해 비교분석해야 할 내용은?

2014 서울시

① 투입된 인력, 비용 및 시간 간의 관계
② 수립된 지역보건의료계획과 진행 수준의 비교
③ 지역진단 결과와 사업목표 달성 수준 간의 비교
④ 투입된 인력, 비용, 시간과 성취한 결과 간의 비교

---

50 지역사회 간호과정 – 사업 적절성 평가 ③

선지체크
③ 지역진단 결과와 사업목표 달성 수준 간의 비교 = 얼마나 적절했는지, 일치하는지.

추가 학습
평가절차
1. 평가내용, 측정기준 설정
   ① 목표수준과 일치해야 함.
   ② 이미 계획단계에서 마련된 평가내용, 측정기준 확인하는 절차
2. 평가자료 수집
   ① 자료수집이 어렵지 않은 자료를 활용하는 것이 효율적
   ② 양적자료 이외에 질적자료 수집을 통해 사업에 대한 통찰력 높일 수 있음.
3. 설정된 목표와 현재상태 비교
4. 목표 도달 정도의 가치판단과 분석: 목표 도달정도 파악 후 원인 분석
5. 재계획: 평가결과에 따라 사업 진행 여부, 개선사항을 반영하여 추후 사업 진행방향 결정

51 교육중심 비만예방관리사업 시 보건사업평가 유형에 따른 내용으로 옳은 것은? 2021 지방직

① 구조평가: 투입된 인력의 종류와 수, 교육 횟수, 교육실의 넓이
② 과정평가: 교육 내용의 질, 교육 일정 준수, 사업 참여율
③ 적합성평가: 사업 만족도, 목표 달성도, 교육 인력의 전문성
④ 결과평가: 비만율 변화 정도, 사업 예산 규모, 사업 요구도의 크기

---

51 지역사회 간호과정 – 지역사회 간호평가 ②

- 투입평가: 인력의 종류와 수, 교육실의 넓이, 사업 예산 규모, 사업 요구도의 크기, 교육 인력의 전문성
- 과정평가: 교육내용의 질, 교육일정 준수, 사업참여율, 교육 횟수
- 결과평가: 비만율 변화 정도, 사업 만족도, 목표 달성도

추가학습
평가유형
1. 평가시기에 따라서
   ① 현황평가(진단평가): 기획과정에서 사업 시작 전, 지역사회 건강문제를 분석하여 사업의 시행가능성 검토
   ② 과정평가(형성평가): 사업의 중간에 사업의 수행상태를 파악하고, 잘못된 부분이 있다면 개선방안을 검토하는 평가. 사업의 실행과정 중에 이루어짐.
   ③ 결과평가(최종평가): 사업 수행 후 결과 평가. 사업의 개선사항과 지속 여부 결정
2. 체계모형에 따라서
   ① 투입평가: 사업인력의 양적 충분성, 사업정보의 적절성, 사업수행에 필요한 전문성 확보, 시설 및 장비의 적절성
   ② 과정평가: 제공된 서비스의 질에 대한 평가로 목표 대비 사업의 진행 정도, 사업자원의 적절성과 사업의 효율성이 포함
   ③ 결과평가: 사업이 종료된 시점에서 목표달성 정도, 즉 사업효과를 평가하는 것
   ④ 방문에 필요한 교통수단을 확인하고 방문 목적, 출발 시간과 귀환 예정 시간을 다른 보건요원에게 보고하고 기재하여 놓기
   ⑤ 사전 약속이 되어 있어도 대상자에게 한 번 더 확인
   ⑥ 응급상황에 대비하여 병원, 보건소 등의 연락방법을 확보

52 보건소 절주 프로그램의 과정 평가지표는? 2020 지방직

① 프로그램 참여율
② 금주 실천율
③ 프로그램 예산의 적정성
④ 음주 관련 질환에 대한 지식 수준의 변화

> **52 지역사회 간호과정 – 지역사회 간호평가** ①
> ① 프로그램 참여율 → 과정평가
>
> [선지체크]
> ② 금주 실천율 → 결과평가
> ③ 프로그램 예산의 적정성 → 결과평가
> ④ 음주 관련 질환에 대한 지식 수준의 변화 → 결과평가
>
> [추가학습]
> **과정평가(형성평가)**
> 사업의 중간에 사업의 수행상태를 파악하고, 잘못된 부분이 있다면 개선방안을 검토하는 평가. 사업의 실행과정 중에 이루어짐.

53 지역사회 간호사업의 평가에 대한 설명으로 옳지 않은 것은? 2020 지방직

① 평가 계획은 사업 수행 단계 전에 수립하여야 한다.
② 평가의 계획 단계부터 주요 이해당사자를 배제한다.
③ 평가 결과는 차기 간호사업 기획에 활용한다.
④ 사업의 목표 달성 정도를 파악하기 위해 효과성 평가를 실시한다.

> **53 지역사회 간호과정 – 지역사회 간호사업 평가** ②
> ② 평가의 계획 단계부터 당사자를 참여시킨다.
>
> [추가학습]
> **지역사회 간호사업 평가**
> 1. 평가 초기 단계부터 주요 이해 당사자를 평가에 참여시켜 실제적 평가가 이루어질 수 있게 해야 함
> 2. 평가 계획은 사업 수행 단계 전에 수립해야 함
> 3. 보고서는 짜임새 있고 이해하기 쉬운 내용으로 사업성과를 제시함
> 4. 평가 결과는 다음 간호사업에 활용할 수 있도록 함
> 5. 사업을 다양한 경로, 다양한 양식으로 많은 사람들에게 널리 알림
> 6. 사업의 목표 달성 정도를 파악하가 위해 효과성평가를 실시함

54 다음 글에서 설명하는 평가 유형은?　　　　　　　　　　　　　　　2019 지방직

> 사업의 단위 목표량 결과에 대해서 사업을 수행하는 데 투입된 인적 자원, 물적 자원 등 투입된 비용이 어느 정도인가를 산출하는 것이다.

① 투입된 노력에 대한 평가
② 목표달성 정도에 대한 평가
③ 사업의 적합성 평가
④ 사업의 효율성 평가

> **54 지역사회 간호과정 – 지역사회 간호사업 평가** ─────── 🔑 ④
> 투입된 자원에 대한 결과가 어느정도 목표달성을 이루었는지 확인하는 평가를 효율성 평가라고 한다.
>
> **출제분석**
> 어느 정도 자원을 투입하여 목표를 이루었는가 = 효율성!

55 A보건소에서 대학생을 대상으로 절주 프로그램을 시행하였다. 이 프로그램을 구조-과정-결과로 평가한다면, 과정평가에 해당하는 것은?　　　　2016 지방직

① 절주 프로그램 참여율 파악
② 고위험 음주율 변화 비교
③ 음주와 건강에 대한 지식의 변화 비교
④ 절주 프로그램의 비용 효과성 분석

> **55 지역사회 간호과정 – 지역사회 간호평가** ─────── 🔑 ①
> 과정평가는 사업의 진행정도, 사업자원의 적절성과 사업의 효율성이 포함된다. 그러므로 참여율이 과정평가라고 할 수 있다.
>
> **선지체크**
> ② 고위험 음주율 변화 비교 → 결과평가
> ③ 음주와 건강에 대한 지식의 변화 비교 → 결과평가
> ④ 절주 프로그램의 비용 효과성 분석 → 결과평가

56 보건사업 평가유형과 그에 대한 설명을 옳게 짝지은 것은? 2020 서울시

① 내부평가 - 평가결과에 대한 신뢰성 문제가 제기될 수 있다.
② 외부평가 - 보건사업의 고유한 특수성을 잘 반영하여 평가할 수 있다.
③ 질적평가 - 수량화된 자료를 이용한 통계적 분석을 주로 한다.
④ 양적평가 - 평가기준의 신뢰성과 객관성을 보장받기 어렵다.

56 지역사회 간호의 입문 - 보건사업 평가유형

선지체크
② 내부평가 - 보건사업의 고유한 특수성을 잘 반영하여 평가할 수 있다.
③ 양적평가 - 수량화된 자료를 이용한 통계적 분석을 주로 한다.
④ 질적평가 - 평가기준의 신뢰성과 객관성을 보장받기 어렵다.

추가학습
보건사업 평가유형
1. 내부평가: 보건사업의 고유한 특수성을 잘 반영하여 평가할 수 있지만 평가결과의 신뢰성에 문제가 제기될 수 있음.
2. 외부평가: 평가결과의 신뢰성을 보장받을 수 있음.
3. 질적평가: 평가기준의 신뢰성, 객관성을 보장받기가 어려움.
4. 양적평가: 수량화된 자료를 이용해 통계적 분석함.

출제분석
다빈도는 아니지만 나오게 되면 4가지 평가 정의를 섞어서 물어보게 되니, 차이점을 명확히 아시면 되어요.

57 지역사회간호 활동의 수단 중 가정방문의 장점으로 알맞은 것은?   2014 서울시

① 간호사의 시간을 절약할 수 있다.
② 다른 전문 요원의 도움을 받는 것이 용이하다.
③ 하루에 많은 대상자를 만날 수 있어 비용효과적이다.
④ 가정 환경을 파악할 수 있어 가족의 상황에 맞는 간호를 제공할 수 있다.

---

57 지역사회 간호과정 – 간호수단 – 가정방문   🔑 ④

가정방문은 대상자 혼자만의 힘으로 이루어질 수 없는 건강관리 및 건강증진을 가족에 맞게 제공할 수 있기 위해서 가정 환경을 파악할 수 있는 것이 가장 큰 장점이다.

선지체크
① 간호사의 시간과 비용이 많이 들게 된다.
② 다른 전문 요원의 도움을 받으려면 의뢰해야 한다.
③ 하루에 많은 대상자를 만날 수 없다.

추가 학습

가정방문
1. 방문활동 장점
   ① 대상자가 심리적으로 안정감을 가지고 편안하게 간호서비스를 받을 수 있음.
   ② 대상자의 생활, 흥미, 태도, 가치관 등 대상자를 비롯한 가족이 처한 상황을 파악할 수 있음.
   ③ 가정 상황에 따라 적절한 교육과 상담을 제공
   ④ 대상자 자신이 직접 관찰하고 평가할 수 있는 기회를 제공함으로써 건강관리에 대한 동기 부여가 가능
   ⑤ 환자를 포함한 가족 전체를 포괄하는 가족 단위의 건강교육이 가능
   ⑥ 대상자와 간호사 사이의 우호관계가 형성되어 신뢰감이 높음.
2. 방문활동 단점
   ① 가정방문에 시간과 비용이 많이 들게 됨.
   ② 같은 건강문제를 가지고 있는 사람들과 정보를 교환할 기회가 적음.
   ③ 간호 제공시 보건소에서 사용할 물품을 활용할 수 없음.
   ④ 대상자의 교육과 상담을 할 때 주의집중이 어려움
   ⑤ 대상자가 타인의 가정방문을 부담스럽게 생각할 수 있음.

58 지역사회 간호수단으로서 의뢰 활동 시 유의할 점으로 옳지 않은 것은?　　2014 지방직

① 의뢰 여부에 대한 결정은 대상자보다는 간호사가 결정한다.
② 의뢰하기 전에 의뢰 대상 기관과 담당자를 사전에 접촉한다.
③ 개인이나 가족에게 의뢰 대상 기관에 대한 필요한 정보를 제공한다.
④ 의뢰하기 직전에 대상자의 상태를 다시 확인한다.

> **58 지역사회 간호과정 – 지역사회 간호수단**　　①
> ① 의뢰 여부에 대한 결정은 대상자와 함께 상의하여 의뢰한다.
>
> **추가학습**
> 의뢰
> 1. 간호와 관련된 목적이 분명히 있어야 함.
> 2. 지역사회간호사 자신이 타인에게 제공해야 할 것을 아는 것, 자신의 능력 및 가능성과 타인을 위한 자신 가치를 인식하는 것, 서로의 능력을 교환할 것
> 3. 타인에게 먼저 접근하는 시도가 있어야 하고, 초기 접촉 시에 간호사 자신이 제공 가능한 것, 자신의 필요, 자신의 접촉 목적을 분명히 밝히되 소극적인 자세를 버릴 것
> 4. 의미 있는 시간 투자가 필요. 이는 서로 회환할 수 있도록 시간을 투자함을 의미
> 5. 대상자와 함께 상의하여 의뢰

59 주민을 대상으로 지역사회 간호를 제공하려고 할 때 고려해야 할 기본 원칙은?　　2010 지방직

① 대상자의 요구에 근거한 지역사회 간호사업을 계획한다.
② 선택된 인구집단을 대상으로 국가가 정한 간호사업을 계획한다.
③ 질병 치료를 주목적으로 지역사회 간호사업을 계획한다.
④ 정부정책에 근거하여 이를 지원하기 위한 지역사회 간호사업을 계획한다.

> **59 지역사회 간호수행 – 지역사회 간호 제공 시 고려사항**　　①
> ① 대상자의 요구에 근거한 지역사회 간호사업을 계획한다.
> 　= 대상자 요구에 맞는 간호계획을 대상자와 함께 세우는 것이 가장 좋은 전략
>
> **선지체크**
> ②, ④ 하의상달 접근법으로 계획한다.
> ③ 질병 치료 → 질병 예방
>
> **추가학습**
> 지역사회 간호 제공 시 고려사항
> 1. 목적 달성 가능한 가장 적절한 방법 선택
> 2. 대상자 요구와 동원 가능한 자원의 균형을 맞춤.
> 3. 선택한 간호방법의 세부적 활동을 규명함.
> 4. 대상자 요구에 맞는 간호계획을 대상자와 함께 세우는 것이 가장 좋은 전략

Part 2

국내외 보건정책의 이해

출제경향

국내외 보건정책의 이해는 최근 3년 지역사회간호학 시험을 분석했을 때 평균 10% 출제 분포를 보였습니다. 사회적 이슈가 되는 부분들과 연계되어 많이 출제됩니다.

◇+ 빈출 키워드

- 보건의료체계 목적
- 마이어스의 적정보건의료요건
- 보건의료전달체계
- 진료비지불보상제도
- 국민의료비 상승과 억제
- 사회보장제도의 기능
- 국민건강보험
- 일차보건의료
- 지역보건의료계획
- 보건소
- 보건진료소

기분최고 핵심 잡기

기출문제 분석으로 최고의 고지에 도달하다!

01 보건의료체계 목적

- 보건의료를 국민에게 언제, 어디서나, 누구에게나 필요할 때 제공해 주는 것. 양질의 보건 의료가 주목적
- 양질의 보건의료 구성요소
  접근용이성, 질, 효율성, 지속성
- 보건의료체계 구체적 목표
  ① 의료자원의 효율적 활용과 지역, 의료기관의 균형적 발전
  ② 상급종합병원과 종합병원에 대한 환자 집중 방지
  ③ 국민의료비 증가 억제
  ④ 건강보험 재정의 안정
- 보건의료체계 수립에서 고려할 점
  ① **형평성**: 누구나, 어디에서나, 언제나 최소한의 의료서비스를 보장받을 수 있도록 의료접근도를 유지하는 것. 도심에 집중되어 있는 보건의료체계의 인프라 확충을 위해 노력해야 함.
  ② **효율성**: 공급뿐 아니라 수요적인 면에서도 최대한 만족을 줄 수 있도록 생산과 자원이 배분
  ③ **자유**: 누구나 의료기관, 의사를 자유롭게 선택할 수 있음.

02 마이어스의 적정보건의료요건

- **접근용이성**
  주민들의 요구에 따라 언제 어디서든 쉽게 이용할 수 있도록 재정적, 지리적, 사회 문화적 측면에서 보건의료서비스가 공급되어야 함.
- **질적적정성**
  의학적 적정성, 사회적 적정성이 질적으로 동시에 달성될 수 있어야 함.
- **지속성**
  보건의료는 시간적, 지리적으로 상관성을 가져야 하고 보건의료기관들 간 유기적으로 협동하여 보건의료서비스를 수행해야 함.
- **효율성**
  보건의료 목적을 달성하는 데 투입되는 자원의 양을 최소화하거나 일정한 자원의 투입으로 최대 목적 달성

03 보건의료전달체계

[사회보장형]
- **국가보건서비스**: 국가에 의해 의료가 계획되고 재원조달은 세금, 의료보험료에 의해 이루어짐.
- **장점**: 국가에서 건강에 대한 모든 의료서비스를 제공, 예방을 중시하므로 일차보건의료가 발전함. 불필요한 과잉 의료를 방지
- **단점**: 의사에 대한 인센티브 부족으로 의료의 질이나 생산성 떨어짐. 정부 재정상태 변동에 따른 불안정 우려
- 국민 누구나 동등한 의료서비스를 무상으로 받을 수 있음.
- 사회보장형은 자유방임형과 사회주의형 중간형태이지만 국민건강에 대한 관리주체는 국가이므로 사회주의형에 가까움.
- 영국이 대표적. 그 밖에 호주, 뉴질랜드, 북유럽 등

[사회주의형]
- 기획, 의료자원배분을 중앙정부에서 관여하여 의료 형평성을 높이는 형태
- 의료서비스의 균등 제공. 개인의 의료서비스 선택권은 존재하지 않음.
- **장점**: 자원의 활용도가 높음. 예방중심. 건강형평성 보장, 의료의 독점자본주의 방지, 관리 용이
- **단점**: 의료조직의 정부화(관료제화), 개인의 자유권 상실, 의료 질 저하
- 북한이 대표적, 중국 등

[자유방임형]
- **자유기업형**: 의료서비스 통제가 적고 민간주도로 운영, 의료서비스의 질적 보장이 이루어짐.
- 의료선택의 자유가 있지만 비용이 많이 들어 형평성이 보장되지 않음. 지역간 불균형 심화
- 미국이 대표적. 독일, 프랑스, 일본, 한국 등

04 진료비지불보상제도

- 행위별 수가제
  ① 상대가치수가제라고도 함.
  ② 제공된 의료서비스 내용과 양에 따라 진료 보수가 결정됨.
  ③ 진단, 치료, 투약 행위의 의료서비스를 총합하여 의료행위를 한 만큼 보상하는 방식
  ④ 의료행위를 한 만큼 사후에 보상이 결정되는 사후결정방식
  ⑤ 한국, 일본, 미국에서 시행 중
  ⑥ 행위별 수가제는 의료서비스에 대한 보상을 먼저 점수로 받고 그 점수의 일정 비율에서 금액으로 환산하여 의료비 총액을 계산하는 방법인 점수제 형태로 많이 사용함.
  ⑦ 장점
    - 의료서비스 양, 질이 확대
    - 의료인의 재량권, 자율권 보장
    - 최첨단 의료서비스 발전 가능성이 큼.
  ⑧ 단점
    - 과잉진료 우려
    - 과잉진료 통제를 위한 작업으로 행정적 문제 발생 가능성
    - 의료기술 중심으로 예방보다는 치료에 치중할 가능성

- 포괄수가제
  ① 포괄수가제는 환자 1인당 또는 질병별로 보수단가를 설정하여 미리 정해진 진료비를 의료 기관에서 보상하는 제도
  ② 질병의 종류에 따라 진료량과 관계없이 정해진 일정액을 지급하는 방식. 병원의 낭비와 비효과적 의료계획의 풍토를 저지하는 데 목적
  ③ 의료비 지불수준이 미리 결정되는 사전결정방식
  ④ **미국의 메디케어에서 사용하는 DRG, 한국 7개 질병군이 대표적**
    - 안과: 백내장 수술
    - 이비인후과: 편도 및 아데노이드 수술
    - 일반외과: 치질 수술, 맹장염 수술
    - 산부인과: 자궁 및 자궁부속기 수술(악성종양 제외), 제왕절개분만
  ⑤ 장점
    - 진료비에 대한 가격이 미리 측정되어 있어서 자원의 최소화 사용에 대한 동기 부여
    - 국민의료비 절감
    - 병원 진료의 표준화
    - 행정적 업무절차 간편
  ⑥ 단점
    - 지나치게 자원의 최소화 사용으로 의료의 질이 저하될 가능성 있음.
    - 분류정보조작을 이용하여 부당청구 가능성 있음.
    - 행정적 간섭으로 의료행위 자율성 감소 우려
    - 의학적 신기술 도입이 적자로 이어질 수 있으므로 지양함.
    - 비용절감으로 인하여 간호의 질 보장이 어려움.

- 신포괄 수가제
  ① 정의
    - 기존의 포괄수가제에 행위별수가제적인 성격을 반영한 혼합모형 지불제도
    - 입원기간 동안 발생한 입원료, 처치 등 진료에 필요한 기본적인 서비스는 포괄수가로 묶고, 의사의 수술, 시술 등은 행위별 수가로 별도 보상하는 제도
  ② 역사
    - 2009년 4월 국민건강보험공단 일산병원에서 20개 질병군에 대한 시범사업 시작
    - 2010년 7월부터 56개 질병군 추가하여 총 76개 질병군으로 시범사업 확대
    - 2018년 559개 질병군에 대하여 8월부터 민간병원 추가, 총 56개 병원이 참여
    - 2023년 현재 603개 질병군 총 98개 기관 참여
  ③ 포괄수가제와 비교
    - 7개 질병군 포괄수가제는 비교적 단순한 일부 외과수술에만 적용
    - 여기에 4대 중증질환(암·뇌·심장·희귀난치성질환)과 같이 복잡한 질환까지 포함시켜 더 많은 입원환자가 혜택을 받을 수 있게 한 것이 신포괄수가제

05 국민의료비 상승과 억제

- 증가요인
  ① 사회보장의 양적, 질적 확대
  ② 소득수준의 향상
  ③ 의료수요에 대한 다양한 욕구
  ④ 고령화 사회의 진전
  ⑤ 만성질환의 증가 등 수요측 요인과 의료기술의 변화
  ⑥ 의료비 지불보상제
  ⑦ 보건의료전달체계

- 억제대책
  ① **지불보상제도의 개편**: 의료비 지불방식 중 사후결정 방식은 과잉진료 등으로 인한 의료비 및 급여 증가를 가속화하는 가장 큰 원인. 의료서비스 공급자에 대한 지불 수준이 미리 결정되는 사전결정 방식의 형태로 개편할 필요가 있음.
  ② **의료전달체계의 확립**: 의료제도가 일차의료 중심으로 개편되는 것은 의학적, 보건학적 관점에서 뿐만 아니라 경제적 관점에서도 매우 바람직. 사회화와 공공성 확대는 의료가 시장 경제에 흔들리지 않고 효율적인 국가개입으로 안정적인 의료수가 수준을 유지하는 데 용이

③ **다양한 의료대체서비스, 인력개발 및 활용**: 지역사회간호센터나 가정간호, 호스피스, 낮병동, 너싱홈, 재활센터, 정신보건센터 등의 대체의료기관 및 서비스 개발과 활용은 저렴한 비용으로 이용 가능하여 총 의료비 억제효과를 얻음. 보건진료원, 전문간호사 제도, 정신보건 전문요원 등 다양한 보건의료 전문가의 활용을 통하여 최소의 비용으로 국민의 보건의료 요구를 최대로 충족시킬 수 있는 효율적인 인력관리가 필요

06 사회보장제도의 기능

* **사회보장기본법**
"사회보장이란 질병, 장애, 노령, 실업, 사망 등 각종 사회적 위협에서 모든 국민을 보호하고 빈곤을 해소하며, 국민생활의 질을 향상시키기 위하여 제공되는 사회보험, 공공부조, 사회복지 서비스 및 관련 복지제도를 말한다."고 정의

- **최저생활보장**
사회보장이 보장하는 생활수준은 최저생활이며, 이것은 생리적 한계에서 최저생활을 의미. 최저생활의 보장을 사회보장이 책임짐으로써 모든 국민이 인간으로서의 존엄을 보장받는 기본조건을 충족하게 되는 것

- **경제기능보장**
사회보장은 그 정책을 통하여 국민 경제의 성장과 경제변동을 완화하는 기능

- **소득분배의 기능**
개인의 소득이 시기에 따라 변동을 가져온다. 즉 시간적 소득분배, 사회적 소득분배로 분류

- **사회적 기능**
사회보장은 국민생활을 안정시키는 정책목적을 수행하고 있지만, 동시에 그것은 국민생활에 대한 각종 요구나 이해대립을 조정하는 기능도 있음.

- **사회보장제도의 종류**
① **사회보험(Social Insurance)**: 국가가 사회정책을 수행하기 위하여 보험의 원리와 방식을 도입하여 만든 사회경제제도
  - 소득보장: 복지연금, 실업보험
  - 의료보장: 의료보험, 산재보험
  - 2008년 7월 노인장기요양보험법 제정 이후 노인장기요양보험도 포함
② **공적부조(Public Assistance)**: 자력으로 생계유지가 어려운 사람들의 생활을 자력으로 생활할 수 있을 때까지 국가가 납세자의 부담으로 보호하여 주는 구빈제도. 국가 최저 또는 최저의 원칙을 따르므로 최저한의 생활을 보호하는 것
  - 생활보호
  - 의료보호
③ **공공서비스(Public Service)**: 복지사회 건설을 목적으로 법률이 정하는 바에 따라 특정인(고아, 과부, 정박아, 연금 제하의 노령자, 군경, 전상자 등)에게 사회보장 급여를 국가 재정 부담으로 제공하는 것
  - 사회복지서비스
  - 보건의료서비스

07 국민건강보험

- **강제 가입 및 적용**
① 대한민국 국민이라면 의무적으로 강제 가입 및 적용이 됨.
② 피보험자에게는 납부 의무가 주어지고, 보험자에게는 보험료 징수의 강제성이 부여됨.

- **보험료 차등부담**
① 보험료를 소득수준, 부담능력에 따라 차등적으로 부담
② 건강보험의 재원조달은 수익자부담 원칙에 따라 소득에 따른 정률제로 형평성 원칙을 적용

- **보험급여의 균등 수혜**
보험료 부과 수준에 관계없이 균등하게 보험급여 지급

- **수익자 부담 원칙**
건강보험은 수익자가 비용을 부담하고 이익도 수익자에게 환원되는 원칙

- **급여우선 원칙**
급여 시행 우선적으로 해야 함.

- **제3자 지불 원칙**
건강보험제도상의 급여영역은 사후 치료적 영역으로 되어 있지만 오늘날 건강보험에서는 질병예방 측면이 강조됨.

- **보험료 분담 원칙**
직장가입자는 보험비용 50% 직장 부담, 지역가입자는 보험비용 50% 정부 부담

08 일차보건의료

- **대두 배경**
① 빈부에 따른 건강 향유 격차 심화
② 의료기술 치중에 따른 인간성 말살
③ 예방사업보다 질병치료 우선
④ 고가의 인적 자원 활용의 비효율화
⑤ 의료시설과 의료 인력의 불균형적 분포
⑥ 의료전달체계의 미확립
⑦ 보건의식 행태수준의 문제

- **일차보건의료 접근 원칙 – 4A**
① **접근성(Accessible)**: 지역사회의 각 개인이나 가족이 쉽게 접근할 수 있어야 함.

② **주민의 참여(Available)**: 지역사회 주민들이 받아들일 수 있는 사업방법이어야 함.
③ **지불부담능력(Affordable)**: 지불능력에 맞는 보건의료수가로 제공되어야 함.
④ **수용성(Acceptable)**: 지역사회 주민들을 수용할 수 있어야 함.

09 지역보건의료계획

- **계획**
  ① 한정된 보건자원을 합리적으로 활용하기 위한 방안을 모색하는 종합적이고 체계적 계획
  ② 시, 군, 구의 홈페이지 등에 2주 이상 공고하여 지역주민의 의견 수렴
  ③ 특별시장, 광역시장, 도지사, 시장-군수-구청장은 지역주민의 건강 증진을 위하여 4년마다 수립
  ④ 하의상달(bottom-up)방식 채택하여 기초자치단체 주민의 요구에 근거한 질병예방과 치료에서 더 나아가 건강증진과 복지와 통합이 목표
- **공통사항**
  ① 보건의료 수요 측정
  ② 지역보건의료서비스에 관한 장기, 단기 공급대책
  ③ 인력, 조직, 재정 등 보건의료자원 조달 관리
  ④ 지역보건의료서비스 제공을 위한 전달체계 구성 방안
  ⑤ 지역보건의료에 관련된 통계의 수집 및 정리
- **제출시기**
  ① **계획수립**: 시장, 군수, 구청장 → 시·도지사 → 보건복지부장관
  ② **시행결과**: 시장, 군수, 구청장 → 시·도지사 → 보건복지부장관

10 보건소

- 보건소 설치는 지역주민의 건강증진 및 질병예방 그리고 관리를 위하여 지역보건의료서비스 제공을 목적으로 하고 있음.
- 우리나라 최초의 보건소는 모범보건소로 1946년 설치됨.
- 보건소법은 1956년 제정(1962년 개정)하고 이후 인구구조 및 질병구조의 변화, 국민소득 수준의 향상 등으로 기능을 강화해야 할 필요성이 커지면서 1995년 지역보건법으로 제정됨.
- **보건소의 기능과 업무**
  ① 건강 친화적 지역사회 여건의 조성
  ② 지역보건의료정책의 기획, 조사 및 연구
  ③ 보건의료인 및 보건의료기관 등에 대한 지도, 관리, 육성과 국민보건 향상을 위한 지도, 관리
  ④ 보건의료 관련기관, 단체, 학교, 직장 등과 협력체계 구축

11 보건진료소

- **보건진료소의 설치·운영**
  ① 시장(도농복합형태의 시의 시장을 말하며, 읍·면지역에서 보건진료소를 설치·운영하는 경우에 한한다)·군수는 의료취약지역의 주민에 대한 보건의료를 행하게 하기 위하여 보건진료소를 설치·운영
  ② 보건진료소에 보건진료원과 필요한 직원을 둠.
  ③ 보건진료소의 설치기준은 보건복지부령으로 정함.
- **보건진료원의 자격**
  ① 보건진료원은 간호사·조산사 기타 대통령령이 정하는 자격을 가진 자로서 보건복지부장관이 실시하는 24주 이상의 직무교육을 받은 자이어야 함.
  ② 직무교육에 관하여 필요한 사항은 보건복지부령으로 정함.
- **보건진료원의 신분 및 임용**
  ① 보건진료원은 지방공무원으로 하며, 보건소장의 추천을 받아 시장·군수 또는 구청장이 근무지역을 지정하여 임용
  ② 시장·군수 또는 구청장은 보건진료원이 정당한 이유 없이 지정받은 근무지역 밖에서 의료행위를 한 때, 규정에 의한 범위를 넘어 의료행위를 한 때, 허가 없이 10일 이상 근무지역 이탈 시 보건진료원을 면직할 수 있음. 면직된 후 1년 이내에 보건 진료원으로 다시 임용될 수 없음.
- **보건진료원의 보수교육**
  ① 보건복지부장관은 보건진료원의 자질향상을 위하여 필요하다고 인정하는 때에는 보수교육을 받을 것을 명할 수 있음.
  ② 보수교육의 기간·내용 기타 필요한 사항은 보건복지부령으로 정함.
- **보건진료원의 의료행위의 범위**
  보건진료원은 근무지역으로 지정받은 의료 취약지역 안에서 대통령령이 정하는 경미한 의료행위를 할 수 있음.
- **보건진료원의 거주의무**
  보건진료원은 지정받은 근무 지역 안에서 거주하여야 하며, 시장·군수 또는 구청장의 허가 없이 그 근무지역을 이탈하여서는 안됨.
- **지도·감독**
  ① 시장·군수 또는 구청장은 보건진료소의 업무를 지도·감독
  ② 시장·군수 또는 구청장은 당해 보건소장 또는 보건지소장으로 하여금 보건진료원의 의료행위를 지도·감독하게 할 수 있음.

기출로 실력 올리기

LINK 이론서 62~63p
난이도 **상** 중 하
중요도 ★★☆☆☆
CHECK ☐☐☐

01 보건의료체계 하부구조의 구성요소에서 보건의료자원 개발에 해당하는 것은? 2023 지방직

① 외국 원조
② 공공재원
③ 국가보건당국
④ 보건의료지식

---

01 국내외 보건정책의 이해 – 보건행정과 보건의료체계의 이해 – 보건의료체계 구성요소
🔍 ④

선지체크
① 외국 원조 – 경제적 지원
② 공공재원 – 경제적 지원
③ 국가보건당국 – 자원의 조직적 배치

추가학습
보건의료체계 구성요소
1. 보건의료자원의 개발
   ① 보건의료인력: 보건의료 법규에 따라 면허, 자격을 가진 보건의료서비스에 종사하는 것이 허용된 보건의료인
   ② 보건의료시설: 보건의료시설인 의료기관은 지역사회 주민의 질병예방과 건강관리를 수행하는 중심기관
   ③ 보건의료장비: 장비, 물품, 의약품 등
   ④ 보건의료지식: 보건의료체계의 체계적 연구, 관련 전문 지식
2. 자원의 조직적 배치
3. 보건의료제공
4. 경제적 지원
5. 관리

출제분석
구성요소 안의 세부내용의 종류에 대해 구별하는 문제라서 오답률이 높았어요.
이렇게 한 단어의 의미를 묻는 문제가 아닌 구분하고 분류하는 문제로 변별력을 갖출 수 있어요.

02 지역사회간호활동 중 2차 예방에 대한 설명으로 옳은 것은? 2021 지방

① 보건교사가 여성 청소년의 자궁경부암 예방접종률을 높이기 위해 가정통신문 발송
② 보건소 간호사가 결핵환자에게 규칙적인 결핵약 복용 지도
③ 방문건강관리 전담공무원이 재가 뇌졸중 환자의 재활을 위해 운동요법 교육
④ 보건소 간호사가 지역주민을 대상으로 흡연이 신체에 미치는 영향에 대해 교육

> **02 지역사회 간호과정 – 지역사회간호 예방활동** 🔑 ②
> 2차 예방(이차예방활동)은 조기치료와 효율적 치료를 통하여 질병이 악화되는 것을 막는 활동이므로 결핵환자에게 규칙적인 결핵약을 복용하게 하여 치료에 도움이 되게 하는 것이다.
>
> **선지체크**
> ① 보건교사가 여성 청소년의 자궁경부암 예방접종률을 높이기 위해 가정통신문 발송 → 1차 예방
> ③ 방문건강관리 전담공무원이 재가 뇌졸중 환자의 재활을 위해 운동요법 교육 → 3차 예방
> ④ 보건소 간호사가 지역주민을 대상으로 흡연이 신체에 미치는 영향에 대해 교육 → 1차 예방
>
> **추가학습**
> 지역사회간호 예방활동
> 간단하게 요약하면 아래와 같다.
> 1. 1차 예방: 보건교육, 예방접종
> 2. 2차 예방: 조기발견 & 조기치료
> 3. 3차 예방: 재활

03 국가 암 관리 사업에서 2차 예방 수준의 지역사회 간호중재에 대한 설명으로 가장 옳은 것은? 2023 서울시

① 의료 급여 수급권자가 무료로 국가 암 검진을 받도록 안내한다.
② 초등학생을 대상으로 간접흡연의 유해성을 교육한다.
③ 중학교 여학생에게 무료 자궁경부암 예방접종 사업 캠페인을 실시한다.
④ 암 환자를 위한 가정방문형 호스피스 사업을 추진한다.

> **03 지역사회 간호수행 – 예방서비스** 🔑 ①
> **선지체크**
> ① 의료 급여 수급권자가 무료로 국가 암 검진을 받도록 안내한다. → 2차 예방
> ② 초등학생을 대상으로 간접흡연의 유해성을 교육한다. → 1차 예방
> ③ 중학교 여학생에게 무료 자궁경부암 예방접종 사업 캠페인을 실시한다. → 1차 예방
> ④ 암 환자를 위한 가정방문형 호스피스 사업을 추진한다. → 3차 예방

04 프라이(Fry)의 분류에 따른 자유방임형 보건의료체계의 일반적인 특징은? 2024 지방직

① 국민의료비 절감에 효과적이다.
② 지역 간, 사회계층 간 보건의료 자원 배분의 형평성이 높다.
③ 국민이 의료기관과 의료인을 선택할 수 있는 재량권이 높다.
④ 예방과 치료를 포함하는 포괄적 보건의료서비스가 최대한 제공된다.

---

04 보건정책의 이해 – 보건의료정책 및 관리 – 프라이(Fry)의 분류

국민이 의료기관과 의료인을 선택할 수 있는 재량권이 높아서 가장 큰 장점으로 꼽히는 보건의료체계의 유형은 자유방임형이다.

선지체크
① 국민의료비 절감에 효과적이다. → 사회보장형
② 지역 간, 사회계층 간 보건의료 자원 배분의 형평성이 높다. → 사회주의형
④ 예방과 치료를 포함하는 포괄적 보건의료서비스가 최대한 제공된다. → 사회보장형

추가 학습

프라이(Fry)의 분류
1. 사회보장형
    ① 국가에서 건강에 대한 모든 의료서비스를 제공하여 누구나 동등한 의료서비스를 무상으로 받을 수 있음
    ② 장점: 예방중시하여 일차보건의료가 발전함. 불필요한 과잉 의료 방지(국민의료비 상승 해결)
    ③ 단점: 의사에 대한 인센티브 부족으로 의료의 질이나 생산성이 떨어짐. 정부 재정상태 변동에 따른 불안정 가능성
    ④ 대표적인 나라: 영국, 호주, 뉴질랜드, 북유럽 등
2. 사회주의형
    ① 기획, 의료자원배분을 중앙정부에서 관여하여 의료 형평성을 높이는 형태
    ② 장점: 예방중심, 건강형평성 보장, 관리 용이, 자원의 활용도 높음
    ③ 단점: 의료조직의 관료제와, 개인의 자유권 상실, 의료의 질 저하
    ④ 대표적인 나라: 중국, 북한
3. 자유방임형
    ① 자유기업형: 의료서비스 통제가 적고 민간주도로 운영되며 의료서비스의 질적 보장이 이루어짐
    ② 자율성은 있지만 형평성이 보장되지 않음, 지역간 불균형이 심화
    ③ 대표적인 나라: 미국, 독일, 프랑스, 일본, 한국

출제분석
사회주의형과 사회보장형은 선택한 국가의 차이는 있지만 그 콘셉트 차이가 없고, 정부주도하에 이루어지는 형태가 같으므로 차이점에 대해 출제되는 경우가 없다고 보면 됩니다.
사회보장형 vs 자유방임형 또는 사회주의형 vs 자유방임형으로 출제!

05 우리나라 보건행정체계의 특징으로 옳지 않은 것은? 2015 지방직

① 치료 위주의 의료서비스 제공으로 인하여 포괄적 의료서비스 제공이 부족하다.
② 의료기관의 90% 이상은 민간부문이 차지하고 있고, 공공부문의 비중은 매우 취약하다.
③ 의료기관과 의료인력이 농촌에 비해 도시에 집중되어 있다.
④ 보건의료의 관장 부서가 일원화되어 있어 효율적 관리가 가능하다.

05 국내외 보건정책의 이해 – 자원의 조직적 배치 – 보건행정체계의 특징 — ④

선지체크
④ 보건의료의 관장 부서가 다원화되어 있다.

추가 학습
기획, 조직부분은 행정안전부
지휘, 통제부분은 보건복지부
크게 이원화 되어 있어요!
일선에서 매뉴얼을 받는 입장이나 책임소재를 물을 때에 행안부에서는 보복부로, 보복부에서는 행안부로 안내하는 경우가 많아서 답답할 때가 많은데 언제까지 이렇게 될지는 아무도 모르는데 말이죠. 긍정적으로 작용하고 있다고 보지 않아서 비효율적 관리로 보는 것이 맞아요.

06 세계보건기구(WHO)에서 제시한 일차보건의료의 특성에 대한 설명으로 가장 옳지 않은 것은?

2019 서울시

① 지역사회의 적극적 참여를 통해 이루어져야 한다.
② 지역사회의 지불능력에 맞는 보건의료수가로 제공되어야 한다.
③ 지리적, 경제적, 사회적으로 지역주민이 이용하는 데 차별이 있어서는 안된다.
④ 자원이 한정되어 있으므로 효과가 가장 높은 사업을 선별하여 제공해야 한다.

---

06 국내외 보건정책의 이해 ④

④ 자원이 한정되어 있으므로 효율성이 가장 높은 사업을 제공해야 한다.

추가 학습

일차보건의료 접근 원칙 4A
1. 접근성(Accessible): 지역사회의 각 개인이나 가족이 쉽게 접근할 수 있어야 함.
2. 주민의 참여(Available): 지역사회 주민들이 받아들일 수 있는 사업방법이어야 함.
3. 지불부담능력(Affordable): 지불능력에 맞는 보건의료수가로 제공되어야 함.
4. 수용성(Acceptable): 지역사회와 지역사회 주민들이 수용할 수 있는 사업을 해야 함.

출제분석

일차보건의료 접근 원칙 4A는 지역사회 간호와 일차보건의료의 핵심이자 지역사회 보건의료의 필수 전제조건이므로 너~무 너무 중요해요! 영어로도 한글로도 달달 암기!!!

---

07 세계보건기구(WHO)는 일차보건의료의 접근에 대하여 4개의 필수요소를 제시하였다. 다음 중 이에 해당되지 않은 것은?

2016 서울시

① 접근성(Accessible)
② 달성가능성(Achievable)
③ 주민의 참여(Available)
④ 지불부담능력(Affordable)

---

07 국내외 보건정책의 이해 – 보건의료의 제공 – 일차보건의료 4A ②

② 달성가능성(Achievable) 대신 수용성(Acceptable)

08 우리나라에서 일차보건의료사업에 대한 법적근거를 마련하고 보건진료전담공무원을 양성하는 계기가 된 것은?

2016 서울시

① 라론드 보고서
② 오타와 선언
③ 알마아타 선언
④ 몬트리올 의정서

---

08 국내외 보건정책의 이해 – 보건의료의 제공 – 알마아타 선언 ③

선지체크
① 라론드 보고서: 캐나다 보건성 장관 라론드가 보고서를 통해 건강결정요인에 생물학적 요소, 환경적 요소, 생활양식 요소, 보건의료조직 요소를 중시하는 개념을 대중화시킴
② 오타와 선언: 건강증진을 '사람들이 건강에 대한 관리의 능력을 높이고 자신의 건강을 향상시킬 수 있게 하는 과정'으로 보았음
④ 몬트리올 의정서: 오존층 파괴물질에 대한 규제를 목적으로 1989년 1월 발효된 국제협약

추가 학습

알마아타 선언 – WHO, 1978
"2000년대까지 전 인류에게 건강을(Health for all for 2000)"
전 세계인의 건강에 관한 역할을 수행하고 있는 국제기구인 세계보건기구(WHO)는 전 인류를 위한 보건의료의 새로운 접근방법을 모색하기에 이르렀는데, 이러한 노력의 결과로 일차보건의료라는 개념을 고안하여 보급시켰다.

알마아타 선언에서 밝힌 일차보건의료
1. 만연한 보건의료 문제에 대한 교육, 그 문제의 예방과 관리
2. 식량공급과 영양증진
3. 안전한 식수 제공과 기본환경위생 관리
4. 가족계획을 포함한 모자보건
5. 주요 감염병에 대한 면역수준 증강
6. 풍토병 예방 및 관리
7. 흔한 질병과 상해에 대한 적절한 치료
8. 필수 의약품 공급
9. 정신보건 증진 또는 심신장애자의 사회 의학적 치료

출제분석
잊을만하면 나오는 알마아타 선언! 클래식은 영원하리! 또 나올 수 있는 중요 개념 중 하나에요.

09 우리나라의 일차보건의료에 대한 설명으로 옳지 않은 것은?

2019 지방직

① 「지역보건법」 제정으로 일차보건의료 시행에 대한 제도적 근거를 마련하였다.
② 보건복지부장관이 실시하는 24주 이상의 직무교육을 받은 간호사는 보건진료 전담공무원직을 수행할 수 있다.
③ 읍·면 지역 보건지소에 배치된 공중보건의사는 보건의료 취약지역에서 일차보건의료 사업을 제공하였다.
④ 정부는 한국보건개발연구원을 설립하여 일차보건의료 시범사업을 실시한 후 사업의 정착을 위한 방안들을 정책화하였다.

---

09 국내외 보건정책의 이해 – 보건의료의 제공 – 일차보건의료 🔍 ①

① 「농어촌 등 보건의료를 위한 특별조치법」 제정으로 일차보건의료 시행에 대한 제도적 근거를 마련하였다.

출제분석
일차보건의료는 정부차원의 국가적 당면과제이기도 하므로 중요성이 점점 커지기 때문에 간호직 공무원 시험에도 잘 나와요. 늘!

---

10 일차보건의료의 접근에 대하여 세계보건기구(WHO)가 제시한 필수요소(4A)로 가장 옳지 않은 것은?

2022 서울시

① 수용 가능한 방법
② 최상의 의료서비스 제도
③ 지역주민의 참여
④ 쉽게 이용할 수 있는 높은 접근성

---

10 국내외 보건정책의 이해 – 보건의료의 제공 – 일차보건의료 4A 🔍 ②

선지체크
② 최상의 의료서비스 제도 → 예방중심, 최상의 의료서비스 제도를 지향하기 위해 보건의료체계가 1차-2차-3차로 나누어져 있다.

추가 학습
일차보건의료 접근 원칙 – 4A
1. 접근성(Accessible): 지역사회의 각 개인이나 가족이 쉽게 접근할 수 있어야 함.
2. 주민의 참여(Available): 지역사회 주민들이 받아들일 수 있는 사업방법이어야 함.
3. 지불부담능력(Affordable): 지불능력에 맞는 보건의료수가로 제공되어야 함.
4. 수용성(Acceptable): 지역사회와 지역사회 주민들이 수용할 수 있는 사업을 해야 함.

11 세계보건기구(WHO)가 제시한 일차보건의료의 필수 요소가 아닌 것은?

① 접근성
② 중앙정부의 통제
③ 수용 가능성
④ 지불부담 능력

---

11 국내외 보건정책의 이해 – 보건의료의 제공 – 일차보건의료 4A ②

일차보건의료 필수요소 4A가 아닌 것을 고르면 ② 중앙정부의 통제

추가학습

일차보건의료의 필수요소
1. 접근성(Accessible): 지역사회의 각 개인이나 가족이 쉽게 접근할 수 있어야 함.
2. 주민의 참여(Available): 지역사회 주민들이 받아들일 수 있는 사업방법이어야 함.
3. 지불부담능력(Affordable): 지불능력에 맞는 보건의료수가로 제공되어야 함.
4. 수용성(Acceptable): 지역사회와 지역사회 주민들이 수용할 수 있는 사업을 해야 함.

12. 〈보기〉에서 설명하는 의료비 지불제도로 가장 옳은 것은?

2020 서울시

| 보기 |

- 진단, 치료, 투약과 개별행위의 서비스를 총합하여 의료 행위를 한 만큼 보상하는 방식이다.
- 서비스 행위에 대한 보상을 일단 점수로 받고, 그 점수들을 일정비율에 의해서 금액으로 환산하여 의료비 총액을 계산하는 방법인 점수제의 형태로 많이 사용된다.
- 종류로는 시장기능에 의해 수가가 결정되는 관행 수가제와 정부와 보험조합의 생산원가를 기준으로 계산한 후 의료수가를 공권력에 의해 강제 집행하는 제도수가제가 있다.
- 장점으로 의료인의 자율성 보장, 양질의 서비스 제공을 들 수 있다.

① 인두제
② 봉급제
③ 행위별수가제
④ 총액예산제(총괄계약제)

---

12 국내외 보건정책의 이해 – 경제적 지원 – 진료비 지불제도

선지체크

① 인두제: 등록된 환자(이용 환자)에 일정금액을 곱하여 이에 상응하는 보수를 지급받는 방식으로 국민의료비 억제가 가능하다. 하지만 과소 진료가 우려되고 의료의 질적 수준이 낮다.
② 봉급제: 의료공급자와 보험자 간 계약을 통해 매월 일정한 금액을 보상받는 방법으로, 의사의 수입이 안정된다는 장점이 있지만 진료의 질적 보장이 어려워지고 관료화, 경직화 등의 우려가 있다.
④ 총액예산제(총괄계약제): 보험자 측과 의사단체간, 국민에게 제공되는 의료서비스에 대한 진료비 총액을 협의한 후, 결정된 진료비 총액을 사전에 일괄 지급하는 방식으로 의료비 지출 사전 예측이 가능하여 보험재정의 안정적 운영이 가능하다. 하지만 과소진료의 가능성이 있다.

추가학습

행위별 수가제
1. 제공된 의료서비스 내용과 양에 따라 진료 보수가 결정됨.
2. 진단, 치료, 투약 행위의 의료서비스를 총합하여 의료행위를 한 만큼 보상하는 방식
3. 의료행위를 한 만큼 사후에 보상이 결정되는 사후결정방식
4. 한국, 일본, 미국에서 시행 중
5. 행위별 수가제는 의료서비스에 대한 보상을 먼저 점수로 받고 그 점수의 일정 비율에서 금액으로 환산하여 의료비 총액을 계산하는 방법인 점수제 형태로 많이 사용함.
6. 장점
   ① 의료서비스 양, 질이 확대
   ② 의료인의 재량권, 자율권 보장
   ③ 최첨단 의료서비스 발전 가능성이 큼.
7. 단점
   ① 과잉진료 우려
   ② 과잉진료 통제를 위한 작업으로 행정적 문제 발생 가능성
   ③ 의료기술 중심으로 예방보다는 치료에 치중할 가능성

출제분석

진료비 지불 보상제도=진료비 지불제도는 그 개념도 중요하지만 각각의 장, 단점도 중요하니 전반적으로 이해와 함께 암기하시는 게 좋아요.

13 행위별수가제에 대한 설명으로 옳은 것은?

2021 지방직

① 진료비 청구 절차가 간소하다.
② 치료보다 예방적 서비스 제공을 유도한다.
③ 양질의 의료 행위를 촉진한다.
④ 의료비 억제효과가 크다.

---

13 국내외 보건정책의 이해 – 진료비 지불제도 – 행위별수가제 ③

선지체크
①, ②, ④는 포괄수가제의 설명

추가 학습
행위별 수가제
1. 장점
   ① 의료서비스 양, 질이 확대
   ② 의료인의 재량권, 자율권 보장
   ③ 최첨단 의료서비스 발전 가능성이 큼.
2. 단점
   ① 과잉진료 우려
   ② 과잉진료 통제를 위한 작업으로 행정적 문제 발생 가능성
   ③ 의료기술 중심으로 예방보다는 치료에 치중할 가능성

14 다음에 해당하는 진료비 지불제도는?

2015 지방직

- 총진료비 억제와 과잉 진료에 대한 자율적 억제가 가능하다.
- 매년 진료비 계약을 둘러싼 교섭의 어려움으로 의료제공의 혼란은 초래할 우려가 있고 새로운 기술의 도입이 지연될 수 있다.

① 행위별 수가제
② 포괄 수가제
③ 총액계약제
④ 인두제

---

14 국내외 보건정책의 이해 – 진료비 지불제도 – 총액계약제 ③

선지체크
① 행위별 수가제: 제공된 의료서비스 내용과 양에 따라 진료 보수가 결정되는 제도
② 포괄 수가제: 질병별로 보수단가를 설정하여 미리 정해진 진료비를 의료기관에서 보상하는 제도
④ 인두제: 의료의 종류나 질에 관계없이 의사가 맡고 있는 환자 수에 따라 진료비를 지급하는 제도

추가학습

총액계약제의 개념
1. 환자 수, 의료서비스 양과 상관없이 일정 기간에 따라 보상받는 제도
2. 의료인의 능력에 따른 지급방식으로 모든 공직 의료인과 조직화된 병원급 의료기관에서 이용
3. 사회주의, 공산주의 국가에서 채택하는 방식

총액계약제의 장점과 단점
1. 장점
   ① 과잉진료감소, 진료비 억제
   ② 의료비 지출 사전 예측 가능
   ③ 보험재정의 안정적 운영
   ④ 의료공급자 자율적 규제
2. 단점
   ① 의사단체와 보험자 간 계약체결이 어려움.
   ② 의료공급자의 독점으로 인해 의료 질 관리가 어려움.
   ③ 의료인의 자율성 저하

15 우리나라 국민의료비에 대한 설명으로 옳지 않은 것은?   2015 지방직

① 국민의료비 중 공공재원의 비율이 OECD의 평균에 못 미치는 수준이다.
② 인구의 고령화와 만성퇴행성 질환의 증가로 국민의료비가 증가하고 있다.
③ 국민의료비 상승 속도는 일반 경제 규모 확대 속도보다 빠르게 증가하고 있다.
④ 건강보험 보장성 확대를 통해 국민의료비 증가를 억제할 수 있다.

---

15 국내외 보건정책의 이해 - 경제적 지원 - 국민의료비 ④

선지체크
④ 건강보험 보장성 확대가 국민의료비 증가를 억제할 수 있는 근본적인 해결책은 아니다. 오히려 전체적인 국민의료비는 더 증가한다.

출제분석
이렇게 전체적인 국민의료비, 사회보장제도에 대해 물어보고 맞는지 틀린지 묻는 문제는, 전반적인 개념을 이해했는지 확인하는 문제로 간간이 출제될 수 있기 때문에 전반적인 이해는 필수에요.

16 국민의료비 증가에 대한 대책으로 옳지 않은 것은?

2010 지방직

① 진료비 일부를 본인에게 부담시킨다.
② 행위별수가제와 같은 진료비 보수지불체계를 도입한다.
③ 무절제한 고가 의료장비의 도입을 막는다.
④ 국가 또는 건강보험자 단체가 보건의료서비스의 양, 수가, 진료에 투입되는 자원을 통제한다.

---

16 국내외 보건정책의 이해 – 경제적 지원 – 국민의료비 　🔑 ②

선지체크
② 행위별수가제로 인한 의료비 증가를 극복하기 위하여 아닌 포괄수가제, 신포괄 수가제가 등장하였다.

추가학습
국민의료비 상승과 억제
1. 증가요인
   ① 사회보장의 양적, 질적 확대
   ② 소득수준의 향상
   ③ 의료수요에 대한 다양한 욕구
   ④ 고령화 사회의 진전
   ⑤ 만성질환의 증가 등 수요측 요인과 의료기술의 변화
   ⑥ 의료비 지불보상제
   ⑦ 보건의료전달체계
2. 억제대책
   ① 지불보상제도의 개편: 의료비 지불방식 중 사후결정 방식은 과잉진료 등으로 인한 의료비 및 급여 증가를 가속화하는 가장 큰 원인. 의료서비스 공급자에 대한 지불 수준이 미리 결정되는 사전결정 방식의 형태로 개편할 필요가 있음.
   ② 의료전달체계의 확립: 의료제도가 일차의료 중심으로 개편되는 것은 의학적, 보건학적 관점에서뿐만 아니라 경제적 관점에서도 매우 바람직. 사회화와 공공성 확대는 의료가 시장 경제에 흔들리지 않고 효율적인 국가개입으로 안정적인 의료수가 수준을 유지하는 데 용이
   ③ 다양한 의료대체서비스, 인력개발 및 활용: 지역사회간호센터나 가정간호, 호스피스, 낮병동, 너싱홈, 재활센터, 정신보건센터 등의 대체의료기관 및 서비스 개발과 활용은 저렴한 비용으로 이용 가능하여 총 의료비 억제효과를 얻음. 보건진료원, 전문간호사 제도, 정신보건 전문요원 등 다양한 보건의료 전문가의 활용을 통하여 최소의 비용으로 국민의 보건의료 요구를 최대로 충족시킬 수 있는 효율적인 인력관리가 필요

17 일반정책에 비하여 보건의료정책이 갖는 특성에 대한 설명으로 가장 옳지 않은 것은?

2023 서울시

① 효율성보다는 형평성이 강조된다.
② 시장경제원리를 적용함에 있어 한계가 있다.
③ 보건정책은 경제정책에 우선한다.
④ 국민들의 소득과 교육 수준이 향상되어 보건의료서비스에 대한 욕구가 증가하였다.

---

17 국내외 보건정책의 이해 – 보건의료정책 및 관리 – 보건의료정책의 특성 — ③

선지체크
③ 보건정책은 공공의 이익을 우선으로 한다.

추가 학습
보건의료정책의 특성
1. 보건의료정책의 형성과 집행에는 다른 분야 정책과는 달리 전문가의 역할이 두드러지고 이들의 이해관계가 주로 반영됨
2. 형평성이 강조됨
3. 의료제공이 복잡하고 개인 소비자가 의료의 질을 판단할 수 없기 때문에 경제나 사회 분야의 다른 모형이 잘 적용되지 않아 시장경제원리를 적용하는데 한계가 있음
4. 환경적 측면에서는 대부분의 보건의료정책이 비교적 우호적인 정책 환경 속에 있음
5. 보건의료서비스에 대한 욕구와 요구도가 증가함

18 「지역보건법 시행령」상 지방자치단체장이 매년 보건소를 통하여 지역 주민을 대상으로 실시한 지역사회 건강실태조사 결과를 통보해야 하는 대상은?

2023 지방직

① 행정안전부장관
② 한국건강증진개발원장
③ 질병관리청장
④ 보건복지부장관

---

18 국내외 보건정책의 이해 – 지역사회 건강실태조사 ③

지방자치단체장이 매년 보건소를 통해 질병관리청장에게 통보해야 한다.

추가학습

지역보건법 시행령
지방자치단체장이 매년 보건소를 통하여 지역 주민을 대상으로 실시한 지역사회 건강실태조사 결과를 질병관리청장에게 통보해야 함.
지역사회 건강실태조사의 내용에는 다음 사항이 포함되어야 함.
1. 흡연, 음주 등 건강 관련 생활습관에 관한 사항
2. 건강검진 및 예방접종 등 질병 예방에 관한 사항
3. 질병 및 보건의료서비스 이용 실태에 관한 사항
4. 사고 및 중독에 관한 사항
5. 활동의 제한 및 삶의 질에 관한 사항
6. 그 밖에 지역사회 건강실태조사에 포함되어야 한다고 질병관리청장이 정하는 사항

19 프라이(Fry)의 국가보건 의료체계 유형 중 자유방임형에 대한 설명으로 옳은 것은?

2015 지방직

① 의료자원의 효율적 활용으로 지역 간에 균형적 의료 발전이 가능하다.
② 정부 주도로 운영되므로 예방 중심의 질병 관리가 가능하다.
③ 정부의 통제와 간섭으로 의료서비스의 질이 대체적으로 낮은 편이다.
④ 의료기관의 선택이 자유롭고 의료인의 재량권이 부여되어 있다.

> **19 국내외 보건정책의 이해 – 보건의료전달체계(Fry분류)** ④
> 의료기관의 선택이 자유롭고 의료인의 자율성이 보장되어 의료의 질 향상에 이바지 할 수 있는 의료체계는 자유방임형이다.
>
> **선지체크**
> ① 지역 간의 불균형이 심화된다.
> ② 의료선택의 자유가 있지만 비용이 많이 들어 형평성이 보장되지 않는다.
> ③ 자유기업형으로 의료서비스 통제가 적고 민간주도로 운영, 의료서비스의 질적 보장이 이루어진다.
>
> **추가학습**
> 보건의료전달체계
> 〈자유방임형〉
> 1. 자유기업형: 의료서비스 통제가 적고 민간주도로 운영, 의료서비스 질적 보장이 이루어짐.
> 2. 의료선택의 자유가 있지만 비용이 많이 들어 형평성 보장되지 않음, 지역간 불균형 심화
> 3. 미국이 대표적, 독일, 프랑스, 일본, 한국 등

20 보건의료전달체계 중 자유방임형 의료제도에 대한 설명으로 옳은 것은?

2011 지방직

① 국민이 의료기관을 자유롭게 선택할 수 있다.
② 의료자원의 효율적 활용으로 의료비가 저렴하다.
③ 의료의 내용이나 수준 결정에 의료인의 재량권이 제한된다.
④ 빈부에 상관없이 형평성 있는 의료를 제공할 수 있다.

> **20 국내외 보건정책의 이해 – 보건의료전달체계(Fry분류)** ①
> 자유방임형은 사회주의형과 다르게 국민의 의료기관 자율성을 보장한다.
>
> **선지체크**
> ② 의료선택의 자유가 있지만 비용이 많이 든다.
> ③ 의료인의 재량권이 보장된다.
> ④ 형평성이 보장되지 않는다.

21 우리나라 사회보장제도에 대한 설명으로 가장 옳은 것은? 2019 서울시

① 산재보험은 소득보장과 함께 의료보장을 해주는 사회보험이다.
② 의료급여는 저소득층의 의료보장을 위한 사회보험에 해당한다.
③ 건강보험은 공공부조로 공공적 특성을 가지며 강제성을 띤다.
④ 노인장기요양보험은 공공부조로 재원조달은 국고지원으로 이루어진다.

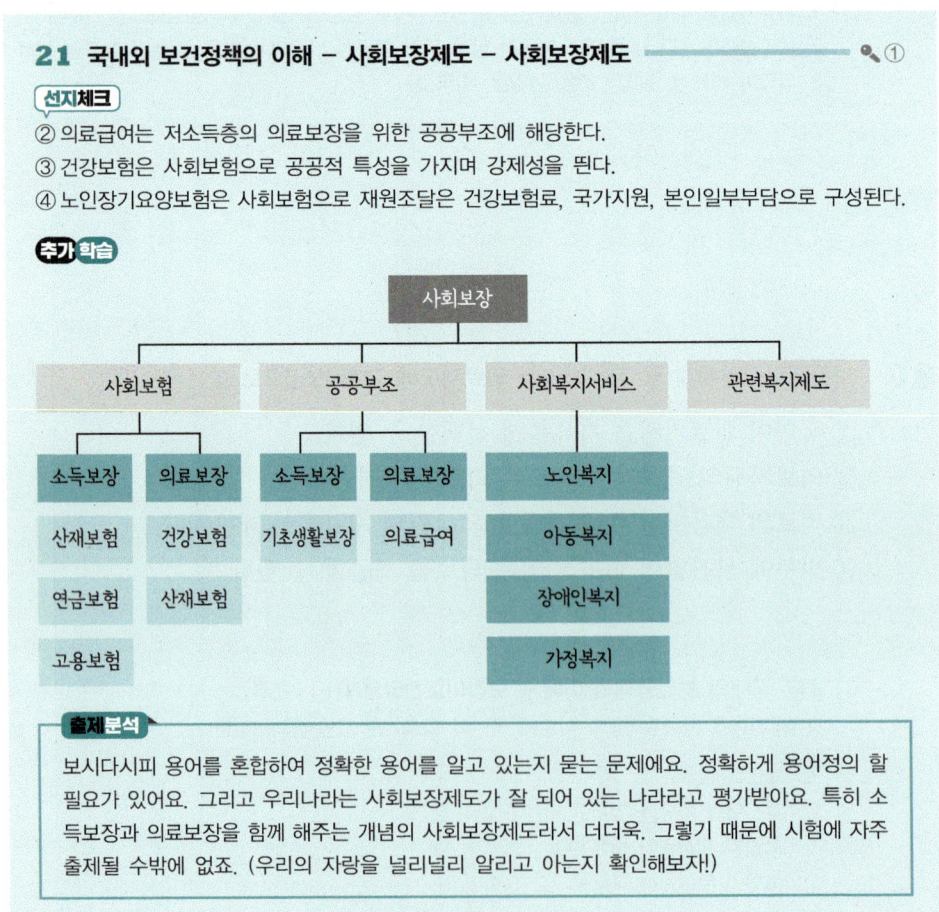

22 우리나라 사회보험이 아닌 것은? 2021 지방직

① 노인장기요양보험
② 의료급여
③ 국민연금
④ 산업재해보상보험

---

22 국내외 보건정책의 이해 – 사회보장제도 – 사회보험

선지체크
② 의료급여 → 공공부조

추가 학습
사회보험(Social Insurance)
국가가 사회정책을 수행하기 위하여 보험의 원리와 방식을 도입하여 만든 사회경제제도
1. 소득보장: 복지연금, 실업보험
2. 의료보장: 의료보험, 산재보험
3. 2008년 7월 노인장기요양보험법 제정 이후 노인장기요양보험도 포함

출제분석
사회보장제도에서 사회보험, 공공부조, 공공서비스를 확실히 구분하고 그에 따른 종류 암기는 필수!

23 우리나라 국민건강보험의 특징에 대한 설명으로 옳은 것은?

2014 지방직

① 소득과 무관하게 보험료를 부과한다.
② 강제가입을 원칙으로 한다.
③ 보험료에 따라 차등적으로 요양급여 혜택을 제공한다.
④ 현금급여를 원칙으로 한다.

---

23 국내외 보건정책의 이해 – 국민건강보험 ②

우리나라는 전국민 건강보험이 강제가입이다.

선지체크
① 소득과 무관하게 보험료를 부과한다. → 보험료 차등부담(소득에 따라)
③ 보험료에 따라 차등적으로 요양급여 혜택을 제공한다. → 보험급여 균등 수혜
④ 현금급여를 원칙으로 한다. → 제3차 지불원칙

추가학습
우리나라 건강보험의 특징
1. 강제 가입 및 적용
   ① 대한민국 국민이라면 의무적으로 강제 가입 및 적용이 됨.
   ② 피보험자에게는 납부 의무가 주어지고, 보험자에게는 보험료 징수의 강제성이 부여됨.
2. 보험료 차등부담
   ① 보험료를 소득수준, 부담능력에 따라 차등적으로 부담
   ② 건강보험의 재원조달은 수익자부담에 따라 소득에 따른 정률제로 형평성 원칙을 적용
3. 보험급여의 균등 수혜: 보험료 부과 수준에 관계없이 균등하게 보험급여 지급
4. 수익자 부담 원칙: 건강보험은 수익자가 비용을 부담하고 이익도 수익자에게 환원되는 원칙
5. 급여우선의 원칙: 급여 시행을 우선적으로 해야 함.
6. 제3자 지불 원칙: 건강보험제도상의 급여영역은 사후 치료적 영역으로 되어 있지만 오늘날 건강보험에서는 질병예방 측면이 강조됨.
7. 보험료 분담 원칙: 직장가입자는 보험비용 50% 직장 부담, 지역가입자는 보험비용 50% 정부 부담

24 우리나라 보건소에 대한 설명으로 옳은 것은? 2015 서울시

① 보건소 설치의 목적은 국민에게 건강에 대한 가치와 책임의식을 함양하도록 건강에 관한 바른 지식을 보급하고 스스로 건강생활을 실천할 수 있는 여건을 조성함으로써 국민의 건강을 증진함을 목적으로 하고 있다.
② 우리나라 최초의 보건소는 경성보건소로 1925년 설치되었으나, 일본의 형식적인 공공보건정책으로 유명무실하게 운영되었다.
③ 보건소법은 1956년 처음으로 제정되었으며, 이후 인구구조 및 질병구조의 변화, 국민소득 수준의 향상 등으로 기능을 강화해야 할 필요성이 커지면서 1991년 지역보건법으로 전면 개편되었다.
④ 1977년 의료보호제도가 실시되면서 보건소는 일차보건의료기관으로 지정되어 의료보호(현 의료급여) 대상자들에게 의료사업을 제공하기 시작하였다.

---

24 국내외 보건정책의 이해 – 보건소 및 보건진료소 – 보건소 ④

선지체크
① 보건소 설치는 지역주민의 건강증진 및 질병예방 그리고 관리를 위하여 지역보건의료서비스 제공을 목적으로 하고 있다.
② 우리나라 최초의 보건소는 모범보건소로 1946년 설치되었다.
③ 보건소법은 1956년 제정하고 이후 인구구조 및 질병구조의 변화, 국민소득 수준의 향상 등으로 기능을 강화해야 할 필요성이 커지면서 1995년 지역보건법으로 전면 개편되었다.

출제분석
보건소에 대한 문제는 대부분 이렇게 긴 서술형태로 연도를 정확히 아는지 역사와 취지에 대해 아는지에 대해 묻고 있어요. 확실한 대비를!

25 보건소에서 관리하는 신생아 대상 선천성대사이상검사 항목이 아닌 것은?

2023 지방직

① 갑상선기능저하증
② 브루셀라증
③ 호모시스틴뇨증
④ 단풍당뇨증

---

25 국내외 보건정책의 이해 – 일차보건의료(사업)

선지체크
페닐케톤뇨증, 단풍당뇨증, 호모시스틴뇨증, 갈락토스혈증, 갑상선기능저하증, 부신기능항진증으로 정해져 있으므로 이에 해당하지 않는 것은 브루셀라증이다.

추가학습
선천성 대사이상검사
1. 정의: 우리 몸의 생화학적인 대사 경로를 담당하는 효소나 조효소의 결핍으로 발생하는 질환
2. 의의: 증상이 발현하기 전 조기에 진단하는 것이 중요하므로 정부에서는 모자보건사업으로 신생아 선별검사를 지원. 1991년부터 2005년까지 15년간의 조사에 따르면, 4,000~5,000여 명당 1명 꼴로 선천성 대사 이상 환자가 발생한다고 보고됨.
3. 증상: 신생아 시기에 증상이 나타나는 질환이 많음. 수유를 진행한 지 2~3일 후에 구토, 쳐짐, 경련, 혼수 등과 같은 비특이적 증상이 나타나며 신생아 시기 감염으로 인한 패혈증과 비슷한 양상을 보임. 갈락토스혈증, 유기산뇨증, 요소회로계 대사질환, 단풍당뇨증, 타이로신혈증 등을 포함. 결핍이 있는효소의 활성이 남아 있다면 영유아기에 진단되기도 함. 원인 모를 지능 장애, 발달 퇴행, 급성 질환이 있을 때 구토, 의식 저하와 같은 증상이 나타나서 뒤늦게 진단
4. 진단법: 조기 진단을 위해 신생아 시기에 선별 검사를 시행. 기존의 6종 선별 검사는 페닐케톤뇨증, 단풍당뇨증, 호모시스틴뇨증, 갈락토스혈증, 갑상선기능저하증, 부신기능항진증이 포함
5. 진단법이 개발된 질환은 신생아 시기에 선별검사를 통해 조기 진단 및 치료하는 것이 최선

출제분석
선천성 대사이상검사는 앞글자로 "페단호갈갑부"

26 농어촌 등 보건의료를 위한 특별조치법 시행령 상 보건진료 전담공무원이 근무지역에서 할 수 있는 의료행위만을 모두 고르면?

2023 지방직

> ㄱ. 만성병 환자의 요양지도 및 관리
> ㄴ. 질병·부상의 악화 방지를 위한 처치
> ㄷ. 질병·부상상태를 판별하기 위한 진찰·검사
> ㄹ. 환자의 이송

① ㄱ, ㄷ
② ㄴ, ㄹ
③ ㄱ, ㄴ, ㄷ
④ ㄱ, ㄴ, ㄷ, ㄹ

---

26 내외 보건정책의 이해 - 보건소 및 보건진료소 - 보건진료 전담공무원 ④

보건진료원의 의료행위의 범위는 근무지역으로 지정받은 의료 취약지역 안에서 대통령령이 정하는 경미한 의료행위를 할 수 있으므로 만성병 환자의 요양지도 및 관리, 환자의 이송, 질병 및 부상 악화 방지를 위한 처치, 질병 및 부상상태 판별을 위한 진찰과 검사 등이 있다.

추가학습

법적 근거 「농어촌 등 보건의료를 위한 특별조치법」
1. 보건진료소의 설치·운영
   ① 시장 (도농복합형태의 시의 시장을 말하며, 읍·면지역에서 보건진료소를 설치·운영하는 경우에 한한다)·군수는 의료취약지역의 주민에 대한 보건의료를 행하게 하기 위하여 보건진료소를 설치·운영
   ② 보건진료소에 보건진료원과 필요한 직원을 둠
   ③ 보건진료소의 설치기준은 보건복지부령으로 정함
2. 보건진료원의 자격
   ① 보건진료원은 간호사·조산사 기타 대통령령이 정하는 자격을 가진 자로서 보건복지부장관이 실시하는 24주 이상의 직무교육을 받은 자이어야 함
   ② 직무교육에 관하여 필요한 사항은 보건복지부령으로 정함
3. 보건진료원의 신분 및 임용
   ① 보건진료원은 지방공무원으로 하며, 보건소장의 추천을 받아 시장·군수 또는 구청장이 근무지역을 지정하여 임용
   ② 시장·군수 또는 구청장은 보건진료원이 정당한 이유 없이 지정받은 근무지역 밖에서 의료행위를 한 때, 규정에 의한 범위를 넘어 의료행위를 한 때, 허가 없이 10일 이상 근무지역 이탈 시 보건진료원을 면직할 수 있음. 면직된 후 1년 이내에 보건 진료원으로 다시 임용될 수 없음
4. 보건진료원의 보수교육
   ① 보건복지부장관은 보건진료원의 자질향상을 위하여 필요하다고 인정하는 때에는 보수교육을 받을 것을 명할 수 있음
   ② 보수교육의 기간·내용 기타 필요한 사항은 보건복지부령으로 정함
5. 보건진료원의 의료행위의 범위: 보건진료원은 근무지역으로 지정받은 의료 취약지역 안에서 대통령령이 정하는 경미한 의료행위를 할 수 있음
6. 보건진료 전담공무원의 의료행위 외의 업무
   ① 환경위생 및 영양개선에 관한 업무
   ② 질병예방에 관한 업무
   ③ 모자보건에 관한 업무

④ 주민의 건강에 관한 업무를 담당하는 사람에 대한 교육 및 지도에 관한 업무
⑤ 그 밖에 주민의 건강증진에 관한 업무
7. 보건진료원의 거주의무: 보건진료원은 지정받은 근무 지역 안에서 거주하여야 하며, 시장·군수 또는 구청장의 허가 없이 그 근무지역을 이탈하여서는 안됨
8. 지도·감독
① 시장·군수 또는 구청장은 보건진료소의 업무를 지도·감독
② 시장·군수 또는 구청장은 당해 보건소장 또는 보건지소장으로 하여금 보건진료원의 의료행위를 지도·감독하게 할 수 있음

27 지역보건법령상 지역보건의료계획에 대한 설명으로 옳지 않은 것은? 2015 지방직

① 지역주민, 보건의료관련기관 단체 및 전문가의 의견을 반영하여 수립한다.
② 보건복지부에서 수립된 계획안이 시, 도와 시·군·구에 전달된다.
③ 보건의료수요 측정, 보건의료에 관한 장단기 공급대책, 인력, 조직, 재정 등의 사항이 포함된다.
④ 지역보건의료계획은 4년마다 수립하여야 한다.

27 국내외 보건정책의 이해 – 보건소 및 보건진료소 – 지역보건의료계획 ②

선지체크
② 시·군·구에서 수립된 계획안이 시, 도와 보건복지부장관에게 전달된다.

지역보건의료계획
1. 계획
① 한정된 보건자원을 합리적으로 활용하기 위한 방안을 모색하는 종합적이고 체계적 계획
② 시, 군, 구의 홈페이지 등에 2주 이상 공고하여 지역주민의 의견 수렴
③ 특별시장, 광역시장, 도지사, 시장-군수-구청장은 지역주민의 건강 증진을 위하여 4년마다 수립
④ 하의상달(bottom-up)방식 채택하여 기초자치단체 주민의 요구에 근거한 질병예방과 치료에서 더 나아가 건강증진과 복지와 통합이 목표
2. 공통사항
① 보건의료 수요 측정
② 지역보건의료서비스에 관한 장기, 단기 공급대책
③ 인력, 조직, 재정 등 보건의료자원 조달 관리
④ 지역보건의료서비스 제공을 위한 전달체계 구성 방안
⑤ 지역보건의료에 관련된 통계의 수집 및 정리
3. 제출시기
① 계획수립은 시장, 군수, 구청장 → 시·도지사 → 보건복지부장관
② 시행결과도 시장, 군수, 구청장 → 시·도지사 → 보건복지부장관

출제분석
지역보건의료계획은 상당히 중요한 개념이기 때문에 또 시험에 나올 수 있어요!

28. 의료급여에 대한 설명으로 옳지 않은 것은?

2023 지방직

① 1종 수급권자와 2종 수급권자의 본인부담금은 차등 적용된다.
② 국민기초생활 보장법 상 수급자가 아니면 의료급여 수급자가 될 수 없다.
③ 의료급여는 사회보장체계 중 공공부조에 해당된다.
④ 의료급여 관리사는 의료기관에서 2년 이상 근무한 경력을 가진 의료인이어야 한다.

---

28 국내외 보건정책의 이해 – 사회보장제도 – 의료급여 ②

선지체크
② 기타 수급권자로 의료급여 수급자가 될 수 있다.

추가 학습
1. 의료급여 수급권자
   ① 1종 수급권자
   - 국민기초생활보장 수급권자
     근로능력이 없거나 근로가 곤란하다고 인정하여 보건복지부장관이 정하는 자만으로 구성된 세대의 구성원(18세 미만인 자, 65세 이상인 자, 중증장애인, 질병과 부상 그리고 후유증으로 치료나 요양이 필요한 사람 중 근로능력평가를 통하여 시장, 군수, 구청장이 근로능력이 없다고 판정한 사람)
     - 국민기초생활보장법에 따른 보장시설에서 급여를 받고 있는 사람
     - 결핵질환, 희귀난치성질환 또는 중증질환을 가진 사람
   - 기타 수급권자
     - 이재민으로서 보건복지부장관이 의료급여가 필요하다고 인정하는 사람
     - 의사상자로 의료급여를 받는 사람
     - 국내에 입양된 18세 미만의 아동
     - 독립유공자, 국가유공자 등으로 보건복지부장관이 의료급여가 필요하다고 인정하는 사람
     - 무형문화재와 그 가족으로 문화재청장의 추천 후 보건복지부장관이 의료급여가 필요하다고 인정하는 사람
     - 북한이탈주민 중 보건복지부장관이 의료급여가 필요하다고 인정하는 사람
     - 5.18 민주화운동 관련자와 그 가족으로서 보건복지부장관이 의료급여가 필요하다고 인정하는 사람
     - 노숙인 등 보건복지부장관이 의료급여가 필요하다고 인정하는 사람
     - 그 밖에 생활유지 능력이 없거나 생활이 어려운 사람으로서 대통령령으로 정하는 사람
   ② 2종 수급권자
     - 1종 수급권자가 아닌 사람으로, 2종 선정 기준은 근로능력이 있는 것
     - 보건복지부장관이 2종 의료급여가 필요하다고 인정하는 사람
2. 의료급여 관리사는 의료기간 근무 2년 이상의 의료인이어야 함.

출제분석
사회보장제도에 대해서는 점점 중요성이 커지므로 잘 정리해두세요!

Part

3

역학지식 및 통계기술 실무적용, 질병관리

출제경향

최근 3년 지역사회간호학 시험을 분석했을 때 10% 출제 분포를 보였습니다. 특히 아래 키워드는 다빈도 출제이므로 더 꼼꼼하게 챙겨보셔야 합니다.
감염병은 2020년도 이하의 기출문제는 현재의 감염병 분류체계와 완전 다르고, 종류도 달라서(예, 1군~4군) 수록하지 않고, 출제경향을 확인할 수 있는 몇몇 문제들만 수록하였습니다.

빈출 키워드

- 만성질환 증가의 위험요인 • 만성질환의 특성 • 만성질환이 가족에게 미치는 영향
- 만성질환 관리 지침 • 만성질환 관리를 위한 예시-고혈압 • 역학의 활용범위
- 보건지표 • 질병발생 3대요인 • Leavell & Clark의 질병의 자연사 예방단계
- 기술역학 • 분석역학(전향성, 후향성) • 집단검진 • 역학적 조사법(민감도, 특이도)
- 면역 • 감염병종류 및 정의 • 집단면역 • 역학모형

기분최고 핵심 잡기

기출문제 분석으로 최고의 고지에 도달하다!

01 만성질환 증가의 위험요인

- 감염병의 기왕력
- 유전적 요인
- 조산이나 출생 시 상해
- 환경요인
- 식습관과 기호식품
- 스트레스
- 운동부족
- 비만

02 만성질환의 특성

- 발생하면 3개월 이상 오랜 기간의 경과를 취함.
- 호전과 악화를 반복하면서 결국 나빠지는 방향으로 진행
- 연령증가와 비례하여 유병률 증가
- 질병 발생 시점이 불분명
- 여러 가지 질환 동시에 이환
- 원인이 다인적이고 잠재기간이 길다.
- 질병의 성격이 영구적, 개인적, 산발적 발생

03 만성질환이 가족에게 미치는 영향

- 삶의 질 저하
- 관리나 치료과정을 적절하게 이행하지 않아서 가족역동, 생활양식, 대처기술의 붕괴나 합병증 증가로 입원이나 치료비 증가를 초래하여 경제적 부담을 준다.
- 만성질환이나 불능으로 인해 신체손실이 나타나는 등 신체상이 변화할 수 있다.
- 성기능을 약화시켜 본인뿐만 아니라 배우자에게도 영향을 미친다.
- 가족에게 신체적, 정신적, 재정적으로 부정적인 결과를 초래하여 부담을 주고 스트레스 증가, 무력감, 우울을 유도

04 만성질환 관리 지침

- 질환의 의학적 위기를 예방, 발생 시 관리를 잘해야 함.
- 증상을 조절. 통증, 스트레스 관리
- 처방과 치료법의 수행, 처방된 치료법을 수행하는 데 생기는 문제도 관리
- 다른 사람과의 접촉이 부족하여 발생하는 사회적 격리의 예방 혹은 적응
- 좋아지거나 나빠지는 과정에서 생기는 변화에 적응
- 다른 사람과의 상호관계나 생활 스타일을 정상에 가깝게 만들도록 노력
- 치료나 생활에 필요한 비용을 구할 수 있도록 노력
- 건강한 생활양식 유지의 노력

05 만성질환 관리를 위한 예시 – 고혈압

- 고혈압의 1차 예방을 위한 업무
  주민에 대한 보건교육, 개인교육, 집단교육, 대중매체를 이용한 교육
- 관리사업 대상자의 파악과 환자 조기발견
  ① 고혈압 관리사업의 대상자는 군지역의 경우 30세 이상 성인 전체로 측정
  ② 대상자로 파악된 전 주민이 최소한 2년에 한 번씩은 혈압을 측정
- 추후관리 대상자의 선별
  세계보건기구에서 권장한 고혈압 초회 판정 및 추후관리 기준

기준	조치	판정
• 확장기 혈압		
<90 90 – 140 ≥ 105	1년 후 혈압 재측정 2주 뒤 확진 2주 내 평가 및 임상 검사	정상 확진 고혈압 의심자 확정 고혈압
• 수축기 혈압(확장기 혈압이 90mmHg 미만일 때 활용)		
<140 140 – 199 ≥ 205	1년 후 혈압 재측정 2주내 확진 2주내 평가 및 임상 검사	정상 고혈압 의심자 확정 고혈압

- 기초검사
  확정 고혈압 환자의 위험 요인 및 말초 장기 손상 평가. 고혈압 환자의 예후와 관계있는 말초 장기의 손상의 내용은 다음과 같음.
  ① **심장**: 심확대, 심허혈, 심전도상 좌심실 긴장의 소견, 심근경색증, 울혈성 심부전
  ② **눈**: 망막 출혈, 망막 삼출물, 유두 부종의 소견
  ③ **신장**: 신기능의 손상
  ④ **신경계통**: 뇌졸중의 병력
- 혈압상승을 초래하는 순환계 요인(circulatory factor)
  ① 혈액량 증가로 인한 혈압 증가
    - 신부전일 때는 소변량 감소로 순환혈액량 증가
    - 고염식이로 짜게 먹으면 물을 함께 갖고 있게 되므로 혈량이 증가
  ② 동맥경화 등으로 인하여 동맥벽의 탄력성 저하로 말초혈관 저항이 증가하여 혈압 증가
  ③ 교감신경계 항진으로 혈관 평활근의 수축으로 혈압 증가
  ④ 질병으로 인해 혈액 점도가 증가하면 혈압 증가
- 고혈압 환자의 치료원칙
  ① 치료의 목적
    - 혈압을 140/90mmHg 이하로 낮추고 조절 가능한 심혈관계 위험 요인을 동시에 조절
    - 흡연, 고지혈증, 당뇨병 등의 동반된 심혈관계 위험 요인을 동시에 조절
  ② 고혈압 관리
    - 체중감소
      - 주별, 월별로 체중 감량의 목표치를 설정 – 규칙적인 운동으로 체중을 감량
      - 열량 섭취를 제한하여 체중을 감량 – 정기적으로 평가
    - 절주
      - 현재 음주량을 평가
      - 고혈압에 대한 술의 영향을 이해시킴. – 실질적인 음주량의 감량 방법을 제시
    - 규칙적인 유산소 운동
      - 규칙적인 유산소 운동은 수축기 혈압을 10mmHg 이상을 낮출 수 있음.
      - 환자의 운동 상태를 파악
      - 규칙적인 운동의 장점을 강조
      - 운동기간 동안의 신체적 변화 및 혈압의 변화를 설명
      - 유산소 운동(aerobic exercise)인 요가, 수영, 달리기, 걷기, 줄넘기, 리듬체조, 자전거 타기 권유
      - 운동 중 가슴, 팔, 목 등에 뻗치는 통증이 있을 때, 심장 박동이 불규칙할 때, 몹시 숨이 찰 때, 어지럽거나 현기증이 날 때는 운동을 중지하고 의사에게 알림.
    - 저염식(하루 4~6mg 이하 소금)
      - 소금 섭취의 정도를 평가
      - 소금이 고혈압에 미치는 영향과 소금 섭취 습관 변화의 필요성을 설명
      - 일상 섭취 식품 중 소금 함량에 대하여 파악. 국, 찌개, 김치의 섭취를 줄임.
    - 적당량의 칼륨, 칼슘, 마그네슘을 섭취
      - 이뇨제는 혈압을 조절하기 위해서 몸 안의 물을 소변을 통해 내보낼 때 칼륨도 같이 내보내게 되는데 이때 칼륨도 같이 빠져 나가게 된다. 보충을 위해 과일과 채소를 많이 먹어야 함.
      - 아침에 이뇨제를 먹을 때 1-2개의 과일을 먹는 것이 가장 좋음.
    - 금연
      - 계속적인 흡연은 항고혈압 치료로 인한 심혈관 질환의 예방 효과를 감소
      - 효과적으로 금연하기 위해 금연교실 같은 프로그램에 의뢰하는 것이 필요
    - 저지방 식이: 식용지방과 콜레스테롤 섭취 줄임.

06 역학의 활용범위

- 원인규명 및 자연사에 관한 기술
- 위험요인의 확인
- 증상군의 확인 및 질병분류
- 임상 치료 계획
- 인구집단의 건강상태 감시의 역할
- 지역사회 집단과 보건 사업 계획
- 보건사업의 평가

07 보건지표

- 건강지표
  개인이나 인구집단의 건강수준 직접적으로 나타내는 지표
  ① **평균 수명**: 어떤 사람이 장차 평균해서 몇 년을 살 수 있는가를 나타내는 횟수. 인구조사와 그해의 연령별 사망자 수를 기초로 해서 연령별 사망률을 산출
  ② **비례 사망지수**: 연간 전체 사망자 수에 대한 50세 이상 사망자 수의 구성률로 비례 사망지수가 높다는 것은 영유아기의 사망이 낮고 노령기에서의 사망이 높다는 것을 의미하는 것
  ③ **보통 사망률**: 인구 1,000명당 사망자 수로 구하기 쉬운 건강지표로 사용
  ④ **영아 사망률**: 한 나라의 영양 수준과 위생 수준을 반영하므로 중요한 건강지표
  ⑤ **모성 사망률**: 전반적인 보건 수준을 나타내는 중요한 지표

- **질병력**
  ① **발생률**: 일정한 기간 동안 건강한 전체 인구 수 중에서 특정 질병이 발생한 수를 비율로 나타낸 것으로, 질병에 걸릴 확률 또는 위험도를 추정할 수 있어서 발생 원인을 규명하는 데 도움을 줌.
  〈공식〉
  - 발생률 = $\dfrac{\text{같은 기간 동안에 새로 발생한 환자 수}}{\text{특정 기간 동안의 건강한 전체 인구 수}} \times 1{,}000$

  ② **유병률**: 어떤 인구 집단에서 일정 기간 동안 또는 한 시점에서 어떤 질병에 이환되어 있는 환자의 수를 말하며 의료시설이나 의료요원 확보 등 질병의 관리대책을 세우는 데 도움이 됨.
  〈공식〉
  - 기간 유병률 = $\dfrac{\text{기간 동안에 존재하는 환자 수}}{\text{특정 기간 동안의 중앙인구 수}} \times 1{,}000$
  - 시점 유병률 = $\dfrac{\text{시점에서 존재하는 환자 수}}{\text{일정 시점의 인구 수}} \times 1{,}000$

  ③ 어떤 병에 걸려 있는 전체 환자 중 그 병으로 사망한 환자 비율
  - 치명률 = 사망자 수/총 발병자 수 × 100

  ④ 병원성은 병원체가 임상적으로 질병을 일으키는 능력, 병원력이라고 함. 감염된 숙주 중 현성 감염을 나타내는 수준을 의미
  - 병원성 = 발병자 수(현성 감염자 수)/총 감염자수 × 100

  ⑤ **급성질환**: 발생률과 유병률을 비교해보면, 수주 혹은 수개월 내 완전 회복되거나 사망하는 질병을 1년 기간 동안 비교한다면, 사망이 거의 없을 때는 발생률과 유병률은 거의 같지만 치명률이 높은 경우 오히려 유병률보다 발생률이 더 높을 것

  ⑥ **만성질환**: 발생률과 유병률 비교하면, 이환기간이 1년 이상 장기간 동안 이환하고 치명률이 낮은 대부분의 만성질환은 매년 발생된 환자가 누적되므로 유병률이 발생률보다 높은 것을 알 수 있음.

08 질병발생 3대 요인

- **병인**: 질병발생의 직접적 원인이 되는 요인
  ① **병원체 요인**: 감염병의 병원체인 세균, 바이러스, 리켓치아, 진균 등과 원충류, 유충, 절족 동물 등
  ② **화학적 요인**: 인간이 접촉하는 많은 종류의 화학물질과 유해 가스, 중금속 등 외인적 요소와 호르몬의 대사나 분비장애로 인한 내인적 요소가 있음.
  ③ **영양적 요인**: 기본식이로서 지방, 탄수화물, 단백질, 비타민, 광물질 등이 이에 포함. 이물질의 상대적 결핍, 또는 과잉은 질병을 유발
  ④ **유전적 요인**: 부모로부터 자식에게 유전자를 통해 전이되는 요인으로 당뇨병, 혈우병 등의 질병요인이 포함
  ⑤ **심리적 요인**: 환경의 자극에 의한 심리적인 스트레스 등이 해당

- **숙주**
  ① 어떤 병인의 침범을 받았을 때 그에 대한 감수성이나 저항력에 따라서 발병여부가 결정
  ② 숙주의 감수성은 연령, 성별, 인종, 영양상태, 일반적 건강상태, 선천적 소질, 습관 등의 영향을 받음.
  ③ 전염성인 경우에는 이미 얻은 면역에 따라서 다른 수준의 생체 반응

- **환경**
  ① **생물학적 환경요인**: 병원체의 발생 및 전파 과정에 관여하는 인간 주위의 모든 동식물
  ② **물리적 환경요인**: 기후, 기압, 지리, 지질, 광선, 열, 상수, 하수 등
  ③ **사회, 경제적 환경요인**: 관습이나 직업 등

09 Leavell & Clark의 질병의 자연사 예방단계

- **1차적 예방**
  질병에 의한 세포의 병리적 변화가 오기 이전 단계에서 예방하는 것
- **2차적 예방**
  질병의 조기 발견 및 치료의 단계. 정기적인 신체검사, 집단검진을 통해 조기발견
- **3차적 예방**
  재활을 의미하는 단계로 불능의 문제를 최소화시키기 위함.

10 기술역학

기술역학은 질병 분포의 일반적 특성을 기술하는 것으로, 어떤 인구집단이 그 질병에 걸리며, 어느 지역에 그 질병이 존재하는지, 그리고 그 질병의 발생빈도가 시간에 따라 어떻게 변화하는지를 기술하는 제1단계의 연구방법

11 분석역학(전향성, 후향성)

- 전향성 연구(추적조사, 코호트 연구)
  ① 건강한 사람을 대상으로 한 집단의 병을 일으키는 의심되는 요인에 폭로된 집단과 비폭로 집단을 나누어 일정 기간 동안 비슷한 조건하에서 질병 발생률을 비교하여 원인적 관련성을 연구하는 방법
  ② 상대위험도와 귀속위험도를 알 수 있음.
  ③ 폐암의 원인발견: 한 집단은 흡연하게 하고 다른 집단은 금연하게 하여 일정한 시간이 지난 후 두 집단의 폐암 발생률 비교
- 후향성 연구(환자 대조군 연구)
  ① 환자를 대상으로 이와 조건이 비슷한 대조군을 선정해 질병 요인에의 폭로 유무를 조사하여 각 군의 차이를 비교하는 연구
  ② 상대위험도를 알 수 없음.
- 역사적 전향검사(후향성 코호트 검사)
  ① 기존 기록을 통해 코호트를 구분하여 노출군과 비노출군으로 나누어 사건의 흐름이 지난 뒤에 과거에 설정된 코호트에서 질병발생 여부를 확인하는 연구
  ② 특수한 역사적 사건에서만 연구가 가능한 일종의 코호트 연구 * 코호트: 통계인자를 공유하는 집단
  ex 동시 출생 집단

12 집단검진(현재 활용 중인 검진법)

- 흉부 X선 간접촬영(폐결핵 발견을 위해) 실시
- 공복 및 당부하 2시간 후 혈당 측정(당뇨병 발견을 위해) 실시
- 경부암 발견을 위해 실시

13 역학적 조사법(민감도, 특이도)

측정의 타당도(집단 검진 도구가 갖추어야 할 필수적 요소)

- 측정의 타당도(정확도)란 어떤 측정치 또는 측정방법이 평가하고자 하는 내용을 얼마나 정확히 측정하였는지의 정도를 의미
  ex 당뇨병 환자를 찾기 위해 공복 시 혈당과 당부하 후 2시간 혈당 검사를 했을 때 그 집단에 실재하는 환자 중 어느 정도의 환자를 찾아낼 수 있었느냐의 정도, 즉 알고자 하는 내용을 어느 정도 정확하게 검사결과가 반영해주고 있는가를 말함.

- 타당도를 수량적으로 표시해 주기 위해서 민감도와 특이도를 지표로 이용한다. 민감도와 특이도는 모두 높을수록 검사법의 타당도가 높아지고 조사결과의 신빙도가 높음.

검사방법의 정확도와 신뢰도

이환상태 검사결과	질병 (○)	질병 (×)
양성(+)	a (진양성)	b (위양성)
음성(−)	c (위음성)	d (진음성)
계	a+c	b+d

민감도 = a/a+c
특이도 = d/b+d
위양성율 = b/b+d
　　　　　(1 − 특이도)
위음성율 = c/a+c
　　　　　(1 − 민감도)

- 민감도
  확진된 환자를 환자로 바르게 확인해 내는 능력

$$민감도 = \frac{검사\ 양성자\ 수}{총\ 환자\ 수} \times 100$$

- 특이도
  질병을 가지지 않은 사람을 환자가 아니라고 바르게 찾아내는 능력

$$특이도 = \frac{검사\ 음성자\ 수}{총\ 비환자\ 수} \times 100$$

- 예측도
  검사방법이 그 질병이라고 판단한 사람들 중에서 실제로 그 질병을 가진 사람들의 비율로서 그 검사방법의 예측 능력

  ① 양성예측도 = $\frac{확진된\ 환자\ 수}{총\ 검사\ 양성자\ 수} \times 100$

  ② 음성예측도 = $\frac{확진된\ 비환자\ 수}{총\ 검사\ 음성자\ 수} \times 100$

- 타당도에 영향을 미치는 요인
  ① 기준의 명확성
  ② 검진 집단 내 측정 대상 질병의 유병률
  ③ 연구자의 편견
  ④ 설정 기준치의 수준

14 면역

- 비특이성 면역(선천성 면역)
  균의 종류를 가리지 않고 방어하는 선천적인 저항
- 특이면역(후천성 면역)
  ① 능동면역(항원주입)
    − 자연능동면역: 감염병에 감염되어 성립되는 면역으로 이환 후 면역, 불현성 감염에 의한 잠복면역
    − 인공능동면역: 인공적으로 생기는 면역으로 백신이나 톡신을 사용해서 얻는 면역, 예방접종

② 피동면역(항체주입)
- 자연피동면역: 태아가 모체의 태반을 통해서 항체를 받거나 생후에 모유에서 항체를 받는 방법
- 인공피동면역: 면역혈청 등을 주사하여 항체를 주는 방법

15 감염병종류 및 정의

구분		제1급 감염병	제2급 감염병	제3급 감염병	제4급 감염병
유형		생물테러감염병 또는 치명률이 높거나 집단 발생 우려가 커서 발생 또는 유행 즉시 신고하고 음압격리가 필요한 감염병	전파가능성을 고려하여 발생 또는 유행 시 24시간 이내에 신고하고 격리가 필요한 감염병	발생 또는 유행 시 24시간 이내에 신고하고 발생을 계속 감시할 필요가 있는 감염병	제1급~제3급 감염병 외에 유행 여부를 조사하기 위해 표본감시 활동이 필요한 감염병
종류		가. 에볼라바이러스병 나. 마버그열 다. 라싸열 라. 크리미안콩고출혈열 마. 남아메리카출혈열 바. 리프트밸리열 사. 두창 아. 페스트 자. 탄저	가. 결핵 나. 수두 다. 홍역 라. 콜레라 마. 장티푸스 바. 파라티푸스 사. 세균성이질 아. 장출혈성대장균감염증 자. A형간염 차. 백일해 카. 유행성이하선염	가. 파상풍 나. B형간염 다. 일본뇌염 라. C형간염 마. 말라리아 바. 레지오넬라증 사. 비브리오패혈증 아. 발진티푸스 자. 발진열 차. 쯔쯔가무시증	가. 인플루엔자 나. 회충증 다. 편충증 라. 요충증 마. 간흡충증 바. 폐흡충증 사. 장흡충증 아. 수족구병 자. 임질 차. 클라미디아감염증 카. 연성하감 타. 성기단순포진
종류		차. 보툴리눔독소증 카. 야토병 타. 신종감염병증후군 파. 중증급성호흡기증후군(SARS)	타. 풍진 파. 폴리오 하. 수막구균감염증 거. b형헤모필루스인플루엔자 너. 폐렴구균감염증	카. 렙토스피라증 타. 브루셀라증 파. 공수병 하. 신증후군출혈열 거. 후천성면역결핍증(AIDS)	파. 첨규콘딜롬 하. 반코마이신내성장알균(VRE)감염증 거. 메티실린내성황색포도알균(MRSA)감염증
종류		하. 중동호흡기증후군(MERS) 거. 동물인플루엔자인체감염증 너. 신종인플루엔자 더. 디프테리아	더. 한센병 러. 성홍열 머. 반코마이신내성황색포도알균(VRSA)감염증 버. 카바페넴내성장내세균속균종(CRE)감염증 서. E형간염 어. 엠폭스	너. 크로이츠펠트-야콥(CJD) 및 변종크로이츠펠트-야콥병(vCJD) 더. 황열 러. 뎅기열 머. 큐열 버. 웨스트나일열 서. 라임병 어. 진드기매개뇌염 저. 유비저 처. 치쿤구니야열 커. 중증열성혈소판감소증후군(SFTS) 터. 지카바이러스감염증 퍼. 매독	너. 다제내성녹농균(MRPA)감염증 더. 다제내성아시네토박터바우마니균(MRAB)감염증 러. 장관감염증 머. 급성호흡기감염증 버. 해외유입기생충감염증 서. 엔테로바이러스감염증 어. 사람유두종바이러스감염증 저. 코로나바이러스감염증-19
감시		전수	전수	전수	표본

$$집단면역(\%) = \frac{저항성(면역) \text{ 있는 사람 수}}{총 \text{ 인구 수}} \times 100$$

[역학모형]
- 생태학적 모형(역학적 삼각모형)
  ① 고든의 지렛대이론이 대표적
  ② 질병은 병원체, 숙주, 환경 세 요인 사이 상호작용에 따라 결정
  ③ 질병 발생 원인이 병원체로 명확하게 발생 시 적용가능한 모형

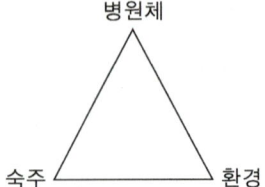

- 수레바퀴 모형
  ① 숙주인 인간과 환경의 상호작용으로 질병 발생
  ② 병원체 요인 배제하고 질병 발생 설명

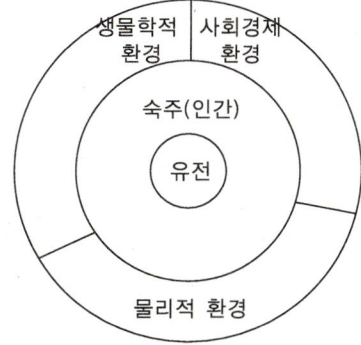

- 거미줄 모형(원인망 모형)
  ① 질병 발생 원인은 사람의 내부, 외부의 여러 가지 환경이 서로 연결되어 발생(한 가지 원인 ×)
  ② 질병의 예방대책 수립 및 비감염성 질환 예방 및 이해에 효과적

16 모성사망률

같은 해 임신, 분만, 산욕기 합병증으로 사망한 부인 수/15~49세 가임기 여성 수 × 100,000

① 비례사망률 = 그 연도의 특정질환에 의한 사망 수/어떤 기간의 총 사망 수 × 100
② 비례사망지수 = 50세 이상의 사망자 수/연간 총 사망자 수 × 100
③ **표준화사망률**: 인구구조(구성비)가 서로 다른 두 인구집단의 사망률 수준을 비교하기 위해 인구구조의 차이가 사망률 수준에 미치는 영향을 제거한 객관화된 측정치를 산출하여 두 집단의 사망률 수준을 비교하는 방법

기출로 실력 올리기

LINK 이론서 102p
난이도 상 중 **하**
중요도 ★★★★★
CHECK ☐☐☐

01 질병의 자연사에 따른 예방단계 중 이차예방 활동은?

2024 지방직

① 지역주민 대상 개인위생 보건교육
② 성장기 학생을 위한 균형 잡힌 급식 제공
③ 선별 검사를 통한 자궁경부암 조기 진단
④ 뇌졸중 회복기 환자에 대한 작업요법

---

01 역학 – 질병의 발생 및 예방 – 질병의 자연사와 예방 ③

조기진단, 조기치료는 이차예방활동에 속한다.

선지체크
① 지역주민 대상 개인위생 보건교육 → 1차 예방
② 성장기 학생을 위한 균형 잡힌 급식 제공 → 1차 예방
④ 뇌졸중 회복기 환자에 대한 작업요법 → 3차 예방

추가학습
질병의 자연사와 예방
1차적 예방: 질병에 의한 세포의 병리적 변화가 오기 전 단계에서 예방하는 것
　ex 보건교육, 생활조건 개선, 예방접종, 환경관리, 안전관리
2차적 예방: 질병의 조기 발견 및 치료의 단계, 정기적인 신체검사, 집단검진을 통해 조기 발견 하는 것
　ex 조기진단, 조기치료, 적절한 치료
3차적 예방: 불능의 문제를 최소화 시키기 위함
　ex 재활, 잔여능력을 최대화하기 위한 시설 제공

출제분석
과거에도 현재도 정말 많이 출제되는 개념 중 하나가 질병의 자연사, 감염병의 자연사예요. 여기에서 우리는 1차 예방(일차 예방)을 강화하기 위하여 노력하고 있어요!

02 질병발생의 역학적 인과관계가 있다고 확정 짓는 조건으로 가장 옳은 것은? 2022 서울시

① 요인에 대한 결과가 다른 집단에서는 다른 경향을 나타낸다.
② 어떤 요인이 특정 질병에만 관련을 보인다.
③ 원인적 요인이 우연히 일어날 수 있는 확률이 높다.
④ 질병요인의 노출을 제거했을 때 질병발생 위험이 증가한다.

---

02 역학지식 및 통계기술 실무적용, 질병관리 – 역학연구방법 – 질병발생의 역학적 인과관계

정답 ②

선지체크
① 요인에 대한 결과가 다른 집단에서는 같은 경향을 나타낸다.
③ 원인적 요인이 필연적으로 일어날 수 있는 확률이 높다.
④ 질병요인의 노출을 제거했을 때 질병발생 위험이 감소한다.

출제분석
이렇게 역학적 인과관계는 O, X식으로 나오는 경우가 많은데 전반적인 내용을 이해하고 있으면 어렵지 않게 풀 수 있죠.

03 역학연구방법에 관한 설명으로 옳은 것은?   2015 서울시

① 기술역학은 질병과 특정 노출요인에 대한 정보를 특정한 시점 또는 짧은 기간 내에 얻는 방법이다.
② 단면조사연구의 주요 변수는 인구학적 특성, 지역적 특성, 시간적 특성이다.
③ 후향적 코호트연구는 연구시작 시점 훨씬 이전으로 거슬러 올라가 요인 노출과 질병 발생 간의 관련성을 추적하는 방법이다.
④ 이중맹검법(double blind method)은 환자-대조군연구에서 정보편견을 최소화하는 방법이다.

---

03 역학지식 및 통계기술 실무적용, 질병관리 – 역학연구방법 ③

선지체크
① 기술역학은 질병과 특정 노출요인에 대한 정보를 특정한 시점 또는 짧은 기간 내에 얻는 방법이다.
   → 단면연구
② 단면조사연구의 주요 변수는 인구학적 특성, 지역적 특성, 시간적 특성이다.
   → 기술역학에 대한 설명이다.
④ 이중맹검법(double blind method)은 환자-대조군연구에서 정보편견을 최소화하는 방법이다.
   → 이중맹검은 피실험자가 실험군에 속해있는지 대조군에 속해있는지 알 수 없게 하는 방식으로 이중은폐법이라고도 한다.

추가학습
1. 분석역학 – 단면조사 연구
   ① 현재 시점을 짚어서 인구 집단 내의 유병률과 인구 특징에 대해 뽑아내는 방법
   ② 가설 검증이지만 환경 조사에 가까운 면도 있어서 분석역학과 기술역학 둘 다에 속하고, 다른 이름으로 시점 조사나 유병률 연구(prevalence study)라고 불리기도 함
   ③ 모집한 인원 중 누군가가 병에 걸릴 때까지 기다린다거나 과거의 기록을 찾아낼 필요가 없어서 아주 빠르고 값싸게 연구를 마칠 수 있는 가장 경제적인 방법
2. 분석역학 – 후향적 코호트 연구
   ① 기존 기록을 통해 코호트를 구분하여 노출군과 비노출군으로 나누어 사건의 흐름이 지난 뒤에 과거에 설정된 코호트에서 질병발생 여부를 확인하는 연구
   ② 특수한 역사적 사건에서만 연구가 가능한 일종의 코호트 연구
      * 코호트: 통계인자를 공유하는 집단   **ex** 동시 출생 집단
      * 이중맹검법은 연구 대상에 대한 정보를 검사자 그리고 대상자 양쪽 모두 비공개로 하고 연구에 임하게 하는 방법 → 편견을 배제하기 위해 필요함

04 다음 설명에 해당하는 역학연구 방법으로 옳은 것은? 2016 서울시

> 대상 질병에 걸리지 않은 표본 집단을 선정하여 질병발생의 원인으로 가정한 요인의 노출 여부 자료를 수집한 후, 일정 기간 계속 관찰하여 질병발생 여부 자료를 수집함.

① 실험연구
② 전향적 코호트 연구
③ 환자 – 대조군 연구
④ 후향적 코호트 연구

---

04 역학지식 및 통계기술 실무적용, 질병관리 – 역학연구방법 – 전향적 연구 — ②

질병에 걸리지 않은 현재 인구를 대상으로 일정기관 계속 관찰이라는 것은 미래를 향해 자료를 수집한 다는 것이므로 전향적 코호트 연구에 해당한다.

추가학습

전향성 연구(추적조사, 코호트 연구)
1. 건강한 사람을 대상으로 한 집단의 병을 일으키는 의심되는 요인에 폭로된 집단과 비폭로 집단을 나누어 일정 기간 동안 비슷한 조건하에서 질병 발생률을 비교하여 원인적 관련성을 연구하는 방법
2. 상대위험도와 귀속위험도를 알 수 있음.
3. 폐암의 원인 발견: 한 집단은 흡연하게 하고 다른 집단은 금연하게 하여 일정한 시간이 지난 후 두 집단의 폐암 발생률 비교

출제분석
역학연구의 방법 – 전향성 연구와 후향성 연구는 반드시 그 개념과 차이를 알아두셔야 해요.

05 다음에 해당하는 역학적 연구방법은?

2021 지방직

- 초등학교에서 식중독 증상을 보이는 학생군과 식중독 증상을 보이지 않는 학생군을 나누어 선정한다.
- 식중독 유발 의심요인을 조사하고, 식중독 유발 의심요인과 식중독 발생과의 관계를 교차비(odds ratio)를 산출하여 파악한다.

① 코호트 연구
② 실험역학 연구
③ 기술역학 연구
④ 환자 – 대조군 연구

---

05 역학지식 및 통계기술 실무적용, 질병관리 – 역학연구방법 – 환자 – 대조군 연구 ④

교차비를 알 수 있으며 질병요인에 폭로여부에 따라 비교 연구하는 연구방법은 환자-대조군 연구이다.

추가 학습

후향성 연구(환자 대조군 연구)
1. 환자를 대상으로 이와 조건이 비슷한 대조군을 선정해 질병요인에의 폭로 유무를 조사하여 각 군의 차이를 비교하는 연구
2. 상대위험도를 알 수 없음.
3. 교차비(odds ratio)를 알 수 있음.

출제분석
분석역학은 전향성연구, 후향성연구, 후향성 코호트 연구가 번갈아 가면서 출제되어요.

06 다음에 해당하는 역학연구방법은?

2015 지방직

> 건강한 지역주민 중 표준체중과 과체중을 가진 사람을 대상으로 일정한 시간이 경과한 후 고혈압 발생과의 관계를 알아보고자 한다.

① 코호트 연구
② 환자 대조군 연구
③ 단면적 연구
④ 기술 역학

---

06 역학지식 및 통계기술 실무적용, 질병관리 – 역학연구방법 – 코호트 연구 ①

(조건이 비슷하다는 전제조건) 표준체중과 대조군인 과체중을 선정해 고혈압 발생과의 관계 규명

추가 학습

전향성 연구(추적조사, 코호트 연구)
1. 건강한 사람을 대상으로 한 집단의 병을 일으키는 의심되는 요인에 폭로된 집단과 비폭로 집단을 나누어 일정 기간 동안 비슷한 조건하에서 질병 발생률을 비교하여 원인적 관련성을 연구하는 방법
2. 상대위험도와 귀속위험도를 알 수 있음.
3. 폐암의 원인 발견: 한 집단은 흡연하게 하고 다른 집단은 금연하게 하여 일정한 시간이 지난 후 두 집단의 폐암 발생률 비교

출제분석
"일정한 시간이 지나고", "시간이 오래 소요" 등이 나오면 코호트 연구!

07 〈보기〉에서 설명하는 역학 연구방법으로 가장 옳은 것은? 2023 서울시

| 보기 |

A지역사회간호사는 2023년 A지역 주민들을 대상으로 대사증후군 발생위험을 파악하기 위한 연구를 설계하였다. B병원에서 2010~2022년까지 2년 단위로 건강검진을 받은 주민 중, 2010년 대사증후군으로 진단받았거나 위험요인이 있는 사람을 제외한 주민들의 건강검진 결과를 통해 2022년까지 대사증후군 발생 여부에 영향을 미치는 요인을 파악하였다.

① 단면조사 연구
② 환자 – 대조군 연구
③ 전향적 코호트 연구
④ 후향적 코호트 연구

---

07 역학지식 및 통계기술 실무적용, 질병관리 – 역학연구방법 – 후향적 코호트 — ④

2023년 대사증후군 위험 파악을 위하여 과거 기록이나 과거에 설정된 코호트를 근거로 연구하므로 후향적 코호트 연구이다.

추가 학습

역사적 전향검사(후향성 코호트 검사)
1. 기존 기록을 통해 코호트를 구분하여 노출군과 비노출군으로 나누어 사건의 흐름이 지난 뒤에 과거에 설정된 코호트에서 질병발생 여부를 확인하는 연구
2. 특수한 역사적 사건에서만 연구가 가능한 일종의 코호트 연구
   * 코호트: 통계인자를 공유하는 집단 ex 동시 출생 집단

08 검사방법의 타당도 지표에 대한 설명으로 가장 옳은 것은? 2022 서울시

① 민감도는 해당 질병이 있는 사람의 검사 결과가 양성으로 나타나는 경우를 말한다.
② 특이도는 해당 질병이 없는 사람의 검사 결과가 양성으로 나타나는 경우를 말한다.
③ 위양성률은 질병 없는 사람의 검사 결과가 음성으로 나타나는 경우를 말한다.
④ 위음성률은 질병 있는 사람의 검사 결과가 양성으로 나타나는 경우를 말한다.

---

08 역학지식 및 통계기술 실무적용, 질병관리 – 역학연구방법 – 검사방법의 타당도

①

선지체크
② 특이도는 해당 질병이 없는 사람의 검사 결과가 음성으로 나타나는 경우를 말한다.
③ 위양성률은 질병 없는 사람의 검사 결과가 양성으로 나타나는 경우를 말한다.
④ 위음성률은 질병 있는 사람의 검사 결과가 음성으로 나타나는 경우를 말한다.

추가 학습
1. 민감도: 확진된 환자를 환자로 바르게 확인해 내는 능력
2. 특이도: 질병을 가지지 않은 사람을 환자가 아니라고 바르게 찾아내는 능력

검사방법의 정확도와 신뢰도

검사결과 \ 이환상태	질병(○)	질병(×)
양성(+)	a (진양성)	b (위양성)
음성(-)	c (위음성)	d (진음성)
계	a+c	b+d

출제분석
민감도와 특이도는 코로나19 이후 각종 진단검사상의 결과에서 결정적인 변수로 작용될 수 있었기 때문에 중요성이 더욱더 늘었으니 꼭 숙지하셔야 해요. 이해와 암기!

09 검사방법의 타당도에 대한 설명으로 가장 옳은 것은?

2016 서울시

① 특이도가 낮으면 양성예측도가 감소한다.
② 민감도가 증가하면 특이도가 함께 증가한다.
③ 진단 기준의 경계값을 올리면 민감도가 증가한다.
④ 유병률이 높은 질환은 특이도가 높은 검사방법을 이용한다.

---

09 역학지식 및 통계기술 실무적용, 질병관리 – 역학연구방법 – 검사방법의 타당도

🔑 ①

선지체크
② 민감도는 양성에 대한 확인, 특이도는 음성에 대한 확인을 하는 것이다.
③ 진단 기준의 경계값을 올리면 민감도가 감소한다.
④ 유병률이 높은 질환은 민감도가 높은 검사방법을 이용한다.

출제분석
계산식이 나오기도 하지만 이렇게 타당도에 대해 제대로 이해하는지 줄글로 묻는 문제도 자주 나오니 전반적으로 이해를 하셔야 해요. 그래서 PCR 검사와 자가진단키트를 비교해서 알고 있으면 참 쉽죠!

10 지역사회간호사가 지역주민 600명을 대상으로 유방암 검진을 실시한 결과 다음과 같은 결과를 얻었다면 민감도와 특이도는?

2015 서울시

유방암 검진		유방암 있음	유방암 없음	계
유방암 검진	양성	96	2	98
	음성	5	497	502
계		101	499	600

① 민감도 = 96/98, 특이도 = 497/502
② 민감도 = 96/101, 특이도 = 497/499
③ 민감도 = 2/98, 특이도 = 5/502
④ 민감도 = 5/101 특이도 = 2/499

> **10** 역학지식 및 통계기술 실무적용, 질병관리 - 역학연구방법 - 검사방법의 타당도 ②
>
> - 민감도 = 검사 양성자 수/총 환자 수 × 100 → (96/101) × 100
> - 특이도 = 검사 음성자 수/총 비환자 수 × 100 → (497/499) × 100
>
> **추가 학습**
> - 민감도: 확진된 환자를 환자로 바르게 확인해 내는 능력 = 검사 양성자 수/총 환자 수 × 100
> - 특이도: 질병을 가지지 않은 사람을 환자가 아니라고 바르게 찾아내는 능력 = 검사 음성자 수/총 비환자 수 × 100

11 위암 조기발견을 위한 위내시경 검사의 특이도에 대한 설명으로 옳은 것은?

2021 지방직

① 위암이 없는 검사자 중 위내시경 검사에서 음성으로 나온 사람의 비율
② 위암이 있는 검사자 중 위내시경 검사에서 양성으로 나온 사람의 비율
③ 위내시경 검사에서 음성인 사람 중 위암이 없는 사람의 비율
④ 위내시경 검사에서 양성인 사람 중 위암이 있는 사람의 비율

> **11** 역학지식 및 통계기술 실무적용, 질병관리 - 역학연구방법 - 검사방법의 타당도 ①
>
> 특이도 = 음성으로 나온 사람의 비율
> 더 정확히 말하면 검사에서 음성이 나온 사람들이 진짜 (질병이 없는) 음성인가의 정확도

12 〈보기〉는 COVID-19의 선별을 위해 신속항원검사의 사용가능성을 판단하기 위한 자료이다. 옳은 것은?

2023 서울시

		실시간 역전사 중합효소연쇄반응법 (real-time RT-PCR)에 의한 COVID-19 확인		계
		양성	음성	
신속항원 검사결과	양성	180	80	260
	음성	20	720	740
계		200	800	1,000

① 민감도 - (180/260) × 100
② 특이도 - (720/790) × 100
③ 양성예측도 - (180/260) × 100
④ 음성예측도 - (720/800) × 100

---

12 민감도, 특이도, 양성예측도, 음성예측도 ③

선지체크
① 민감도 - (180/200) × 100
② 특이도 - (720/800) × 100
④ 음성예측도 - (720/740) × 100

추가 학습
예측도: 검사 시 그 질병이라고 판단한 사람들 중에서 실제로 그 질병을 가진 사람들의 비율로서, 그 검사방법의 예측 능력

양성예측도 = $\frac{\text{확진된 환자 수}}{\text{총 검사 양성자 수}} \times 100$ 음성예측도 = $\frac{\text{확진된 비환자 수}}{\text{총 검사 음성자 수}} \times 100$

13 다음 간 초음파 검사의 간암 진단에 대한 특이도[%]와 민감도[%]는?   2024 지방직

(단위: 명)

간 초음파	간암	
	있다	없다
양성	40	10
음성	10	190

	특이도	민감도		특이도	민감도
①	40	95	②	80	95
③	95	40	④	95	80

---

13 역학 – 실험역학 – 타당도 – 민감도, 특이도 　④

특이도 = 190/200 × 100 = 95
민감도 = 40/50 × 100 = 80

추가 학습

타당도

1. 민감도: 확진된 환자를 환자로 바르게 확인해 내는 능력

$$민감도 = \frac{검사\ 양성자\ 수}{총\ 환자\ 수} \times 100$$

2. 특이도: 질병을 가지지 않은 사람을 환자가 아니라고 바르게 찾아내는 능력

$$특이도 = \frac{검사\ 음성자\ 수}{총\ 비환자\ 수} \times 100$$

---

14 고혈압관리프로그램을 평가할 경우 평가도구의 신뢰도를 확보하기 위한 질문은?   2021 지방직

① 혈압계를 동일인에게 반복 사용할 때 일정한 값을 갖는가
② 설문항목이 응답하기에 수월한가
③ 혈압계 구입비용이 경제적인가
④ 설문지는 고혈압관리 목표를 제대로 측정하고 있는가

---

14 역학지식 및 통계기술 실무적용, 질병관리 – 역학연구방법 – 신뢰도 　①

① 혈압계를 동일인에게 반복 사용할 때 일정한 값을 갖는가
→ 신뢰도의 필수. 같은 조건하에 일정한 값을 갖는 것인지 확인

15 흡연과 뇌졸중 발생의 관계를 알아보기 위해 환자-대조군 연구를 실시하여 〈보기〉와 같은 결과를 얻었다. 흡연과 뇌졸중 발생 간의 교차비(odds ratio)는? 2020 서울시

| 보기 |

(단위: 명)

		뇌졸중		계
		유	무	
흡연	유	30	70	100
	무	10	90	100
계		40	160	200

① (30 × 70)/(10 × 90)
② (30 × 10)/(70 × 90)
③ (30 × 100)/(10 × 100)
④ (30 × 90)/(70 × 10)

15 역학지식 및 통계기술 실무적용, 질병관리 - 역학연구방법 - 교차비(대응위험도 OR = Odds Ratio)

분자(환자군에서의 특정 요인에 노출된 사람과 노출되지 않은 사람의 비 = 30 × 90)
/분모(대조군에서의 특정 요인에 노출된 사람과 노출되지 않은 사람의 비 = 70 × 10)

추가학습

교차비(대응위험도 OR = Odds Ratio)
1. 특정 질병이 있는 집단에서 위험요인에 노출된 사람과 그렇지 않은 사람의 비, 특정 질병이 없는 집단에서의 위험요인에 노출된 사람과 그렇지 않은 사람 비를 구하고 이 두 비 간의 비를 구한 것.
2. 평균 발생률이나 누적 발생률을 계산할 수 없는 환자-대조군 연구에서 요인과 질병과의 관계를 알아보고자 할 때 사용

교차비 = 환자군에서의 특정 요인에 노출된 사람과 노출되지 않은 사람의 비(분자)
／대조군에서의 특정 요인에 노출된 사람과 노출되지 않은 사람의 비(분모)

출제분석
교차비는 다빈도 출제이므로 추가학습의 개념을 충분히 이해해주시고 암기해 주세요!

16 흡연에 의한 폐암 환자의 상대위험비(비교위험도, RRR: Relative risk ratio)로 옳은 것은?

2014 서울시

	폐암 있음	폐암 없음	총합
흡연함	100	50	150
흡연하지 않음	50	100	150
총합	150	150	300

① 1
② 2
③ 3
④ 4
⑤ 5

---

16 역학지식 및 통계기술 실무적용, 질병관리 - 역학연구방법 - 상대위험비 　②

상대위험비 = 위험요인에 노출된 군에서의 질병 발생률/비노출군에서의 질병 발생률
→ 100/50 = 2

추가 학습

상대위험비
1. 특정 위험요인에 노출된 사람들의 발생률과 노출되지 않은 사람들 발생률을 비교
2. 상대위험비가 1에 가까울수록 의심되는 위험요인과 질병과의 연관성은 떨어짐
3. 코호트 연구에 적용

상대위험비 = 위험요인에 노출된 군에서의 질병 발생률/비노출군에서의 질병 발생률

17 다음 환자-대조군 연구 결과에 대한 교차비는?

2023 지방직

(단위: 명)

오염원으로 의심되는 음식 섭취 여부	식중독 발생	
	예	아니오
예	240	360
아니오	40	460

① $\dfrac{360 \times 40}{240 \times 460}$

② $\dfrac{240 \times 460}{360 \times 40}$

③ $\dfrac{240(40+460)}{40(240+360)}$

④ $\dfrac{40(240+360)}{240(40+460)}$

---

17 역학지식 및 통계기술 실무적용, 질병관리 – 역학연구방법 – 교차비(대응위험도 OR = Odds Ratio) ②

오염원으로 의심되는 음식 섭취 여부	식중독 발생	
	예	아니오
예	240 a	360 b
아니오	40 c	460 d

ad/bc이므로
240 a × 460 d / 360 b × 40 c

추가학습

교차비(대응위험도)
1. 특정 질병이 있는 집단에서 위험요인에 노출된 사람과 그렇지 않은 사람의 비, 특정 질병이 없는 집단에서의 위험요인에 노출된 사람과 그렇지 않은 사람의 비를 구하고, 이들 두 비 간의 비를 구한 것
2. 환자-대조군 연구에서 요인과 질병과의 관계를 알아보고자 할 때 사용

출제분석
민감도, 특이도가 나오거나 교차비를 구하는 계산식이 나올 수 있으므로 공식을 쉽게 외우는 방법도 있어요. 교차된 값을 구하는 것=교차비 이렇게 외우면 식이 더 잘 기억에 나죠!

18 다음 지표 중 분모가 '당해연도 연간 출생아수'가 아닌 것은?

2023 지방직

① 영아사망률
② 저체중아 출생률
③ 모성사망비
④ 모성사망률

---

18 역학지식 및 통계기술 실무적용, 질병관리 - 사망지표 ④

모성사망률의 분모는 '당해연도 가임기 여성수'이다.

추가 학습

사망지표

영아사망률	지역사회 건강수준, 보건지표를 평가하는 대표적인 지표 = 특정 연도 1세 미만 사망자 수/특정 연도 출생아 수 × 1,000
신생아사망률	생후 28일 미만 사망률 = 생후 28일 내 신생아 사망 수/1년간 출생아 수 × 1,000
초생아사망률	생후 7일 이내 사망률 = 생후 7일 이내 신생아 사망 수/1년간 출생아 수 × 1,000
후기신생아 사망률	생후 29일~1년 내 사망률 = 생후 29일 이후~1년 이내 사망아 수/1년간 출생아 수 × 1,000
유아사망률	1~4세 아이의 사망률 = 1~4세 사망률/연앙인구 1~4세 인구 × 1,000
주산기사망률	임신 28주~생후 7일 이내 신생아 사망률 = 임신 28주~생후 7일 이내 신생아 사망 수/연간 출생 수 × 1,000
모성사망률	15~49세 가임기 여성 수에 대한 모성 사망 수 비 = 동일 연도 임신, 분만, 산욕으로 인한 모성 사망 수/해당 연도 가임기 여성 수 × 100,000
모성사망비	정상 임신 수에 대한 모성 사망수의 비(임신 중, 사망한 엄마의 비) = 동일 연도 임신, 분만, 산욕으로 인한 모성사망 수/연간 총 출생아 수 × 100,000
비례사망지수	전체 사망자 수 중 50세 이상 사망자 분율 = 같은 연도 50세 이상 사망자 수/특정 연도 사망자 수 × 100

출제분석

모성사망비와 모성사망률에 대한 차이점을 명확하게 알고 있어야 해요!
분모에 중점을 두고 외우시면 더 빠르죠!

19 다음 ㉠, ㉡에 들어갈 용어로 옳게 짝지은 것은?　　　2020 지방직

> (㉠) - 감염병 일차 환자(primary case)에 노출된 감수성자 중 해당 질병의 잠복기 동안에 발병한 사람의 비율
> (㉡) - 병원체가 현성 감염을 일으키는 능력으로, 감염된 사람 중 현성 감염자의 비율

	㉠	㉡
①	평균 발생률	병원력
②	평균 발생률	감염력
③	이차 발병률	병원력
④	이차 발병률	감염력

19 역학지식 및 통계기술 실무적용, 질병관리 - 역학　

추가학습
1. 병원력: 병원체가 현성 감염을 일으키는 능력으로, 감염된 사람 중 현성 감염자의 비율
2. 이차 발병률: 감염병 일차 환자(primary case)에 노출된 감수성자 중 해당 질병의 잠복기 동안에 발병한 사람의 비율

20 감염성 질환에 대한 설명으로 가장 옳은 것은?　　　　　　　　　　　　2023 서울시

① 발병력(pathogenicity)은 병원체가 숙주에 침입하여 숙주에 질병 혹은 면역 등의 반응을 일으키는 것을 말하며 병원력이라고도 한다.
② 어떤 질병의 기초감염재생산수(basic reproduction number, R0)가 12~18이라면, 이는 1명이 12~18명을 감염시킨다는 의미이다.
③ 수동면역은 이미 면역을 보유하고 있는 개인의 항체를 다른 개인에게 주는 방법으로서 수두와 같은 질환은 대부분 수동면역이 이루어진다.
④ 독력(virulence)은 병원체가 숙주에게 일으키는 질병의 위중 정도를 말하며 풍진 등의 병원체는 독력이 높다.

20 역학지식 및 통계기술 실무적용, 질병관리 – 감염성 질환　　　　　🔍 ②

선지체크
① 발병력은 병원체가 숙주에 침입하여 숙주에 임상적으로 질병을 일으키는 능력을 말하며 병원력이라고도 한다.
③ 인공수동면역은 이미 면역을 보유하고 있는 개인의 항체를 다른 개인에게 주거나 항독소를 접종하는 방법으로서 디프테리아의 경우 항독소 접종을 실시하기도 한다. 반면 수두의 경우는 대부분 인공능동면역이 이루어진다.
④ 독력은 병원체가 숙주에게 일으키는 질병의 위중 정도를 말하며 풍진 등의 병원체는 독력이 낮은 편이다.

출제분석
기초감염재생산수가 클수록 전파력이 커요! 그래서 기준이 1명이 12~18명 감염 시킨다는 것을 기준으로 암기해야 해요.

21 Leavell과 Clark가 제시한 질병의 자연사 단계별 예방적 조치로 옳은 것은? 2023 지방직

① 비병원성기 - 사례발견
② 불현성 감염기 - 집단검진
③ 발현성 감염기 - 환경위생
④ 회복기 - 개인위생

---

21 역학지식 및 통계기술 실무적용, 질병관리 - 감염병의 자연사(질병의 자연사)

🔑 ②

병원체의 자극에 의해 숙주의 반응이 시작되는 시기이므로 조기진단이 중요하다.

선지체크
① 비병원성기 - 보건교육, 예방접종 등
③ 발현성 감염기 - 조기진단, 조기치료 등
④ 회복기 - 재활 등

추가 학습
감염병의 자연사(질병의 자연사)

자연사의 단계		특징	예방수준	예방대책
1단계	비병원기	건강이 유지되고 있는 상태	1차 예방	• 건강증진: 생활조건 개선, 보건교육 • 건강보호: 예방접종, 환경관리, 안전관리
2단계	초기 병원성기	숙주에 대한 병원체의 자극이 시작되는 질병 전기		
3단계	불현성 감염기	병원체의 자극에 의해 숙주의 반응이 시작되는 병리적 변화기	2차 예방	• 조기진단·조기치료: 사례발견, 개인 및 집단 검진 • 장애감소: 적절한 치료, 장애 및 사망률 감소를 위한 시설제공
4단계	발현성 질환기	임상증상이 나타나는 시기로 해부학적 또는 기능적 변화가 있음		
5단계	회복기	병이 회복되거나 만성화되어 사회에 복귀하거나 사망하여 질병이 종료되는 시기	3차 예방	• 재활: 재활 및 잔여 능력을 최대화하기 위한 시설 제공, 근무지 선별

22 치명률이 높거나 집단 발생의 우려가 커서 발생 또는 유행 즉시 신고하여야 하고, 음압격리와 같은 높은 수준의 격리가 필요한 감염병에 해당하지 않는 것은?

2022 서울시

① 두창
② 탄저
③ 유행성이하선염
④ 중증급성호흡기증후군(SARS)

---

22 역학지식 및 통계기술 실무적용, 질병관리 – 감염병 관리사업 – 법정감염병 — 🔑 ③

유행 즉시 신고, 음압격리는 1급감염병이다.

선지체크
③ 유행성이하선염 → 2급 감염병

추가학습
"제1급감염병"
가. 에볼라바이러스병
나. 마버그열
다. 라싸열
라. 크리미안콩고출혈열
마. 남아메리카출혈열
바. 리프트밸리열
사. 두창
아. 페스트
자. 탄저
차. 보툴리눔독소증
카. 야토병
타. 신종감염병증후군
파. 중증급성호흡기증후군(SARS)
하. 중동호흡기증후군(MERS)
거. 동물인플루엔자인체 감염증
너. 신종인플루엔자
더. 디프테리아

출제분석
감염병 종류에 대해서 묻는 문제는 주로 제1급과 제2급의 종류를 섞어놓거나, 1급 감염병 또는 2급 감염병을 어느 시기에 신고하고 어떻게 격리해야 하는지, 같은 종류 감염병끼리 짝지어진 것을 고르는 것이 다빈도 출제예요. 전체적으로 1급~4급 알아두시고 종류와 신고시기, 격리에 대해서 알아두세요!

23 모기가 매개하는 감염병이 아닌 것은?

2019 지방직

① 황열
② 발진열
③ 뎅기열
④ 일본뇌염

> **23** 역학지식 및 통계기술 실무적용, 질병관리 – 감염병 관리사업 – 감염병의 종류 ②
>
> **선지체크**
> ② 발진열의 매개는 쥐벼룩이다.
>
> **추가 학습**
> 모기 매개 감염병 = 황열, 뎅기열, 일본뇌염, 말라리아, 치쿤구니아열, 웨스트나일열, 지카바이러스

24 관할지역에서 탄저로 죽은 소가 발견되었다는 신고를 받은 읍장이 취해야 할 행동으로 가장 옳은 것은?

2019 서울시

① 즉시 보건소장에게 신고
② 즉시 시장·군수·구청장에게 신고
③ 즉시 보건소장에게 통보
④ 즉시 질병관리본부장에게 통보

> **24** 역학지식 및 통계기술 실무적용, 질병관리 – 감염병 관리사업 – 법정감염병 ④
>
> 탄저 = 제1급 감염병, 즉시 신고 – 높은 수준 격리(음압격리)
> 질병관리청에서 알아야 한다.
> 2019년에는 명칭이 질병관리본부였으니 이 점 참고해주세요.

25 고혈압에 대한 2차 예방 활동으로 가장 옳은 것은? 2020 서울시

① 금연
② 체중조절
③ 직장 복귀
④ 고혈압 검진

---

25 역학지식 및 통계기술 실무적용, 질병관리 – 만성질환관리 – 고혈압 예방 — ④

보건교육을 하는 것이 대표적이고 2차 예방은 조기검진을 하여 조기치료하는 것까지가 목표이다.

선지체크
① 금연 → 1차 예방
② 체중조절 → 1차 예방
③ 직장 복귀 → 3차 예방
④ 고혈압 검진 → 2차 예방

출제분석
1차 예방 – 2차 예방 – 3차 예방은 여기저기에서 나올 수 있는 다빈도 출제 개념이니 잘 알아두세요!

26 다음 중 대사증후군 진단시 사용하는 요소 및 기준으로 옳지 않은 것은? 2016 서울시

① 혈압 130/85mmHg 이상
② 중성지방 150mg/dL 이상
③ 공복 시 혈당 100mg/dL 이상
④ 체질량 지수 25kg/m² 이상

> **26** 역학지식 및 통계기술 실무적용, 질병관리 – 만성질환관리 – 대사증후군 진단 기준　④
>
> 체질량 지수는 대사증후군 진단 기준에 포함되지 않는다.
>
> **추가학습**
>
> | 항목 | 수치 | 건강 위험요인 |
> |---|---|---|
> | 허리둘레 | 남자 90cm 이상
여자 85cm 이상 | 복부 비만 |
> | 혈압 | 130/85mmHg 이상 | 높은 혈압 |
> | 중성지방 | 150mg/dl 이상 | 고중성지방혈증 |
> | 고밀도 콜레스테롤
(좋은 콜레스테롤) | 남자 40mg/dl 미만
여자 50mg/dl 미만 | 이상지질혈증 |
> | 공복시 혈당 | 100mg/dl 이상 | 높은 혈당 |
>
> **출제분석**
> 만성퇴행성질환 진단기준 = 대사증후군 진단기준. 위와 같이 구분하시면 되어요.

27 보건복지부는 2015년 국민의 건강한 삶을 보장하기 위한 의료비 부담경감 방안으로 4대 중증질환 환자부담 감소를 위한 급여항목을 추가하였다. 해당 질환이 아닌 것은? 2015 서울시

① 암
② 치매
③ 심장질환
④ 뇌혈관질환

> **27** 역학지식 및 통계기술 실무적용, 질병관리 – 만성질환관리 – 4대 중증질환　②
>
> **추가학습**
> 4대 중증질환
> 암, 심장병, 뇌질환, 희귀난치성질환

28 모자보건지표 중 한 명의 여성이 가임기간(15~49세) 동안 낳을 것으로 예상되는 평균 출생아 수에 해당하는 것은?

2022 서울시

① 총재생산율
② 순재생산율
③ 합계출산율
④ 일반출산율

> **28 역학지식 및 통계기술 실무적용, 질병관리 – 보건통계 – 출산통계** ③
>
> 한 명의 여성이 가임기간(15~49세) 동안 낳을 것으로 예상되는 평균 출생아 수 = 합계출산율
>
> **추가 학습**
> 1. 총재생산율 = 합계출산율 × (여아 출생 수/총 출생 수)
> 2. 순재생산율(한 사람의 여자가 성인이 될 때까지 죽지 않고 자기 대신에 다음 세대의 여아를 몇 사람 낳는가를 나타내는 수치: 순재생산율이 1보다 작을 경우에는 축소재생산으로 인구는 감소된다) = 합계출산율 × 여아 출생 수/총 출생 수 × 가임연령 시 생존율/영아 출생 수
> 3. 합계출산율 = 연령별 특수 출산율을 합쳐서 산출하는 것으로 한 명의 여자가 일생 동안 총 몇 명의 아이를 출산하는가를 나타내는 지수
> 4. 일반출산율 = 같은 기간 내 총 출생 수/가임연령(15~44세 또는 49세) 여성인구 × 1,000
>
> **출제분석**
> 이렇게 용어정의는 명확하게 하고 있는지 묻는 문제는 모자보건지표에서는 항상 잘 나오니 위와 같이 출산지표 그리고 사망지표를 정확히 이해하고 외우도록 하세요.

29 〈보기〉의 (　) 안에 들어갈 말은?

2019 서울시

| 보기 |

모성사망 측정을 위해 개발된 지표 중 가장 많이 사용되는 지표인 모성사망비는 해당 연도 (　　　) 10만 명당 해당 연도 임신, 분만, 산욕으로 인한 모성사망의 수로 산출한다.

① 여성
② 출생아
③ 사망 여성
④ 가임기 여성

> **29 역학지식 및 통계기술 실무적용, 질병관리 – 보건통계 – 사망통계** ②
>
> 모성사망비는 정상 임신 수에 대한 모성 사망수의 비(임신 중, 사망한 엄마의 비)를 말한다.
>
> **출제분석**
> "모성사망비는 해당연도 출생아수 10만 명당 해당 연도 모성사망자수에 대한 비"
> "모성사망률을 가임기 여성 수에 대한 모성사망자 수"

30 임신 22주인 산모 A씨는 톡소플라즈마증으로 진단받았다. A씨가 취할 수 있는 행위로 가장 옳은 것은?

2019 서울시

① 법적으로 인공임신중절수술 허용기간이 지나 임신을 유지하여야 한다.
② 인공임신중절수술 허용기간은 지났지만 톡소플라즈마증은 태아에 미치는 위험이 높기 때문에 본인과 배우자 동의하에 인공임신중절수술을 할 수 있다.
③ 인공임신중절수술을 할 수 있는 기간이지만 톡소플라즈마증은 태아에 미치는 위험이 낮기 때문에 임신을 유지하여야 한다.
④ 인공임신중절수술을 할 수 있는 기간이고 톡소플라즈마증은 태아에 미치는 위험이 높기 때문에 본인과 배우자 동의하에 인공임신중절수술을 할 수 있다.

---

30 모자보건법 - 인공임신중절   ④

톡소플라즈마증
원충의 일종인 톡소포자충(Toxoplasma gondii)의 감염에 의해 일어나며, 여성이 임신 중에 감염될 경우 유산과 불임을 포함하여 태아에 이상을 유발할 수 있는 인수공통전염병이므로 합법적 인공임신중절수술로 허용된다.

「모자보건법」 제14조(인공임신중절수술의 허용한계)
1. 본인과 배우자(사실상 혼인관계에 있는 사람 포함)의 동의를 받아 인공임신중절수술 가능
   ① 본인이나 배우자가 대통령령으로 정하는 우생학적 또는 유전학적 정신장애나 신체질환이 있는 경우
   ② 본인이나 배우자가 대통령령으로 정하는 전염성 질환이 있는 경우
   ③ 강간 또는 준강간에 의하여 임신된 경우
   ④ 법률상 혼인할 수 없는 혈족 또는 인척 간에 임신된 경우
   ⑤ 임신의 지속이 보건 의학적 이유로 모체의 건강을 심각하게 해치고 있거나 해칠 우려가 있는 경우
2. 배우자의 사망, 실종, 행방불명 그 밖에 부득이한 사유로 동의를 받을 수 없으면 본인의 동의만으로도 그 수술 가능
3. 본인이나 배우자가 심신장애로 의사표시를 할 수 없을 때에는 그 친권자나 후견인의 동의로, 친권자나 후견인이 없을 때에는 부양의무자의 동의로 각각 그 동의를 결정

「모자보건법 시행령」 제15조(인공임신중절수술의 허용한계)
1. 인공임신중절수술은 임신 24주일 이내인 사람만 가능
2. 인공임신중절수술을 할 수 있는 우생학적 또는 유전학적 정신장애나 신체질환은 연골무형성증, 낭포성섬유증 및 그 밖에 유전성 질환으로서 그 질환이 태아에 미치는 위험성이 높은 질환으로 함
3. 인공임신중절수술을 할 수 있는 전염성 질환은 풍진, 톡소플라즈마증 및 그 밖에 의학적으로 태아에 미치는 위험성이 높은 전염성 질환으로 함

Part 4

보건사업 기획 및 자원활용

출제경향

보건사업 기획 및 자원활용은 최근 3개년 시험 출제를 분석해 보았을 때 대략 5%가 출제되었습니다.

빈출 키워드

- 보건사업기획의 과정
- SWOT분석
- 적극적 주민참여
- 사례관리

기분최고 핵심 잡기

기출문제 분석으로 최고의 고지에 도달하다!

01 보건기획의 필요성

- 보건기획을 통해 가용한 자원을 최소 비용으로 최대 효과를 얻도록 우선순위를 정하고 능률적으로 사용함으로써 예산 절약 및 업무개선을 가능하게 함
- 보건기획은 미래를 예측하여 필요한 활동을 결정하고, 환경요건의 변화에 따라 계획된 활동을 변경할 수 있는 신축성을 부여해 줌
- 보건기획은 내외적 환경변화에 대한 위험을 최대한 감소시키며 적절히 대처할 수 있도록 함

02 보건사업 기획의 과정

- 기획팀 조직
- 지역사회 현황분석
- 우선순위 결정
- 목적 및 목표 설정
- 전략과 세부계획 수립
- 수행
- 평가

① 평가시기에 따라서

현황평가 (진단평가)	기획과정에서 사업 시작 전, 지역사회 건강문제를 분석, 사업의 시행 가능성 검토
과정평가 (형성평가)	• 사업의 중간에 사업의 수행상태를 파악, 잘못된 부분이 있다면 개선방안 검토 • 사업의 실행과정 중에 이루어짐
결과평가 (최종평가)	사업 수행 후 결과 평가. 사업의 개선사항과 지속 여부 결정

② 체계모형에 따라서

투입평가	• 사업인력의 양적 충분성 • 사업정보의 적절성 • 사업수행에 필요한 전문성 확보 • 시설 및 장비의 적절성
과정평가	• 제공된 서비스의 질에 대한 평가로 목표 대비 사업의 진행 정도 • 사업자원의 적절성과 사업의 효율성이 포함
결과평가	• 사업이 종료된 시점에서 목표달성 정도 • 사업효과를 평가하는 것

③ 평가주체에 따라서

내부- 외부평가	• 내부: 여러 가지 상황에 대해 잘 아는 상태에서 평가 가능 • 외부: 주관을 배제한 객관적인 평가 가능, 모든 과적적 상황 반영 불가능
질적- 양적평가	• 질적: 사업에 대한 신뢰성과 객관성 확보가 높음 • 양적: 수량화된 자료를 통계적으로 사용하는 평가

03 SWOT 분석

- SWOT 개념
  ① 시장에서 마케팅 기회, 즉 수요를 찾기 위해 조직의 외부, 내부 환경을 분석하고 예측하는 것
  ② 지역사회 간호사정에서의 SWOT 분석은 조직 외부에 있는 기회(Opportunity)와 위협(Threats)을 살펴보기 위해 환경을 중심으로 예측되는 변화를 분석하는 동시에, 강점(Strengths)과 약점(Weaknesses) 파악

- SWOT 분석
  ① 강점(Strengths): 보건의료인력의 전문성 확보, 전산망 활용 용이, 국가 지원 확대
  ② 약점(Weakness): 지방자치단체 예산부족, 보건의료인력 부족, 시설 미비, 보건프로그램 미비
  ③ 기회(Opportunities): 보건의료에 대한 관심, 요구도가 높음. 스스로 건강관리, 지방자치단체의 보건의료에 대한 관심이 높음
  ④ 위협(Threats): 보건의료에 대한 주민신뢰 저하, 보건관련 지원이 낮고 협력체계가 미흡

- SWOT 전략
  ① SO전략: 강점-기회 전략 (공격적 전략)
  ② ST전략: 강점-위협 전략 (다각화 전략)
  ③ WO전략: 약점-기회 전략 (국면전환 전략)
  ④ WT전략: 약점-위협 전략 (방어적 전략)

04 주민참여

- 주민참여의 장점
  ① 지역사회보건사업에 주민이 적극적으로 참여할 수 있어 사업수행의 성공가능성이 높아짐

② 보건사업관련 행정공무원, 지역사회간호사 등에게 그 지역에서 필요한 수요를 직접 전달할 수 있음
③ 지역사회의 공동운명체를 강화시켜 다른 개발활동에 참여 의욕을 높이게 됨
④ 주민참여를 통해 정부정책이나 관련기관의 사업내용을 직접 전달할 수 있어 사업진행의 이해도를 높일 수 있음
⑤ 사업과정 중 예기치 못한 변화가 생길 때 주민의 이해를 얻을 수 있음

• 주민참여의 단점
① 사업의 전문성과 능률성 저하 가능성: 일방적인 관리자의 의사결정과 전달에 비해 주민참여 시 의사결정의 과정이 복잡해 능률이 떨어질 수 있으며, 전문성도 저하될 수 있음
② 시간과 비용의 소모: 지역이 당면하고 있는 문제발굴에서부터 이에 대한 해결방법을 도출하기까지 주민참여 과정은 상당한 시간투자와 비용 소모가 있을 수 있음
③ 지엽적 견해의 조장: 편협한 사고를 가진 지도자가 자신의 주장만 내세워 회의를 이끌어가는 경우 회의가 한쪽으로 쏠릴 수 있음. 회의를 공정하게 주관하는 리더가 있어야 함
④ 책임회피 또는 책임소재 불분명: 지역사회간호사는 당면한 문제의 선택과 이를 해결하는 수단이나 방법의 선택, 문제해결 과정에 있어서 잘못되었거나 다른 방향으로 흐를 때의 책임소재를 명확하게 해야 하는데, 많은 주민들이 참여할 경우에는 책임회피 또는 책임소재의 불분명이 문제될 수 있음
⑤ 주민의 참여회피 경향: 지역주민이 사업에 대한 무관심으로 참여를 회피할 가능성이 있음
⑥ 사용전략의 문제: 지역주민이 너무 극적이거나 호전적 또는 급진적 방법이나 수단을 택하는 경향이 있음

05 사례관리의 과정

[1단계] 대상자 선정 및 등록	대상자 선정, 전화 안내, 방문일정 약속, 방문건강관리 대상자로 등록(동의)
[2단계] 요구사정	안내문 발송 후 전화 또는 방문, 문제, 욕구 탐색
[3단계] 목표설정 및 관리계획 수립	• 목표의 우선순위 설정 후 서비스 계획, 자원 배치 • 확인된 문제 해결을 위한 구체적 개입 계획과 평가계획 수립
[4단계] 개입 및 실행	• 전문인력 판단과 팀 구성에 따라 건강관리서비스 내용 조정 • 우선순위에 따라 실제 대상자에게 필요한 다양한 자원 연계 및 활용
[5단계] 점검 및 재사정	• 사례관리자가 대상자와 함께 수립한 목표 달성여부 파악하는 단계 • 중재의 적절성을 지속적으로 파악하고 필요시 재사정, 3단계인 목표설정과 계획 수립의 단계로 되돌아가 중재계획 수정
[6단계] 평가 및 종결	

기출로 실력 올리기

LINK 이론서 140-142p
난이도 상 중 하
중요도 ★★★★☆
CHECK ☐☐☐

01 보건사업 기획에 대한 설명으로 가장 옳은 것은? 2023 서울시

① 미션(mission)은 보건사업이 궁극적으로 달성하고자 하는 것에 대한 일반적 기술로서 건강한 지역사회에 대한 조직의 비전을 기초로 한다.
② 결과평가는 사업에 투입되는 자원의 적절성을 평가하는 것이다.
③ 단기목표는 대개 2~3개월 이내에 달성할 수 있는 목표로 행동의 변화 등을 측정한다.
④ 보건사업 평가의 지표 중 지역 사망률은 통제가능성이 낮은 지표이다.

---

01 보건사업 기획 및 자원활용 – 보건사업 기획 ④

지역 사망률은 통제 및 관리의 소관이 너무 방대하여 통제가능성이 낮은 지표라고 할 수 있다.

선지체크
① 미션(mission)은 보건사업이 궁극적으로 달성하고자 하는 것에 대한 일반적 기술로서 건강한 지역사회에 대한 조직의 비전을 기초로 한다.
→ 비전은 보건사업이 궁극적으로 달성하고자 하는 것에 대한 일반적 기술로서 미래의 방향을 결정하는 전략적 기획의 일환으로 이루어져야 한다.
② 결과평가는 사업에 투입되는 자원의 적절성을 평가하는 것이다. → 투입평가
③ 단기목표는 대개 2~3개월 이내에 달성할 수 있는 목표로 행동의 변화 등을 측정한다.
→ 행동변화가 아닌, 행태변화를 위한 지식수준의 변화와 정책수립을 위한 정책에 대한 동의 또는 지지수준의 변화 등을 측정한다.

출제분석
보건사업 기획에 대하여 전반적으로 알고 있는지 한 문제에서 묻는 문제, 이러한 형태의 문제가 계속 출제되는 것은 한 챕터에서 낼 수 있는 문제는 한정되어 있고 전반적인 내용을 아는지 점검하기 위해 낼 수 있는 좋은 문제에요!

02 SWOT 분석에서 다음 내용에 해당하는 것은?　　　2024 지방직

〈보건소 간호사가 파악한 지역사회 현황〉
- 대기오염, 기후 변화에 따른 건강문제 발생 증가
- 신종 감염병 대유행에 따른 국내 불안감 증대

① 강점　　　　　　　　　　② 약점
③ 기회　　　　　　　　　　④ 위협

---

02 보건사업 기획 및 자원활용 – 자원활용 방법과 기술 – SWOT 분석

대기오염, 기후변화가 건강문제로 이어짐. 신종감염병 대유행은 전형적인 외부의 위협요소를 말하며 SWOT분석 중 T를 뜻한다. Threats(위협)

추가학습
SWOT 분석
1. S: 강점의 예시
   ① 이미지가 좋음
   ② 다양한 교육을 통한 전문지식 습득
   ③ 장비확충 예정
2. W: 약점의 예시
   ① 직원 수 감소와 비정규직 증가
   ② 직원교육 필요
   ③ 낮은 수준의 예산
3. O: 기회의 예시
   ① 실업률이 상대적으로 낮음
   ② 모바일 활용 사업의 확대
   ③ 장애인사업 실시 확대
4. T: 위협의 예시
   ① 노인인구 부양비의 상승률이 높음
   ② 지구 온난화에 따른 건강문제 증가
   ③ 신종감염병 대유행

출제분석
요즘 보이지 않는 무한경쟁과 더불어 여러 가지 다양한 마케팅 속에서 수요를 찾기 위해 조직의 외부, 내부 환경을 분석하고 예측하는 SWOT분석이 아주 중요하게 자리잡고 있어요.

03 〈보기〉는 보건소에서 실시하는 방문건강관리사업의 일부이다. 이에 해당하는 사례관리의 단계로 가장 옳은 것은?

2020 서울시

| 보기 |

- 전문 인력의 판단과 팀 구성에 따라 건강관리서비스 내용 조정
- 서신발송, 전화, 방문, 내소, 자원연계 실시

① 요구사정
② 목표설정 및 계획수립
③ 대상자 선정 및 등록
④ 개입 및 실행

---

03 지역사회간호사업 – 방문건강관리사업 – 사례관리 ④

전문 인력의 판단과 팀 구성에 따라 건강관리서비스 내용 조정
- 서신발송, 전화, 방문, 내소, 자원연계 실시
→ 실제 수행단계로 "개입 및 실행"

추가학습
사례관리 단계
1. 대상자 발견 및 등록
2. 대상자 요구도 사정 – 면접 등 통하여
3. 목표설정 및 계획 수립
4. 개입 및 실행

04 SWOT 분석의 전략을 옳게 짝지은 것은? 2020 서울시

① SO 전략 - 다각화 전략
② WO 전략 - 공격적 전략
③ ST 전략 - 국면전환 전략
④ WT 전략 - 방어적 전략

---

04 보건사업 기획 및 자원활용 - 보건사업 기획 - SWOT분석

선지체크
① SO 공격적 전략
② WO 국면전환 전략
③ ST 다각화 전략

추가학습
SWOT 전략
1. SO전략: 강점-기회 전략(공격적 전략)
2. ST전략: 강점-위협 전략(다각화 전략)
3. WO전략: 약점-기회 전략(국면전환 전략)
4. WT전략: 약점-위협 전략(방어적 전략)

출제분석
SWOT 전략도 다빈도 출제 최우선 개념이라서 반드시 모두 다 외워주세요.

05 다음에 해당하는 SWOT 전략은?

2016 서울시

> 공격적 전략을 의미: 사업구조, 영역 및 시장의 확대

① SO 전략(strength-opportunity strategy)
② ST 전략(strength-threat strategy)
③ WO 전략(weakness-opportunity strategy)
④ WT 전략(weakness-threat strategy)

---

05 보건사업 기획 및 자원활용 – 보건사업 기획 – SWOT분석 🔑 ①

추가 학습
SWOT 전략
1. SO 전략: 강점–기회 전략(공격적 전략)
2. ST 전략: 강점–위협 전략(다각화 전략)
3. WO 전략: 약점–기회 전략(국면전환 전략)
4. WT 전략: 약점–위협 전략(방어적 전략)

출제분석
SWOT 전략은 위의 개념 안에서 다양하게 나올 수 있어요.

06 다음 글에서 설명하는 SWOT 분석의 요소는?   2019 지방직

> 보건소에서 SWOT 분석을 실시한 결과 해외여행 증가로 인한 신종감염병 유입과 기후 온난화에 따른 건강문제 증가가 도출되었다.

① S(Strength)
② W(Weakness)
③ O(Opportunity)
④ T(Threat)

---

06 보건사업 기획 및 자원활용 - 보건사업 기획 - SWOT분석   ④

선지체크
위협적 상황이므로 T(Threat)
① S(Strength) - 강점
② W(Weakness) - 약점
③ O(Opportunity) - 기회

출제분석
아주 쉽게 출제된 유형이라고 할 수 있는데 보통 이렇게 나오지는 않고 SWOT의 종류를 섞어서 현재 상황에는 어떻게 해야 하는지, 그 단어가 뜻하는 바가 무엇인지 등으로 출제되어요.

07 지역사회간호활동단계에서 지역주민참여의 의미를 설명한 것으로 옳지 않은 것은?

2015 서울시

① 정부정책이나 관련부서의 사업내용을 직접 전달할 수 있으므로 사업진행의 이해도를 높일 수 있다.
② 지역사회의 공동 운명체를 강화시켜 다른 개발활동에 참여의욕을 높일 수 있다.
③ 보건사업과정 중 예기치 못한 변화가 생길 때 주민의 이해를 얻을 수 있다.
④ 보건사업에 대한 지역주민의 전문성을 향상시켜 공공보건의료의 부담을 경감시킬 수 있다.

---

07 보건사업 기획 및 자원활용 – 지역사회 주민참여 ④
④ 보건사업에 대한 지역주민의 전문성 저하와 시간과 비용 소모의 가능성이 있다.

추가 학습
지역사회 주민참여
1. 장점
   ① 주민의 적극적 참여가 수행의 성공을 가져옴.
   ② 지역사회간호사에게 요구도를 직접 전달함.
   ③ 공동운명체를 강화하여 참여 의욕 높임.
   ④ 예기치 못한 변화 시 주민의 이해 얻을 수 있음.
2. 단점
   ① 사업의 전문성 저하 가능성
   ② 책임소재 불분명 가능성
   ③ 시간과 비용 소모의 가능성
   ④ 전략적 문제

출제분석
지역사회간호 대상자인 지역사회 주민은 지역사회간호와 모든 사업에 가장 중요한 핵심이죠!

08 지역사회 간호사업 목표 기술 시 갖추어야 할 기준이 아닌 것은?

2024 지방직

① 측정 가능성
② 추상성
③ 실현 가능성
④ 지역사회 문제와의 연관성

---

08 보건사업 기획 및 자원활용 – 지역사회 간호사업 목표 기술 – 목표 설정의 SMART 기준

🔑 ②

선지체크
② 추상성 ⓑ 목표는 구체적이면 구체적일수록 좋고, 추상적이면 실패할 확률이 높다.

추가학습
목표 설정의 SMART 기준
S(Specific) – 구체성: 목표는 구체적으로 기술
M(Measurable) – 측정가능성: 측정 가능한 목표
A(Aggressive) – 적극성: 진취적이고 현실적인 목표
R(Relevant) – 연관성: 목표 사업 목적과 문제 해결과 직접 연관이 있어야 함
T(Time limitec) – 기한: 달성 기한을 명시해야 함

출제분석
간호사업의 목표를 설정할 때 가장 간과할 수 있는 부분이기도 하고, 가장 중요한 부분이라서 이렇게 모아놓은 것이 5가지(추가학습)이므로 대문자 앞글자만 따서 외우면 훨씬 쉬워요!

Part

5

건강증진사업 운영

출제경향

건강증진사업 운영은 최근 3년 지역사회간호학 시험을 분석했을 때 평균 5%까지 출제 분포를 보였습니다. 어려워하는 개념들이 모여 있으므로 꼼꼼하게 보셔야 하고, 특히 아래 키워드는 다빈도 출제이므로 더 꼼꼼하게 챙겨보셔야 합니다.

빈출 키워드
- 오타와 국제회의
- 새천년개발목표
- 건강신념모형
- 건강증진모형
- PRECEDE-PROCEED모형
- QJA이론적 모형
- 합리적 행위이론
- 제5차 국민건강종합계획

기분최고 핵심 잡기

기출문제 분석으로 최고의 고지에 도달하다!

01 오타와 국제회의(1986)

- 건강증진은 사람들이 자신의 건강에 대한 통제력을 증대시키고 건강을 향상시키는 능력을 갖도록 함.
- 건강증진의 3대 원칙
  ① **옹호**: 건강에 대한 관심 유도하고, 보건의료 수요를 충족할 수 있는 보건정책 수립
  ② **연합**: 모든 사람들이 건강하도록 전문가들이 연합해야 함.
  ③ **역량강화**: 스스로 건강관리에 적극 참여하여 자신의 행동에 책임을 갖도록 해야 함.
- 건강증진의 5대 활동요소
  ① **건강한 공공정책 수립**: 건강증진 관련 정책 결정이 국민건강에 미치는 영향력에 대해 주지시킴.
  ② **지지적 환경 조성**: 건강은 환경의 영향을 많이 받기 때문에 지지적 환경 조성이 필요
  ③ **지역사회 활동 강화**: 우선순위와 활동범위결정하여 실천방법을 모색, 지역사회활동을 통해 실천
  ④ **개인 기술의 개발**: 전 생애 각 단계를 개인에 맞게 준비할 수 있고 건강 위기에 대처할 수 있는 능력 개발
  ⑤ **보건의료서비스의 방향 재설정**: 요구도에 맞는 서비스 개발, 전문인력 훈련과정에 건강증진 교육 포함, 건강과 다른 분야와 소통의 창구

02 새천년개발목표

2000년 9월 뉴욕 국제연합 본부에서 개최된 밀레니엄 서미트에서 채택된 빈곤 타파에 관한 범세계적인 의제. 당시에 참가했던 191개의 국제연합 참여국은 2015년까지 빈곤의 감소, 보건, 교육의 개선, 환경보호에 관해 지정된 8가지 목표를 실천하는 것에 동의. 주요 내용으로 다음과 같다.
① 극심한 빈곤과 기아 퇴치
② 초등교육의 완전보급
③ 성 평등 촉진과 여권 신장
④ 유아 사망률 감소
⑤ 임산부의 건강개선
⑥ 에이즈와 말라리아 등의 질병과의 전쟁
⑦ 환경 지속 가능성 보장
⑧ 발전을 위한 전 세계적인 동반관계의 구축

03 건강신념모형

- 개념
  ① 질병 예방 프로그램에 참가하지 않는 이유를 설명하기 위하여 개발
  ② 질병예방 행위를 실천할 수 있도록 중재를 제공하는 데 유용한 모형
  ③ 레빈(K. Lewin)의 장이론(field theory)에 근거하여 개발: 인간 삶에 긍정적 가치, 부정적 가치, 중립적 가치 공간이 있고, 질병은 부정적 가치의 공간이기 때문에 인간은 질병을 피하려 한다.
- 건강신념모형에서의 건강행위 가능성
  ① 사람들이 자신에게 건강문제가 발생할 가능성이 높다고 여길 때
  ② 건강문제가 자신에게 심각한 결과를 가져올 수 있다고 믿을 때
  ③ 자신이 하려는 행위가 그 건강문제의 발생 가능성이나 심각성을 감소시킬 것으로 믿을 때
  ④ 예측되는 이익이 장애보다 크다고 믿을 때
  ⑤ 건강상태를 조절하기 위해
  ⑥ 행동을 자극하는 내적, 외적인 경험을 하고 자신이 그 건강행위를 할 수 있다고 믿을 때
- 건강신념모형 주요 개념
  ① **지각된 민감성**: 자신이 어떤 병에 걸릴 위험이 있다는 가능성에 대한 인지 정도. 지각된 민감성이 높을수록 건강행위 가능성이 높아짐.
  ② **지각된 심각성**: 질병의 심각성을 인지하는 정도. 지각된 심각성이 높을수록 건강행위 가능성이 높아짐.
  ③ **지각된 유익성**: 건강을 위한 행위를 하면 자신에게 유익할 것이라고 생각할수록 관련 행위를 할 가능성이 높아짐.
  ④ **지각된 장애성**: 특정 건강행위에 대한 부정적 인지 정도. 지각된 장애가 낮을수록 건강행위 가능성이 높아짐.
  ⑤ **행위의 계기**: 질병에 대한 지각된 위험성에 영향을 주는 요소로 사람들에게 특정 행위에 참 여하도록 자극을 주는 중재. 중재 효과의 강도가 높을수록 건강행위 가능성은 높아짐.
- 건강신념모형의 비판
  ① 건강증진의 중재, 행동 변화를 위한 중재 측면에 대한 설명 부족
  ② 사람의 내면적 신념을 직접 변화시키기 어려운 일임.

04 팬더의 건강증진모형

- **개념**
  ① 개인의 건강증진 행위를 촉진시키기 위해서는 건강의 중요성과 자신의 건강상태를 올바르게 지각하고, 건강증진 행위를 수행함으로써 얻게 되는 유익성을 경험하도록 함.
  ② 건강증진 행위 수행시의 장애요인을 파악하여 이를 감소시킬 수 있도록 대상자를 돕는 프로그램을 개발, 운영함이 바람직

- **구성개념 - 개인의 특성과 경험**
  ① **이전의 관련 행위**: 현재와 비슷한 행위를 이전에 자신도 모르게 자동적 행위하며 건강증진행위에 간접적 영향을 줌.
  ② **개인적 요인**: 생물학적 요인, 심리적 요인, 사회문화적 요인

- **구성개념 - 행위별 인지와 정서**
  ① **활동에 대한 지각된 유익성**: 특정 행위에 대해 개인이 기대하는 긍정적 결과
  ② **활동에 대한 지각된 장애성**: 활동을 할 때 부정적인 측면을 인지하는 것
  ③ **지각된 자기효능감**: 확실하게 수행할 수 있을 거라는 성취에 대한 개인 능력 판단
  ④ **활동과 관련된 정서**: 행위에 대하여 주관적으로 느끼는 것. 시작 전-후-과정 중에 행위의 특성에 따라 다르게 나타남.
  ⑤ **대인관계 영향**: 다른 사람의 태도, 신념, 행위 등에 영향을 받는 것
  ⑥ **상황적 영향**: 상황에 대한 개인이 지각하고 인지하는 것으로 행위를 촉진시키거나 방해

- **구성개념 - 행위결과**
  ① **활동계획에의 몰입**: 개인의 인지과정 포함
  ② **즉각적 갈등적 요구**: 계획된 건강증진행위를 하는 데 방해되는 행위
  ③ **건강증진행위**: 건강증진모형의 최종목적으로 건강증진행위를 통해 대상자는 건강을 유지, 증진하려고 함.

- **건강증진모형의 특징**
  ① 인지지각을 변화시켜 건강증진 행위를 촉진할 수 있다는 데 초점
  ② 지나치게 많은 변수들을 고려하여 실제적인 적용이 어렵고, 이론으로서 간편성이 부족하다는 지적

05 그린의 PRECEDE-PROCEED모형

- **개념**
  ① 1980년의 PRECEDE Framework을 기본 구조로 하여 PRECEDE의 행정적 진단단계(Administrative Diagnosis Phase)를 확장 발전시킨 모형
  ② 정책개발 및 사업수행 과정과 사업평가 과정을 같이 제시
  ③ 이 모형은 계획부터 수행평가 과정의 연속적인 단계를 제공하는 포괄적인 건강증진 계획에 관한 모형으로서 PRECEDE와 PROCEED 두 과정으로 구성
  ④ PRECEDE 과정은 사업의 우선순위 결정 및 목적 설정을 보여주는 진단 단계
  ⑤ PROCEED 과정은 정책수립 및 보건교육사업 수행과 사업평가에서의 대상 및 그 기준을 제시하는 건강증진 계획의 개발단계

- **그린(Green)의 PRECEDE-PROCEED모형의 8단계**
  ① **1단계: 사회적 단계**
    - 건강증진 사업의 궁극적 목적은 삶의 질
    - 대상자의 삶의 질 정도의 측정은 문제개입의 필요성을 나타내는 좋은 방법
  ② **2단계: 역학적 단계**
    - 사회적 사정단계에서 규명된 삶의 질에 영향을 미치는 구체적인 건강문제를 규명하는 것
    - 기존문헌에서 삶의 질에 영향을 미치는 요인으로는 질병에 대해 느끼는 심각성과 신체적, 심리적, 사회적 무력감, 질병 경과에 대한 불확실감 등
  ③ **3단계: 교육 및 생태학적 단계**
    - 건강증진 사업의 내용 설정을 위하여 무엇이 건강상태와 연관된 행위나 환경적 상태를 초래했는지에 관심
    - 건강행위에 영향을 주는 성향요인, 촉진요인, 강화요인을 규명
  ④ **4단계: 행위 및 환경적 단계**
    - 확인된 삶의 질 또는 건강요인들을 통제하는 데 가장 우세한 개인적이고 총체적인 행위들과 사회. 물리적 환경요인을 분석하는 것
    - 비행위적 원인도 고려해야 할 요인이지만 행위적 사정은 구체적인 행위를 주 목표
  ⑤ **5단계: 수행**
    - 사업 수행을 위한 적절한 계획, 예산, 조직과 정책지지, 인력 훈련과 감독
    - 과정평가 단계에서 적절한 감시 및 대상자의 요구에 대한 민감성, 융통성 중요
  ⑥ **6단계~8단계: 평가**
    - 과정평가: 프로그램 수행이 정책, 이론에 근거하여 잘 이루어졌는지 단기평가
    - 영향평가: 성향요인, 촉진요인, 강화요인 등 목표행동에 미치는 즉각적 효과 중단기평가
      - 성향요인[소인성 요인(dispositioning factors)]: 행위의 근거, 인지, 정서, 동기부여(지식, 태도, 신념, 자기효능, 의도)

- 촉진요인[가능요인(enabling factors)]: 건강행위 수행을 가능하게 도와주는 요인, 기술(건강관련 행위변화 기술), 환경(접근성, 이용가능성, 정책 & 프로그램 유무), 자원
- 강화요인(reinforcing factors): 행위가 지속되게 하거나 중단시키게 하는 요인(보상, 칭찬, 처벌, 사회-신체 유익성, 사회적 지지, 친구 영향, 충고, 대리보상), 피드백
  - 결과평가: 진단 초기단계에서 사정된 건강상태와 삶의 질 변화를 장기평가

06 프로체스카 & 디클리먼트의 횡(범)이론적 모형 (Transtheoretical Model, TTM)

- **개념**
행동 변화에 대한 일반적이고 광범위한 이론적 모델로 새로운 건강 행동에 대한 개인의 준비 상태를 평가하고 개인을 지도하기 위한 전략 또는 변화 과정을 제공하는 통합 요법 이론. 이 모델은 변화의 단계, 변화의 과정, 변화의 수준, 자기 효능감 및 의사 결정 균형을 주요 구성으로 하는 주요한 건강신념모델(HBM) 중 하나로 언급

- **변화단계**
  ① 계획이전단계
  - 대상자는 향후 6개월 이내에 행동변화를 하려는 생각이 없음.
  - 문제를 인식하지 못하거나 간과함.
  - 변화를 강요당하는 느낌을 받음.
  - 교육전략: 인지유도 - 변화의 이익 강조, 정보제공
  ② 계획단계
  - 향후 6개월 이내에 특정 건강행동을 할 것을 고려하는 단계
  - 문제를 인식하나, 구체적인 계획은 없음.
  - 상당기간 이 단계에 머물러 준비단계로 넘어가지 못하는 경우 많음.
  - 자기효능감은 낮으나, 인지된 유익성은 높음.
  - 교육전략: 개인의 의식 강화, 정보와 교육 제공, 자기조절 강조, 정서적 지지 제공
  ③ 준비단계
  - 향후 1개월 이내에 건강행동을 하려고 고려하는 단계
  - 과거에 시작했던 계획이 실패했던 경험이 있기도 함.
  - 작은 행동의 변화가 나타나기도 함.
  - 교육전략: 기술을 가르쳐 줌, 실천계획을 세울 수 있도록 도와줌.
  ④ 행동단계
  - 행동시작 기간이 6개월 이내인 단계
  - 현재의 문제를 극복하기 위해 행동, 경험, 환경을 조성시킴.
  - 자율성, 자기효능감 향상 / 죄의식, 실패감, 개인의 자유 제한 느낌
  - 교육전략: 행동의 지속을 칭찬, 용기를 북돋아 줌.
  ⑤ 유지단계
  - 6개월 이상 새로운 생활습관이 지속됨.
  - 새로운 행동이 자신의 한 부분으로 정착됨.
  - 교육전략: 지속하도록 용기를 북돋아 줌, 자기조절의 중요성을 계속 강조

- **변화과정**
  ① 의식고취: 정확한 정보를 접하고 의식을 키움.
  ② 극적안도(전환): 행동과 관련된 감정, 느낌을 경험
  ③ 환경재평가: 건강문제를 주위 환경과 연결하여 재조명
  ④ 자기재평가: 문제를 자기 자신과 연결하여 감정적 내지 인지적 측면에서 재조명
  ⑤ 자기해방(자기결심, 자기선언): 스스로 변화할 수 있다는 믿음을 가지고 그 믿음을 실행
  ⑥ 조력관계(지지관계): 신뢰할 수 있고 터놓고 얘기할 수 있으며 도움을 받을 수 있는 관계를 정립
  ⑦ 사회적 해방(사회적 결심): 개인의 변화에 도움을 주는 사회적 변화에 노력
  ⑧ 반대조건부여(역조건 형성): 건강에 위해한 행위 대신 다른 행동으로 대체
  ⑨ 강화관리: 긍정적이고 건강에 유익한 행동은 강화하고, 건강에 위해한 행동에는 제재를 가함.
  ⑩ 자극통제: 주위환경 및 경험 등을 조정하고 준비하여 문제 유발의 가능성을 줄임.

07 건강도시

건강도시(Healthy City)는 도시의 환경을 개선하여 건강 증진을 실천하고자 하는 개념으로, 과정을 중시

- **개념**
  ① 도시 건강을 개선하는 과정, 구조를 갖추어 노력하는 도시
  ② 현재의 건강수준에 상관없이 어떤 도시든 건강도시가 될 수 있다.
  ③ 기존의 건강증진사업과 차별성이 크고, 건강도시 정책과 사업은 보다 근본적 건강 결정요인을 다루는 정책
  ④ 잠재력을 최대화할 수 있도록 시민 협조가 가능하도록 지역사회 자원을 확대하는 도시

- **특성과 조건**
  ① 안정되고 장기적으로 지속가능한 생태계
  ② 주거의 질을 포함하여 양질의 깨끗하고 안전한 물리적 환경
  ③ 강력, 상호협조적, 통합적, 비착취적 지역사회

④ 삶, 건강 및 복지에 영향을 미치는 결정에 대한 시민의 높은 참여와 통제
⑤ 모든 시민을 위한 기본적 요구의 충족
⑥ 광범위하고 다양한 만남, 상호교류, 대화를 가능하게 하는 폭넓은 경험과 자원에의 접근성
⑦ 다양하고 혁신적 도시경제
⑧ 도시의 역사적, 문화적 유산에 대한 높은 인식
⑨ 적극적 건강과 낮은 이환율
⑩ 지역문화와 특성을 유지시키고 촉진시키는 도시구조, 행정체계

기출로 실력 올리기

LINK 이론서 161p
난이도 상 **중** 하
중요도 ★★★☆☆
CHECK ☐☐☐

01 제1차 국제건강증진회의(캐나다 오타와)에서 건강증진 5대 활동 전략이 발표되었다. 다음 글에 해당하는 전략은?

2017 지방직

- 보건의료 부문의 역할은 치료와 임상서비스에 대한 책임을 넘어서 건강증진 방향으로 전환해야 한다.
- 건강증진의 책임은 개인, 지역사회, 보건전문인, 보건의료기관, 정부 등이 공동으로 분담한다.

① 보건의료서비스의 방향 재설정
② 건강 지향적 공공정책 수립
③ 지지적 환경 조성
④ 지역사회활동 강화

---

01 건강증진 – 건강증진 회의 – 오타와 회의 ────────────── 🔑 ①

추가 학습
제1차 국제건강증진회의(캐나다 오타와) – 건강증진의 5대 활동요소
1. 건강한 공공정책 수립: 건강증진 관련 정책 결정이 국민건강에 미치는 영향력에 대해 주지시킴.
2. 지지적 환경 조성: 건강은 환경의 영향을 많이 받기 때문에 지지적 환경 조성이 필요
3. 지역사회 활동 강화: 우선순위와 활동범위 결정하여 실천방법을 모색, 지역사회활동을 통해 실천
4. 개인기술의 개발: 전 생애 각 단계를 개인에 맞게 준비할 수 있고 건강 위기에 대처할 수 있는 능력 개발
5. 보건의료서비스의 방향 재설정: 요구도에 맞는 서비스 개발, 전문인력 훈련과정에 건강증진 교육 포함, 건강과 다른 분야와 소통의 창구

02 제1차 국제 건강증진 회의(1986)에서 채택한 오타와 헌장의 건강증진 5대 활동요소 중 〈보기〉의 내용에 해당하는 것은?

2023 서울시

| 보기 |

- 운동시설 이용료에 대해 소비세를 경감하도록 관련법을 개정하였다.
- 입법, 조세 및 조직변화 등과 같은 다양하고 보완적인 접근방식이 결합되었다.

① 지지적인 환경 조성
② 건강한 공공정책 수립
③ 지역사회 활동의 강화
④ 개인의 건강기술 개발

---

02 건강증진 - 오타와 헌장의 건강증진 5대 활동요소 🔑 ②

선지체크
운동시설 이용료에 대해 소비세를 경감하도록 관련법을 개정
→ 건강한 공공정책 수립의 대표적인 예시

추가학습
제1차 국제 건강증진 회의(1986)에서 채택한 오타와 헌장의 건강증진 5대 활동요소
1. 건강한 공공정책 수립: 건강증진 관련 정책 결정이 국민건강에 미치는 영향력에 대해 주지시킴
2. 지지적 환경 조성: 건강은 환경의 영향을 많이 받기 때문에 지지적 환경 조성이 필요
3. 지역사회 활동 강화: 우선순위와 활동범위를 결정하여 실천방법을 모색, 지역사회활동을 통해 실천
4. 개인 기술의 개발: 전 생애 각 단계를 개인에 맞게 준비할 수 있고 건강 위기에 대처할 수 있는 능력 개발
5. 보건의료서비스의 방향 재설정: 요구도에 맞는 서비스 개발, 전문인력 훈련과정에 건강증진 교육 포함, 건강과 다른 분야와 소통의 창

출제분석
제1차 국제 건강증진 회의(1986)이지만 건강증진의 토대를 다지게 된 계기이므로 여전히 중요성이 크다는 것!

03 UN에서 발표한 새천년개발목표(Millennium Development Goals, MDGs)에 해당하지 않는 것은?

2020 서울시

① 절대빈곤 및 기아 퇴치
② 모든 사람의 건강한 삶을 보장하고 웰빙을 증진
③ 보편적 초등교육 실현
④ 지속가능한 환경의 확보

> **03 건강증진의 이해 – UN에서 발표한 새천년개발목표(Millennium Development Goals, MDGs)**
> 🔑 ②
>
> 건강, 웰빙이라는 단어는 제9차 상하이 국제회의에 등장. 새천년 개발목표에 해당하지 않은 내용이다.
>
> **추가 학습**
> UN에서 발표한 새천년개발목표(Millennium Development Goals, MDGs)
> 1. 극심한 빈곤과 기아 퇴치
> 2. 초등교육의 완전보급
> 3. 성 평등 촉진과 여권 신장
> 4. 유아 사망률 감소
> 5. 임산부의 건강개선
> 6. 에이즈와 말라리아 등의 질병과의 전쟁
> 7. 환경 지속 가능성 보장
> 8. 발전을 위한 전 세계적인 동반관계의 구축

04 2000년 9월, UN 새천년 정상회의에서 국제협력 활동을 통합적으로 진행하기 위해 채택된 UN의 「새천년 개발목표(Millennium Development Goals)」에 해당하는 것은?

2014 서울시

① 암 발생률 감소
② 노인보건의 향상
③ 대기오염의 감소
④ 모성보건의 개선

> **04 건강증진의 이해 – UN에서 발표한 새천년개발목표(Millennium Development Goals, MDGs)**
> 🔑 ④
>
> **출제분석**
> UN에서 발표한 새천년개발목표(Millennium Development Goals, MDGs)는 2015년까지 빈곤 감소, 보건, 교육의 개선, 환경보호에 관해 지정된 8가지 목표를 실천하는 것에 동의했어요. 그래서 그 목표들이 중요해서 시험에 자주 출제되요. 꼭꼭 기억하세요!

05 세계보건기구가 제시하는 건강도시의 특징으로 옳은 것만을 모두 고른 것은? 2016 지방직

> ㄱ. 깨끗하고 안전한 물리적 환경
> ㄴ. 모든 시민의 기본 욕구 충족 노력
> ㄷ. 건강과 복지에 대한 시민 참여
> ㄹ. 모든 시민에 대한 적절한 공중보건 및 치료서비스의 보장

① ㄱ, ㄴ
② ㄷ, ㄹ
③ ㄱ, ㄴ, ㄷ
④ ㄱ, ㄴ, ㄷ, ㄹ

---

05 건강증진 – 건강도시 ④

추가 학습

건강도시
건강도시(Healthy City)는 도시의 환경을 개선하여 건강 증진을 실천하고자 하는 개념으로, 과정을 중시

1. 개념
   ① 도시 건강을 개선하는 과정, 구조를 갖추어 노력하는 도시
   ② 현재의 건강수준에 상관없이 어떤 도시든 건강도시가 될 수 있다.
   ③ 기존의 건강증진사업과 차별성이 크고, 건강도시 정책과 사업은 보다 근본적 건강 결정요인을 다루는 정책
   ④ 잠재력을 최대화할 수 있도록 시민 협조가 가능하도록 지역사회 자원을 확대하는 도시

2. 특성과 조건
   ① 안정되고 장기적으로 지속가능한 생태계
   ② 주거의 질을 포함하여 양질의 깨끗하고 안전한 물리적 환경
   ③ 강력, 상호협조적, 통합적, 비착취적 지역사회
   ④ 삶, 건강 및 복지에 영향을 미치는 결정에 대한 시민의 높은 참여와 통제
   ⑤ 모든 시민을 위한 기본적 요구의 충족
   ⑥ 광범위하고 다양한 만남, 상호교류, 대화를 가능하게 하는 폭넓은 경험과 자원에의 접근성, 도시의 역사적, 문화적 유산에 대한 높은 인식
   ⑦ 다양하고 혁신적 도시경제
   ⑧ 적극적 건강과 낮은 이환율
   ⑨ 지역문화와 특성을 유지시키고 촉진시키는 도시구조, 행정체계
   ⑩ 모든 시민에 대한 적절한 공중보건 및 치료서비스의 최적화
   ⑪ 이상의 요건들이 서로 양립, 이 요소들을 증진시키는 도시

06 본인이 결핵에 걸릴 가능성을 실제보다 과소평가하는 대상자에게 높은 결핵 발생률에 대한 정보를 제공하여 결핵검진 및 예방행동을 증진하는 데 활용할 수 있는 이론 또는 모형으로 가장 적합한 것은?

2016 서울시

① 건강신념모형
② 합리적행동이론
③ 임파워먼트이론
④ 건강증진모형

---

06 건강증진 – 건강증진의 이론 – 건강신념모형 🔑 ①

결핵에 걸릴 가능성에 대해 과소평가 하지 않게 결핵 발생률에 대한 정보를 제공하여 건강문제가 발생할 가능성이 높다고 알려주는 것으로 건강신념모형을 활용한다.

추가 학습

건강신념모형

1. 개념
   ① 질병 예방 프로그램에 참가하지 않는 이유를 설명하기 위하여 개발
   ② 질병예방 행위를 실천할 수 있도록 중재를 제공하는 데 유용한 모형
   ③ 레빈(K. Lewin)의 장이론(field theory)에 근거하여 개발: 인간 삶에 긍정적 가치, 부정적 가치, 중립적 가치 공간이 있고, 질병은 부정적 가치의 공간이기 때문에 인간은 질병을 피하려 한다.

2. 건강신념 모형에서의 건강행위 가능성
   ① 사람들이 자신에게 건강문제가 발생할 가능성이 높다고 여길 때
   ② 건강문제가 자신에게 심각한 결과를 가져올 수 있다고 믿을 때
   ③ 자신이 하려는 행위가 그 건강문제의 발생 가능성이나 심각성을 감소시킬 것으로 믿을 때
   ④ 예측되는 이익이 장애보다 크다고 믿을 때
   ⑤ 건강상태를 조절하기 위해
   ⑥ 행동을 자극하는 내적, 외적인 경험을 하고 자신이 그 건강행위를 할 수 있다고 믿을 때

3. 건강신념 모형 주요 개념
   ① 지각된 민감성: 자신이 어떤 병에 걸릴 위험이 있다는 가능성에 대한 인지 정도. 지각된 민감성이 높을수록 건강행위 가능성이 높아짐.
   ② 지각된 심각성: 질병의 심각성을 인지하는 정도. 지각된 심각성이 높을수록 건강행위 가능성이 높아짐.
   ③ 지각된 유익성: 건강을 위한 행위를 하면 자신에게 유익할 것이라고 생각할수록 관련 행위를 할 가능성이 높아짐.
   ④ 지각된 장애성: 특정 건강행위에 대한 부정적 인지 정도. 지각된 장애가 낮을수록 건강행위 가능성이 높아짐.
   ⑤ 행위의 계기: 질병에 대한 지각된 위험성에 영향을 주는 요소로 사람들에게 특정 행위에 참여하도록 자극을 주는 중재. 중재 효과의 강도가 높을수록 건강행위 가능성은 높아짐.

07 (가), (나)에 해당하는 건강신념모형의 개념을 바르게 짝지은 것은?   2023 지방직

> (가) 흡연자는 비흡연자보다 폐암에 걸릴 가능성이 높다고 생각한다.
> (나) 폐암에 걸리면 다른 암보다 치료가 어렵고 사망확률이 높다고 생각한다.

	(가)	(나)
①	지각된 민감성	지각된 심각성
②	지각된 심각성	지각된 민감성
③	지각된 민감성	지각된 장애성
④	지각된 심각성	지각된 장애성

---

07 건강증진 – 건강신념모형   ①

선지체크

(가) 흡연자는 비흡연자보다 폐암에 걸릴 가능성이 높다고 생각한다.
→ 흡연에 노출되는 것을 폐암에 걸릴 확률과 연관시킬 수 있는 것을 민감성
(나) 폐암에 걸리면 다른 암보다 치료가 어렵고 사망확률이 높다고 생각한다.
→ 폐암의 심각성

출제분석

건강증진과 관련된 보건교육과 각종 모형들은 건강증진행위를 이해하는 데 도움을 주기 때문에 다빈도 출제가 될 수밖에 없어요.

08 20~30대 여성을 대상으로 자궁경부암 예방접종률을 높이기 위한 보건교육을 건강신념모형에 따라 기획하고 있다. 구성요소 중에서 '행동의 계기'에 대한 설명으로 옳은 것은?

2023 서울시

① 자궁경부암 예방접종으로 예상되는 건강효과를 제시한다.
② 자궁경부암에 걸려 수술, 항암치료, 방사선치료를 받은 어려움을 소개한다.
③ 자궁경부암 예방접종에 대한 퀴즈 이벤트를 실시한다.
④ 자궁경부암 예방접종을 잘 받을 수 있도록 자신감을 불어넣어 준다.

08 건강증진 – 건강증진이론 – 건강신념모형

[선지체크]
① 자궁경부암 예방접종으로 예상되는 건강효과를 제시한다. → 지각된 유익성
② 자궁경부암에 걸려 수술, 항암치료, 방사선치료를 받은 어려움을 소개한다. → 지각된 심각성
④ 자궁경부암 예방접종을 잘 받을 수 있도록 자신감을 불어넣어 준다. → 건강증진모형에서의 자기효능감

[추가학습]
행위의 계기 = 행동의 계기
1. 질병에 대한 지각된 위험성에 영향을 주는 요소, 사람들에게 특정 행위에 참여하도록 자극을 주는 중재
2. 중재 효과의 강도가 높을수록 건강행위 가능성은 높아짐.

09 건강행위에 영향을 미치는 요인을 개인의 특성과 경험, 행위와 관련된 인지와 감정으로 설명하였으며, 사회인지이론과 건강신념 모델에 기초하여 개발된 이론은?

2018 지방직

① 계획된 행위이론 ② 건강증진모형
③ 범이론 모형 ④ PRECEDE=PROCEED 모형

09 건강증진 – 건강증진의 이론 – 건강증진모형 ②
건강행위에 영향을 미치는 요인을 개인의 특성과 경험, 행위와 관련된 인지와 감염, 행위의 결과로 설명한 이론은 팬더의 건강증진모형이다.

[출제분석]
건강증진모형은 건강신념모형을 기초하여 만들어졌어요!

10 서울특별시 D구는 PRECEDE-PROCEED 모형에 근거 하여 성인인구집단의 비만예방을 위한 건강증진사업을 계획하고자 한다. 교육 및 생태학적 사정단계에서 교육 전략 구성을 위해 건강행위에 영향을 주는 요인 중 가능 요인(enabling factors)으로 활용할 수 있는 지표로 가장 옳은 것은?

2022 서울시

① 비만 유발요인에 대한 지식정도
② 신체활동을 격려해주는 가족의 지지
③ 과일과 채소 섭취를 증가시킬 수 있는 자신감
④ 집에서 가까운 지불 가능한 운동센터의 개수

---

10 건강증진 – 건강증진의 이론 – PRECEDE-PROCEED 🔍 ④

가능요인은 촉진요인을 뜻하며 비만예방을 위해 집 근처 지불 가능 또는 등록 가능한 운동센터의 개수가 이에 해당한다.

선지체크

enabling factors = 촉진요인
① 비만 유발요인에 대한 지식정도 – 성향
② 신체활동을 격려해주는 가족의 지지 – 강화
③ 과일과 채소 섭취를 증가시킬 수 있는 자신감 – 성향

추가 학습

6단계~8단계: 평가단계
1. 과정평가: 프로그램 수행이 정책, 이론에 근거하여 잘 이루어졌는지 단기평가
2. 영향평가: 성향요인, 촉진요인, 강화요인 등 목표행동에 미치는 즉각적 효과 중단기평가
   - 성향요인[소인성 요인(dispositioning factors)]: 행위의 근거, 인지, 정서, 동기부여(지식, 태도, 신념, 자기효능, 의도)
   - 촉진요인[가능요인(enabling factors)]: 건강행위 수행을 가능하게 도와주는 요인, 기술(건강관련 행위변화 기술), 환경(접근성, 이용가능성, 정책 & 프로그램 유무), 자원
   - 강화요인(reinforcing factors): 행위가 지속되게 하거나 중단시키게 하는 요인(보상, 칭찬, 처벌, 사회-신체 유익성, 사회적 지지, 친구 영향, 충고, 대리보상), 피드백

출제분석

PRECEDE-PROCEED 모형의 성향요인, 촉진요인, 강화요인은 다빈도 출제이므로 필수 암기 사항입니다.

11 PRECEDE-PROCEED모형의 교육적 진단단계에서 수집해야 할 성향요인은? 2016 서울시

① 건강행위에 대한 피드백
② 건강행위 관련 지식 및 인식
③ 행위를 촉진하는 학습자의 기술
④ 건강행위 변화를 방해하는 환경적 자원

---

11 건강증진 – 건강증진의 이론 – PRECEDE-PROCEED 🔑 ②

건강행위에 대한 지식, 태도, 신념은 성향요인이다.

선지체크
① 건강행위에 대한 피드백 → 강화요인
③ 행위를 촉진하는 학습자의 기술 → 촉진요인
④ 건강행위 변화를 방해하는 환경적 자원 → 촉진요인

추가 학습
3단계: 교육 및 생태학적 단계(= 진단단계)
1. 건강증진 사업의 내용 설정을 위하여 무엇이 건강상태와 연관된 행위나 환경적 상태를 초래했는지에 관심
2. 건강행위에 영향을 주는 성향요인, 촉진요인, 강화요인을 규명
   ① 성향요인: 행위의 근거, 동기부여기능(지식, 태도, 신념, 자기효능, 의도)
   ② 촉진요인: 건강행위 수행을 가능하게 도와주는 요인, 기술(건강 관련 행위 변화 기술), 환경(접근성, 이용가능성, 정책 & 프로그램 유무), 자원
   ③ 강화요인: 행위가 지속되게 하거나 중단시키게 하는 요인, 피드백

12 지역사회간호사가 Green의 PRECEDE-PROCEED 모형을 이용하여 보건교육을 기획하는 과정에서 다음과 같은 진단을 내렸다면 이는 어느 단계에 해당하는가? 2015 서울시

> 지역사회주민의 고혈압 식이조절에 대한 지식과 신념이 부족하며 의료시설 이용이 부적절하다.

① 교육 및 생태학적 진단단계
② 사회적 진단단계
③ 역학 및 행위와 환경 진단단계
④ 행정 및 정책적 진단단계

---

12 건강증진 – 건강증진의 이론 – PRECEDE-PROCEED ①
지식과 신념은 성향요인에 해당하는 것으로 교육 및 생태학적 진단단계에 해당한다.

추가 학습
3단계: 교육 및 생태학적 단계
1. 건강증진 사업의 내용 설정을 위하여 무엇이 건강상태와 연관된 행위, 환경적 상태를 초래했는지에 관심
2. 건강행위에 영향을 주는 성향요인, 촉진요인, 강화요인을 규명

출제분석
Green의 PRECEDE-PROCEED 모형은 이론적으로 완성도가 높아 논문에도 활용될 정도이기 때문에 특히 8단계 과정과 그 내용에 대해서는 필수적으로 숙지하셔야 해요.

13 GREEN의 PRECEDE-PROCEED 모형에 의해 교육 및 생태학적 사정을 할 때 개인이나 조직의 건강행위 수행을 가능하게 도와주는 것과 관련된 요인은?　　　2014 서울시

① 성향요인　　　　　　　　② 촉진요인
③ 강화요인　　　　　　　　④ 행위요인

> **13 건강증진 - 건강증진의 이론 - PRECEDE-PROCEED** 🔑 ②
> 건강행위를 가능하게 도와주는 요인은 촉진요인이다.
>
> **추가학습**
> GREEN의 PRECEDE-PROCEED 모형
> 1. 성향요인: 행위의 근거, 동기부여기능(지식, 태도, 신념, 자기효능, 의도)
> 2. 촉진요인: 건강행위 수행을 가능하게 도와주는 요인, 기술(건강 관련 행위 변화 기술), 환경(접근성, 이용가능성, 정책 & 프로그램 유무)
> 3. 강화요인: 행위가 지속되게 하거나 중단시키게 하는 요인

14 PRECEDE-PROCEED 모형에서 강화요인(reinforcing factors)은?　　　2019 지방직

① 개인의 기술 및 자원
② 대상자의 지식, 태도, 신념
③ 보건의료 및 지역사회 자원의 이용 가능성
④ 보건의료 제공자의 반응이나 사회적지지

> **14 건강증진 - 건강증진의 이론 - PRECEDE-PROCEED** 🔑 ④
>
> **선지체크**
> ① 개인의 기술 및 자원 = 촉진요인
> ② 대상자의 지식, 태도, 신념 = 성향요인
> ③ 보건의료 및 지역사회 자원의 이용 가능성 = 촉진요인
> ④ 보건의료 제공자의 반응이나 사회적지지 = 강화요인
>
> **추가학습**
> • 성향요인[소인성 요인(dispositioning factors)]: 행위의 근거, 인지, 정서, 동기부여(지식, 태도, 신념, 자기효능, 의도)
> • 촉진요인[가능요인(enabling factors)]: 건강행위 수행을 가능하게 도와주는 요인, 기술(건강관련 행위변화 기술), 환경(접근성, 이용가능성, 정책 & 프로그램 유무), 자원
> • 강화요인(reinforcing factors): 행위가 지속되게 하거나 중단시키게 하는요인(보상, 칭찬, 처벌, 사회-신체 유익성, 사회적 지지, 친구 영향, 충고, 대리보상), 피드백

15 PRECEDE-PROCEED 모형의 교육 및 생태학적 진단단계에서 제시한 건강행위 결정에 영향을 주는 요인과 항목이 바르게 짝지어진 것은?

2016 지방직

① 조정 요인 - 사회적 지지
② 가능 요인 - 친구 또는 동료의 영향
③ 강화 요인 - 보건 의료 및 지역사회 자원의 이용 가능성
④ 성향 요인 - 건강에 대한 신념과 자기 효능

15 건강증진 – 건강증진의 이론 – PRECEDE-PROCEED ④

선지체크
① 강화 요인 - 사회적 지지
② 강화 요인 - 친구 또는 동료의 영향
③ 촉진 요인 - 보건 의료 및 지역사회 자원의 이용 가능성

16 그린(Green)의 PRECEDE-PROCEED Model을 적용하여 청소년 대상 보건교육사업을 기획하고자 한다. 이 때, 관내 청소년 흡연율 조사가 실시되는 단계는?   2014 지방직

① 사회적 사정 단계
② 역학, 행위 및 환경적 사정 단계
③ 교육 및 생태학적 사정 단계
④ 행정 및 정책적 사정 단계

16 건강증진 – 건강증진의 이론 – PRECEDE-PROCEED ②

추가학습

그린(Green)의 PRECEDE-PROCEED모형의 8단계

1. 1단계: 사회적 단계
   - 건강증진 사업의 궁극적 목적은 삶의 질
   - 대상자의 삶의 질 정도의 측정은 문제개입의 필요성을 나타내는 좋은 방법
2. 2단계: 역학적 단계
   - 사회적 사정단계에서 규명된 삶의 질에 영향을 미치는 구체적인 건강문제를 규명하는 것
   - 기존문헌에서 삶의 질에 영향을 미치는 요인으로는 질병에 대해 느끼는 심각성과 신체적, 심리적, 사회적 무력감, 질병 경과에 대한 불확실감 등
3. 3단계: 교육 및 생태학적 단계
   - 건강증진 사업의 내용 설정을 위하여 무엇이 건강상태와 연관된 행위나 환경적 상태를 초래했는지에 관심
   - 건강행위에 영향을 주는 성향요인, 촉진요인, 강화요인을 규명
4. 4단계: 행위 및 환경적 단계
   - 확인된 삶의 질 또는 건강요인들을 통제하는 데 가장 우세한 개인적이고 총체적인 행위들과 사회. 물리적 환경요인을 분석하는 것
   - 비행위적 원인도 고려해야 할 요인이지만 행위적 사정은 구체적인 행위를 주 목표
5. 5단계: 수행
   - 사업 수행을 위한 적절한 계획, 예산, 조직과 정책지지, 인력 훈련과 감독
   - 과정평가 단계에서 적절한 감시 및 대상자의 요구에 대한 민감성, 융통성 중요
6. 6단계~8단계: 평가
   - 과정평가: 프로그램 수행이 정책, 이론에 근거하여 잘 이루어졌는지 단기평가
   - 영향평가: 성향요인, 촉진요인, 강화요인 등 목표행동에 미치는 즉각적 효과 중단기평가
     • 성향요인(dispositioning factors): 행위의 근거, 동기부여기능(지식, 태도, 신념, 자기효능, 의도)
     • 촉진요인(enabling factoris): 건강행위 수행을 가능하게 도와주는 요인, 기술(건강 관련 행위 변화 기술), 환경(접근성, 이용가능성, 정책 & 프로그램 유무), 자원
     • 강화요인(reinforcing factors): 행위가 지속되게 하거나 중단시키게 하는 요인, 피드백
   - 결과평가: 진단 초기단계에서 사정된 건강상태와 삶의 질 변화를 장기평가

출제분석
논문에도 자주 등장하는 이론, 그만큼 신뢰가!

17 다음 글에 해당하는 범이론적 모형(Transtheoretical model)의 건강행위 변화단계는?

2020 지방직

> 저는 담배를 10년간 피웠더니 폐도 좀 안 좋아진 것 같고 조금만 활동을 해도 너무 힘이 들어요. 요즘 아내와 임신에 관해 얘기하고 있어서 담배를 끊기는 해야 할 것 같은데, 스트레스가 너무 많아서 어떻게 해야 할지 모르겠어요. 그래도 태어날 아기를 생각해서 앞으로 6개월 안에는 금연을 시도해볼까 해요.

① 계획 전 단계(precontemplation stage)
② 계획 단계(contemplation stage)
③ 준비 단계(preparation stage)
④ 행동 단계(action stage)

---

17 건강증진 – 건강증진이론 – 범이론적 모형(Transtheoretical model) — ②

향후 6개월 안에 금연을 시도한다고 하였으니 계획단계에 해당한다.

추가학습

1. 계획이전단계
    ① 대상자는 향후 6개월 이내에 행동변화를 하려는 생각이 없음.
    ② 문제를 인식하지 못하거나 간과함.
    ③ 변화를 강요당하는 느낌을 받음.
    ④ 교육전략: 인지유도 – 변화의 이익 강조, 정보제공
2. 계획단계
    ① 향후 6개월 이내에 특정 건강행동을 할 것을 고려하는 단계
    ② 문제를 인식하나, 구체적인 계획은 없음.
    ③ 상당기간 이 단계에 머물러 준비단계로 넘어가지 못하는 경우 많음.
    ④ 자기효능감은 낮으나, 인지된 유익성은 높음.
    ⑤ 교육전략: 개인의 의식 강화, 정보와 교육 제공, 자기조절 강조, 정서적 지지 제공
3. 준비단계
    ① 향후 1개월 이내에 건강행동을 하려고 고려하는 단계
    ② 과거에 시작했던 계획이 실패했던 경험이 있기도 함.
    ③ 작은 행동의 변화가 나타나기도 함.
    ④ 교육전략: 기술을 가르쳐 줌, 실천계획을 세울 수 있도록 도와줌.
4. 행동단계
    ① 행동시작 기간이 6개월 이내인 단계
    ② 현재의 문제를 극복하기 위해 행동, 경험, 환경을 조성시킴.
    ③ 자율성, 자기효능감 향상 / 죄의식, 실패감, 개인의 자유 제한 느낌
    ④ 교육전략: 행동의 지속을 칭찬, 용기를 북돋아 줌.
5. 유지단계
    ① 6개월 이상 새로운 생활습관이 지속됨.
    ② 새로운 행동이 자신의 한 부분으로 정착됨.
    ③ 교육전략: 지속하도록 용기를 북돋아 줌, 자기조절의 중요성을 계속 강조

출제분석
범이론적 모형은 개념을 위와 같은 예시를 통해 묻기도 해요!

18 A방문간호사는 지역주민을 대상으로 범이론모형(transtheoretical model, TTM)을 이용하여 고위험음주에 대한 중재를 하려고 한다. 〈보기〉가 설명하고 있는 변화과정은?

2023 서울시

| 보기 |

스트레스 해소를 위하여 음주를 하고 있다면 스트레스 해소를 위해 음주 이외에 더 긍정적인 행동, 즉 운동이나 이완요법 등 음주를 대체할 다른 행위를 하도록 한다.

① 강화관리 ② 역조건화
③ 자극조절 ④ 자기해방

---

18 건강증진 – 건강증진이론 – 범이론모형(transtheoretical model, TTM) ②

선지체크
스트레스 해소를 위하여 음주를 하고 있다면 스트레스 해소를 위해 음주 이외에 더 긍정적인 행동, 즉 운동이나 이완요법 등 음주를 대체할 다른 행위를 하도록 한다.
→ 건강에 좋지 않은 행위 대신 다른 행동으로 대체하는 것으로 역조건화에 해당된다.

추가학습
범이론모형(transtheoretical model, TTM) 변화과정

의식고취	정확한 정보를 접하고 의식을 키움
극적안도(전환)	행동과 관련된 감정, 느낌을 경험
환경재평가	건강문제를 주위 환경과 연결하여 재조명
자기재평가	문제를 자기 자신과 연결하여 감정적, 지적 측면에서 재조명
자기해방	스스로 변화할 수 있다는 믿음을 가지고 그 믿음을 실행
조력관계	신뢰할 수 있고 터놓고 얘기할 수 있으며 도움을 받을 수 있는 관계를 정립
사회적 해방	개인의 변화에 도움을 주는 사회적 변화에 노력
역조건 형성	건강에 위해한 행위 대신 다른 행동으로 대체
강화 관리	긍정적, 건강에 유익한 행동은 강화, 건강에 위해한 행동에는 제재를 가함
자극 통제	주위환경 및 경험 등을 조정하고 준비하여 문제유발의 가능성을 줄임

19 다음 사례에 해당하는 범이론 모형의 변화단계는? 2024 지방직

> A씨는 20년간 하루 20개비 이상의 담배를 피웠다. 그는 숨이 가쁘고 가래에 많이 생겨서 보건소 금연클리닉에 방문했고, 이달 내로 담배를 끊겠다고 서약서를 작성했다.

① 계획이전단계
② 준비단계
③ 행동단계
④ 유지단계

---

19 건강증진 – 건강증진 관련 이론 – 범이론적 모형 🔍 ②

이달 내로 담배를 끊겠다라고 하는 것은 향후 1개월 이내 건강행동을 하려고 고려하는 단계로 준비단계를 말한다.

선지체크
① 계획이전단계: 향후 6개월 이내 행동변화를 하려는 생각이 없음
③ 행동단계: 행동시작이 6개월 이내인 단계
④ 유지단계: 행동시작이 6개월 이상인 단계

추가 학습

범이론 모형 – 변화단계
1. 계획이전: 대상자는 향후 6개월 이내 행동변화를 하려는 생각이 없고, 문제를 인식하지 못하는 과정으로 변화를 강요당하는 느낌을 받음 → 교육전략: 인지유도, 변화의 이익강조, 정보제공
2. 계획: 대상자는 향후 6개월 이내 행동변화를 하려고 하지만, 구체적인 계획은 없다는 것이 중요함. 준비단계로 넘어가지 못하는 경우가 많음 → 교육전략: 개인의 의식 강화, 정보와 교육 제공, 자기조절 강조, 정서적 지지
3. 준비: 대상자는 향후 6개월 이내 행동변화를 하려고 고려하는 단계로 작은 행동의 변화가 시작됨 → 교육전략: 기술을 가르쳐 줌, 실천계획을 세울 수 있도록 도와줌
4. 행동: 행동시작이 6개월 이내인 단계로 현재 문제를 극복하기 위해 행동, 경험, 환경을 조성시킴 → 교육전략: 행동의 지속을 칭찬, 용기를 북돋아 줌
5. 유지: 행동시작이 6개월 이상인 단계로 새로운 행동이 자신의 한 부분으로 정착됨 → 교육전략: 지속하도록 용기를 북돋아 줌

출제분석
금연클리닉에서 금연상담 및 관리 그리고 보건교육을 위해 정말 많이 사용하는 모형이므로 앞으로도 시험에 나올 가능성이 매우 큰 개념이에요! 위의 문제처럼 이렇게 실제 예시를 들어 출제되고는 하죠.

20 제5차 국민건강증진종합계획(Health Plan 2030)에 제시된 인구집단별 건강관리의 대상과 대표지표를 옳게 짝지은 것은?

2022 서울시

① 영유아: 손상 사망률
② 근로자: 연간 평균 노동시간
③ 노인: 치매환자 등록률
④ 여성: 비만 유병률

---

20 건강증진 - 제5차 국민건강증진종합계획 - 대표지표 ②

선지체크
① 영유아: 손상 사망률 → 영아 사망률
③ 노인: 치매환자 등록률
→ 노인 남성의 주관적 건강인지율
→ 노인 여성의 주관적 건강인지율
④ 여성: 비만 유병률 → 모성사망비

추가학습
제5차 국민건강증진종합계획(HP 2030) 대표지표

중점과제	지표명
금연	• 성인남성 현재흡연율(연령표준화) • 성인여성 현재흡연율(연령표준화)
절주	• 성인남성 고위험음주율(연령표준화) • 성인여성 고위험음주율(연령표준화)
영양	• 식품안정성 확보 가구분율
신체활동	• 성인남성 유산소 신체활동 실천율(연령표준화) • 성인여성 유산소 신체활동 실천율(연령표준화)
구강건강	• 영구치(12세)우식 경험률
자살예방	• 자살사망률(인구 10만 명당) • 남성 자살사망률(인구 10만 명당) • 여성 자살사망률(인구 10만 명당)
치매	• 치매안심센터의 치매환자 등록·관리율(전국평균)
중독	• 알코올 사용 장애 정신건강 서비스 이용률
지역사회 정신건강	• 정신건강 서비스 이용률
암	• 성인남성(20~74세) 암 발생률(인구 10만 명당, 연령표준화) • 성인여성(20~74세) 암 발생률(인구 10만 명당, 연령표준화)
심뇌혈관질환	• 성인남성 고혈압 유병률(연령표준화) • 성인여성 고혈압 유병률(연령표준화) • 성인남성 당뇨병 유병률(연령표준화) • 성인여성 당뇨병 유병률(연령표준화) • 급성 심근경색증 환자 발병 후 3시간 미만 응급실 도착 비율

비만	• 성인남성 비만 유병률(연령표준화) • 성인여성 비만 유병률(연령표준화)
손상	• 손상 사망률(인구 10만 명당)
감염병 예방 및 관리	• 신고 결핵 신환자율(인구 10만 명당)
감염병 위기 대비대응	• MMR 완전 접종률
기후변화질환	• 기후보건영향평가 평가 체계 구축 및 운영
영유아	• 영아사망률(출생아 1천 명당)
아동, 청소년	• 고등학교 남학생 현재흡연율 • 고등학교 여학생 현재흡연율
여성	• 모성사망비(출생아 10만 명당)
노인	• 노인 남성의 주관적 건강인지율 • 노인 여성의 주관적 건강인지율
장애인	• 성인 장애인 건강검진 수검률
근로자	• 연간 평균 노동시간
군인	• 군 장병 흡연율
건강정보 이해력 제고	• 성인남성 적절한 건강정보이해능력 수준 • 성인여성 적절한 건강정보이해능력 수준

21 「제5차 국민건강증진종합계획(Health Plan 2030)」상 '비감염성 질환 예방관리' 분과의 중점과제에 해당하는 것은?   2024 지방직

① 손상
② 신체활동
③ 지역사회 정신건강
④ 건강정보 이해력 제고

21 건강증진 - 제5차 국민건강증진종합계획 - 중심과제

비감염성 질환 예방관리에 대한 중점과제는 암, 심뇌혈관질환, 비만, 손상이다.

선지체크
② 신체활동 → 건강생활 실천
③ 지역사회 정신건강 → 정신건강관리
④ 건강정보 이해력 제고 → 건강친화적 환경 구축

추가학습

제5차 국민건강증진종합계획(Health Plan 2030)

모든 사람이 평생 건강을 누리는 사회

건강수명 연장, 건강형평성 제고

기본원칙

1. 국가와 지역사회의 모든 정책 수립에 건강을 우선적으로 반영한다.
2. 보편적인 건강수준의 향상과 건강형평성 제고를 함께 추진한다.
3. 모든 생애과정과 생활터에 적용한다.
4. 건강친화적인 환경을 구축한다.
5. 누구나 참여하여 함께 만들고 누릴 수 있도록 한다.
6. 관련된 모든 부문이 연계하고 협력한다.

 건강생활 실천
❶ 금연
❷ 절주
❸ 영양
❹ 신체활동
❺ 구강건강

 정신건강 관리
❻ 자살예방
❼ 치매
❽ 중독
❾ 지역사회 정신건강

 비감염성 질환 예방관리
❿ 암
⓫ 심뇌혈관질환
⓬ 비만
⓭ 손상

 감염 및 기후변화성 질환 예방관리
⓮ 감염병 예방 및 관리
⓯ 감염병 위기 대비·대응
⓰ 기후변화성 질환

 인구집단별 건강관리
⓱ 영유아
⓲ 아동·청소년
⓳ 여성
⓴ 노인
㉑ 장애인
㉒ 근로자
㉓ 군인

 건강친화적 환경 구축
㉔ 건강친화적 법제도 개선
㉕ 건강정보 이해력 제고
㉖ 혁신적 정보기술의 적용
㉗ 재원마련 및 운용
㉘ 지역사회 자원 확충 및 거버넌스 구축

Part

6

보건교육

출제경향

보건교육은 최근 3개년 출제경향을 분석했을 때 평균 5% 출제되었습니다. 건강증진과 더불어 보건교육은 지역사회간호의 꽃이라고도 할 수 있습니다.

빈출 키워드

- 보건교육 필요성
- 보건교육 요구 4가지
- 보건교육 계획 및 수행
- 집단 보건교육
- 교육 매체 종류 및 장단점
- 보건교육 프로그램 수행 과정
- 보건교육 평가
- Bloom학습목표
- 건강도시
- 보건교육 학습이론

기분최고 핵심 잡기

> 기출문제 분석으로 최고의 고지에 도달하다!

01 합리적 행위이론

- **개념**
  ① 인간은 행위의 바람직한 결과가 기대되고 행위의 결과에 개인이 긍정적 가치를 부여할 때 행위가 수행된다고 함.
  ② 행동을 하기 위해서는 그 행동에 대한 의도가 중요한 역할
  ③ 사람들은 환경에 적절히 대처하고 행동을 결정할 때 합리적이고 체계적으로 정보를 사용한 다고 보았음.
- **이론의 구성요소**
  ① **의도**: 행동하고자 하는 의도는 행동에 가장 직접적 결정요인
  ② **태도**: 행동 결과로 초래될 수 있는 감정에 대한 기대감
  ③ **주관적 규범**: 의미 있는 타인들이 무엇을 옳다고 여기는지 개인이 인식하는 것

02 P2030 = 제5차 국민건강증진종합계획 (Health Plan 2021~2030)

- **기본원칙**
  ① **국가와 지역사회 모든 정책 수립에 건강을 우선적으로 반영**: 모든 정책에서 건강을 우선적으로 고려하는 제도 도입
  ② **보편적인 건강수준 향상과 건강형평성 제고 함께 추진**: 취약 집단을 확인하고 이들에게 편익이 돌아갈 수 있도록 정책목표와 우선순위 설정
  ③ **모든 생애과정과 생활터에 적용**: 생애 주기를 고려한 건강정책이 수립되도록 정책 설계
  ④ **건강친화적인 환경 구축**: 건강 잠재력을 최대한 발휘할 수 있는 환경 조성
  ⑤ **누구나 참여하여 함께 만들고 누릴 기회 보장**: 일반 국민의 건강정책 의견 수렴
  ⑥ 관련된 모든 부문이 연계하고 협력
- **비전**: 모든 사람이 평생 건강을 누리는 사회
  ① **모든 사람**: 성, 계층, 지역 간 건강 형평성 확보, 적용대상을 모든 사람으로 확대
  ② **평생 건강을 누리는 사회**: 출생부터 노년까지 전 생애주기에 걸친 건강권 보장, 정부 포함한 사회 전체를 포괄
- **총괄목표**: 건강수명 연장, 건강형평성 제고
  ① **건강수명**: 2030년까지 건강수명 73.3세 달성(2018년 기준 건강수명 기준 70.4세)
  ② **건강형평성**: 건강수명 소득 간, 지역 간 형평성 확보

03 보건교육 필요성

- **보건의료의 사회경제적 특성**
  보건의료에 대한 요구는 개인, 집단, 지역사회마다 다르고 또한 다양하므로 보건교육을 통하여 자신의 건강관리 능력을 스스로 기르게 할 필요가 있음.
- **자유기업형 보건의료전달제도에서의 보건의료**
  자유기업형 보건의료전달제도에서의 보건의료는 개인의 책임이며 건강문제가 발생하면 서비스의 지역 간 혹은 계층 서비스 수준의 차이가 나므로 보건교육을 통하여 스스로 서비스 수준을 판단할 수 있는 능력을 함양할 교육을 할 필요가 있음.
- **산업사회의 특성**
  산업사회는 보건의료가 전문화 되어 있어서 소비자들이 보건의료에 대한 대처 능력이 부족하므로 이에 대한 교육이 필요하다.
- **질병 발생 양상의 변화**
  급성질병에서 만성질병으로의 변화는 건강행위 변화로 예방이 가능하므로 이에 대한 체계적인 보건교육이 필요하다.
- **의료비 상승**
  의료비의 상승은 조기퇴원을 유도함에 따라 가정에서의 건강관리 보건교육이 필요하다.
- **건강권의 인식변화**
  건강은 권리라는 인식의 변화로 인해 보건교육을 통해 건강관리의 생활화를 할 필요가 있다.
- **건강관련 사항 결정**
  보건교육을 통하여 건강관련 사항에 결정을 스스로 하고자 하는 욕구를 충족시키기 위함이다.

04 보건교육요구 4가지 유형(Bradshow, 1972)

① **규범적 요구**: 보건의료전문가에 의해 정의되는 요구
② **내면적 요구**: 언행으로 드러나지는 않으나 학습자가 바라는 대로 정의되는 요구
③ **외향적 요구**: 자신의 건강문제를 다른 사람에게 호소하거나 행동으로 나타내는 요구
④ **상대적 요구**: 다른 대상자와의 비교를 통해 나타나는 요구

05 보건교육 계획 및 수행

① 쉬운 것에서 어려운 것으로
② 구체적인 것에서 추상적인 것으로
③ 가까운 것에서 먼 것으로

④ 간단한 것에서 복잡한 것으로
⑤ 익숙한 것에서 미숙한 것으로
⑥ 부분적 내용에서 전체적 내용으로

06 집단 보건교육(집단토론)

- **강의법**
  ① 전통적인 교육방법으로 단시간 내에 많은 내용을 한꺼번에 많은 사람에게 전달하고자 할 때 사용하는 방법
  ② 일방적으로 교육자가 피교육자에게 전달, 주입하는 방법
  ③ 피교육자가 기본 지식이 부족할 때 이용
  ④ **장점**: 짧은 시간에 비교적 많은 양의 지식을 발표할 수 있고 많은 청중을 대상으로 할 경우 편리하며, 구두로 보건교육을 전달
  ⑤ **단점**: 상자들이 수동적이 되어 자발성이 결여. 기억이 오래 가지 않음. 대상자의 차이를 모두 맞출 수가 없으며, 강의의 효과가 강사의 질과 태도에 전적으로 달려 있으며 시간이 길어지면 피교육자의 주의 집중력이 떨어짐.

- **배심토의**
  ① 토의문제에 대해 충분한 지식을 가진 전문가 여러 명이 의장의 안내로 토의하는 방법
  ② 사회자 외에 4~7명의 전문가로 구성되며 청중 수는 한정할 필요는 없다. 전문가들은 한 문제에 대해 각기 다른 의견을 발표하며 다각도로 토의
  ③ **장점**: 배심토의는 짧은 시간에 많은 전문가의 의견을 들을 수 있고 문제를 다각도 측면에서 분석. 참가자들은 비교적 높은 수준의 토의를 경험
  ④ **단점**: 경제성이 떨어지며, 진행에 따라 일방적 발표. 사회자 역할에 따라 청중의 참여가 제한될 수 있으며, 청중의 이해 속도가 느림. 더욱이 전문가 위촉이 어려움.

- **심포지엄**
  ① 2명 또는 여러 명의 연사가 각기 다른 입장에서 동일한 문제에 대하여 각기 자기 주관을 미리 준비해 와서 사회자의 안내로 발표하고 청중들이 이에 대해 질문함으로써 강연과 질의 응답을 조화 있게 진행하는 방식
  ② 집단 구성원이 많고 폭넓은 문제를 토의할 때 이용
  ③ **장점**: 특별한 주제에 대해 밀도 있는 접근이 가능. 청중이 알고자 하는 문제의 전체적인 파악은 물론 각 부분까지 이해할 수 있음.
  ④ **단점**: 연사의 발표내용이 중복되기 쉽고 시간이 제한되어 한정된 청중만 참가(발표자, 청중 모두가 전문가 집단)교육 대상자가 주제에 대해 정확한 파악이 되지 못했을 때는 비효과적이며, 준비가 많이 요구

- **집단토론회**
  ① 약 10명 내지 15명 정도의 인원이 구성되어 자유로운 분위기에서 토의하는 방식
  ② 발언권이나 지정된 강연석은 없으며 사회자는 집단을 이끄는 방법을 잘 이해하고 자유로운 분위기에서 토의가 잘 진행되도록 노력
    ex 어머니 교실, 학부모 대상 교육
  ③ **장점**: 집단토론회는 참가자 모두가 일반적인 토의에 쉽게 참여
  ④ **단점**: 토론의 초점을 명확히 하지 않으면 목적이 흐지부지 될 수 있으며, 토론 시 한 발언자에 의해 독점이 될 수 있음.

- **분단토론회(Buzz session, 버즈학습)**
  ① 집단 구성원을 몇 개의 분단으로 나누어 책임을 맡아 책임 맡은 문제 및 내용에 대하여 토의하고 그 각각의 견해를 전체집단에 발표하여 참가자 전원의 의견을 종합하는 방법
  ② **장점**: 분단 토론회는 교육 대상자에게 적극적 참여기회를 부여. 의사소통 능력 및 사회성을 배양할 수 있음.
  ③ **단점**: 소수에게만 적용되어 경제성이 없으며, 학습자가 준비되지 않았으면 전혀 도움이 안 된다. 또한 관계없는 문제가 토론될 수도 있음.

- **시범회**
  ① 물건이나 자료를 가지고 실제의 현장과 비슷하게 시범을 보이면서 교육하는 방법
  ② **장점**: 가르친 내용을 실천에 옮기는 데 가장 효과적이며, 동기유발이 용이하고 흥미가 지속. 대상자의 교육 수준이 일정치 않아도 됨.
  ③ **단점**: 돈이 많이 들어 비경제적. 대상자 수가 많으면 전달이 잘 안 됨.

- **역할극**
  ① 집단 중에 몇 사람을 선정하여 학습하여야 할 내용을 연기로 표현하는 방법
  ② **장점**: 흥미와 동기유발이 용이하고, 대상자 수가 많아도 상관없음. 견학과 동일한 효과. 역할을 분담하여 실제 연극으로 해보임으로 실제 활용에 가능한 기술 습득이 용이
  ③ **단점**: 역할 선정이 용이하지 않으며, 많은 시간의 준비가 요구. 피교육자가 25명 이상일 때는 비효과적

07 교육 매체 종류 및 장단점

① 가정 통신
  - 장점: 경비가 적게 들며, 가족 전체의 건강관리 기능의 향상에 도움
  - 단점: 수신자 전달 확인이 불가능하며, 더욱이 전달되지 않을 가능성도 있으며, 가정 상황의 파악이 힘듦.

② 전화
- 장점: 간과 비용이 경제적이며, 빈번한 접촉이 가능, 급할 때 시간의 구애를 받지 않으며 의사소통이 빨리 된다는 점 가정통신문보다는 훨씬 친근감이 있고 사무적이지 않음.
- 단점: 통화 불신이 될 수 있으며, 전화 없는 가정에는 전달이 불가능하며, 통화 후 반드시 몇 시, 몇 분, 통화여부 등의 기록을 남겨야 함.

③ 유인물
- 장점: 전단, 소책자, 팜플렛 등이 있으며 보관했다가 보고 싶을 때 볼 수 있는 정보의 반복 효과. 내용을 조직적이고 계획적으로 자세히 담을 수 있으며 다른 매체보다 신뢰성이 높음.
- 단점: 한 번 제작 시 비용, 시간이 많이 든다는 점. 글을 알지 못하는 사람에게는 이용이 불가능하며, 소수에게만 적용이 가능

④ 실물 환등기
- 장점: 즉석에서 납작한 실물을 제시
- 단점: 장기간 사용할 때 다량의 열을 발산하며, 암막장치가 필요

⑤ 영화
- 장점: 시간·공간에 제한을 받지 않는다는 장점이 있으며, 움직이는 전체과정을 보여주어 이해가 쉽고 실천이 가능. 개인차를 최소화하고 동일한 경험과 이해를 촉진
- 단점: 예산, 기술 및 제작 활용에 어려움이 있으며, 영사기나 비디오 기구가 필요. 영화를 현실로 착각할 수 있다는 단점을 내포

⑥ PPT
- 장점: 시각적으로 지식과 정보를 전달할 수 있음.
- 단점: PPT 표현 능력에 따라 교육 효과가 달리 나타날 수 있음.

08 보건교육 프로그램 수행 과정

• 도입단계
① 학습내용에 관련되는 대상자의 과거경험을 상기시키는 질문을 하거나 설명을 하고 학습목표를 확인
② 학습내용의 개요를 설명한다. 이때 대상자의 흥미, 관심, 요구와 결부시킬 수 있는 시각적 자료를 사용할 수 있다.
③ 학습내용과 관련된 이미 알고 있는 지식이나 정도를 질문하고 그 대답에 따라 문제점을 이해시킴.
④ 특이한 질문을 해서 관심과 의욕을 불러일으킬 수도 있음

• 전개단계
학습내용이나 성질에 따라 학습활동을 결정하며 학습자의 이해를 촉구하는 다양한 활동을 활용
  ex 학습활동: 관찰, 토의, 청취, 읽기, 표현활동(말하기, 그리기, 만들기), 실제경험(실험, 실습, 시범)

• 정리단계
학습한 전체 내용을 총괄하여 조직적으로 결론

09 보건교육 평가

• 평가 목적
① 설정된 학습목표의 도달유무를 진단
② 학습효과를 증진시키는 데 영향요인이 무엇인지를 알아냄.
③ 교육자 자신의 교육방법이나 교육기교가 학습자들의 학습목표 도달에 적절한지를 판단
④ 교육과정 및 내용의 타당도를 알아봄.
⑤ 교육대상자들에게 교육자 자신의 노력의 결과를 알려줌.
⑥ 학습자의 교육요구를 파악

• 평가 대상
학습자, 교육담당자, 계획된 교육과정, 학습환경

• 평가 유형
① 무엇을 평가의 기준으로 결정하느냐에 따라: 절대평가와 상대평가
② 평가의 시점: 진단평가, 형성평가, 총괄평가

10 Bloom학습목표 – 예시와 함께

• 인지적 영역: 지식–이해–적용–분석–종합–평가
① 지식: 감염병 치료제 복용 후 환자상태
② 이해: 부작용을 두 가지 이상 진술
③ 적용: 호흡이 원활하지 않아 1일 복용을 멈춤
④ 분석: 잠을 깼을 때의 호흡과 운동 후 호흡 의미 구별
⑤ 합성: 감염병 치료제와 폐기능의 부작용 관계를 설명
⑥ 평가: 자신의 호흡조절 능력이 성공적임을 평가

• 정의적 영역(태도, 느낌, 감정의 변화): 감수–반응–가치화–조직화–성격화
① 감수: 감염병으로 중증상태 빠지는 사람을 관찰
② 반응: 감염병이 자신이나 가족에게 매우 해롭다고 말함.
③ 가치화: 감염병 예방을 위하여 6가지 손 씻기와 KF94마스크 착용을 생활화
④ 조직화: 면역력 증진을 위하여 비타민C를 복용하고 규칙적 생활양식을 실행
⑤ 성격화: 감염병 예방 홍보활동

• 심동적 영역: 지각–태세–지시에 따른 반응–기계화–복합 외적반응–적응–독창성
① 지각: 생활운동을 관찰
② 태세: 운동을 하기 위해 필요한 덤벨을 이용
③ 지시에 따른 반응: 시범자의 지시에 따라 덤벨을 이용한 운동을 실시

④ **기계화**: 집에 있을 때도 스스로 운동
⑤ **복합 외적 반응**: 티비를 보면서 덤벨을 이용한 운동을 능숙하게 실시
⑥ **적응**: 덤벨이 없는 곳에서는 물병을 이용하여 덤벨 운동 실시

11 보건교육 학습이론

- **행동주의 학습이론**
  학습현상을 행동과 행동 발생 원인이 되는 외부환경에 초점. 목표한 행동의 변화가 일어나면 학습이 이루어짐
  ① 행동은 보상, 칭찬, 처벌 같은 강화에 의해 증가
  ② 행동은 이전의 경험에 의해 영향을 받고 다음에 올 결과에 의해 더 큰 영향을 받음
  ③ 처벌은 행동을 억제. 처벌이 제거되면 행동 증가
  ④ 보상, 벌이 행동 강화. 결과에 상응하는 적절한 보상이 학습을 증진시킴.

- **인지주의 학습이론**
  학습은 개인이 환경으로부터 받은 자극이나 정보를 어떻게 지각하고 해석하고 저장하는가에 관심
  ① 정보자료를 조직화할 때 학습 증가
  ② 주의집중은 학습 증가
  ③ 정보를 관련지음으로써 학습 증가
  ④ 개개인의 학습유형은 다양함.
  ⑤ 모방은 하나의 학습방법
  ⑥ 신기함이나 새로움은 정보의 저장에 영향

- **인본주의 학습이론**
  학습은 개인이 주의 환경과의 능동적 상호작용을 통해 자아성장, 자아실현을 이루는 과정
  ① 학습자들에게 자율성을 부여하면 최선의 선택을 함
  ② 학습은 학습자가 긍정적 자아개념을 갖도록 도와주는 것
  ③ 학습은 학습자 중심으로 이루어져야 효과적
  ④ 학습은 자기실현을 하도록 개인의 잠재력 발달

- **구성주의 학습이론**
  학습은 개인적 경험에 근거하여 독특하고 개인적 해석을 내리는 능동적, 개인적 과정 의미
  ① 지식이란 인간이 처한 상황의 맥락 안에서 사전 경험에 의해 개개인의 마음에 재구성 하는 것이라고 주장
  ② 문제 중심 학습의 철학적 배경이 되며 '의미 만들기 이론'이라고도 함.
  ③ 학습자들이 실생활에서 마주하는 실질적 문제에 지식을 적용할 수 있는 능력을 기르는 것

기출로 실력 올리기

01 <보기>에서 설명하는 학습이론으로 가장 옳은 것은?

2020 서울시

| 보기 |

학습이란 개인이 이해력을 얻고 새로운 통찰력 혹은 더 발달된 인지구조를 얻는 적극적인 과정이다. 이러한 학습은 동화와 조절을 통해 이루어진다. 동화란 이전에 알고 있던 아이디어나 개념에 새로운 아이디어를 관련시켜 통합하는 것이다. 학습자는 자신의 인지구조와 일치하는 사건을 경험할 때는 끊임없이 동화되며 학습하지만 새로운 지식이나 사건이 이미 갖고 있는 인지구조와 매우 달라서 동화만으로 적응이 어려울 때는 조절을 통해 학습하고 적응한다.

① 구성주의 학습이론
② 인본주의 학습이론
③ 인지주의 학습이론
④ 행동주의 학습이론

---

01 보건교육 – 학습이론 🔑 ③

학습이 인지구조를 얻는 적극적 과정이고 정보를 어떻게 지각, 해석하는지 관심을 갖는 것은 인지주의 학습이론이다.

추가 학습

인지주의 학습이론
학습은 개인이 환경으로부터 받은 자극이나 정보를 어떻게 지각하고 해석하고 저장하는가에 관심
1. 정보자료를 조직화할 때 학습 증가
2. 주의집중은 학습 증가
3. 정보를 관련지음으로써 학습 증가
4. 개개인의 학습유형은 다양함.
5. 모방은 하나의 학습방법
6. 신기함이나 새로움은 정보의 저장에 영향

출제분석
보건교육 학습이론은 구체적이라서 시험에 다양하게 다빈도로 출제되니까 꼼꼼하게 외워주세요.

02 〈보기〉에서 설명하고 있는 학습이론은? 2019 서울시

| 보기 |

학습이란 외적인 환경을 적절히 조성하여 학습자의 행동을 변화시키는 것으로 학습자에게 목표된 반응이 나타날 때, 즉각적인 피드백과 적절한 강화를 사용하도록 한다. 또한, 학습목표의 성취를 위하여 필요한 학습과제를 하위에서 상위로 단계별로 제시하고 반복 연습의 기회를 제공한다.

① 구성주의 학습이론
② 인본주의 학습이론
③ 인지주의 학습이론
④ 행동주의 학습이론

---

02 보건교육 – 학습이론 ④

학습이 외적 환경을 조성 또는 변화시켜 행동을 변화시키면 학습이 이루어진다고 하는 이론을 행동주의 학습이론이라고 한다.

추가 학습

행동주의 학습이론
학습현상을 행동과 행동 발생 원인이 되는 외부환경에 초점. 목표한 행동의 변화가 일어나면 학습이 이루어짐
1. 행동은 보상, 칭찬, 처벌 같은 강화에 의해 증가
2. 행동은 이전의 경험에 의해 영향을 받고 다음에 올 결과에 의해 더 큰 영향을 받음
3. 처벌은 행동을 억제. 처벌이 제거되면 행동 증가
4. 보상, 벌이 행동 강화. 결과에 상응하는 적절한 보상이 학습을 증진시킴.

03 다음은 어떤 학습이론에 대한 설명인가?

2014 서울시

- 학습이란 자기실현을 할 수 있도록 개인의 잠재력을 발달시키는 것이다.
- 스스로 학습하며 학습이 유용했는지를 스스로 평가하도록 한다.
- 학습자가 자발적인 사람이기 때문에 교육자의 역할은 학습자의 조력자이며 촉진자의 역할이다.

① 사회-학습이론
② 계획된 행위이론
③ 인지주의 학습이론
④ 인본주의 학습이론

03 보건교육 – 학습이론 ④

학습자가 자발적이고 교육자는 조력자 역할을 해주는 것은 인본주의 학습이론이다.

추가 학습

인본주의 학습이론
학습은 개인이 주위 환경과의 능동적 상호작용을 통해 자아성장, 자아실현을 이루는 과정
1. 학습자들에게 자율성을 부여하면 최선의 선택을 함
2. 학습은 학습자가 긍정적 자아개념을 갖도록 도와주는 것
3. 학습은 학습자 중심으로 이루어져야 효과적
4. 학습은 자기실현을 하도록 개인의 잠재력 발달

04 다음에 해당하는 학습이론은? 2021 지방직

> 채소를 먹으면 어머니에게 보상을 받았던 학습경험을 통해 편식을 하는 아동이 자발적으로 채소를 먹게 되었다.

① 구성주의 학습이론
② 인지주의 학습이론
③ 인본주의 학습이론
④ 행동주의 학습이론

---

04 보건교육 – 학습이론 　④

보상, 칭찬을 통해 행동을 하게 되는데, 보상을 받고 아동이 자발적으로 채소를 먹었기 때문에 행동주의 학습이론에 해당한다.

추가 학습

행동주의 학습이론
학습현상을 행동과 행동 발생 원인이 되는 외부환경에 초점. 목표한 행동의 변화가 일어나면 학습이 이루어짐
1. 행동은 보상, 칭찬, 처벌 같은 강화에 의해 증가
2. 행동은 이전의 경험에 의해 영향을 받고 다음에 올 결과에 의해 더 큰 영향을 받음
3. 처벌은 행동을 억제. 처벌이 제거되면 행동 증가
4. 보상, 벌이 행동 강화. 결과에 상응하는 적절한 보상이 학습을 증진시킴.

출제분석
이렇게 예시를 들어서 나와도 학습이론을 제대로 구분하시면 문제없죠!

05 다음 글에서 설명하는 학습이론은?

2020 지방직

- 보상이나 처벌이 행동의 지속이나 소멸에 영향을 줌
- 개인 고유의 내적 신념과 가치를 무시하는 경향이 있음
- 즉각적인 회환은 학습 향상에 효과적임

① 인지주의 ② 행동주의
③ 인본주의 ④ 구성주의

---

05 보건교육 – 학습이론 ②

결과에 상응하는 적절한 보상이 학습을 증진시킨다는 이론은 행동주의 이론이다.

추가 학습

행동주의 학습이론
1. 행동은 보상, 칭찬, 처벌 같은 강화에 의해 증가
2. 행동은 이전의 경험에 의해 영향을 받고 다음에 올 결과에 의해 더 큰 영향을 받음
3. 처벌은 행동을 억제. 처벌이 제거되면 행동 증가
4. 보상, 벌이 행동 강화. 결과에 상응하는 적절한 보상이 학습을 증진시킴.

06 간호사는 금연 교육 프로그램을 기획하고 학습목표를 기술하였다. 블룸(Bloom)의 인지적 학습 목표에 따를 때, 가장 높은 수준에 해당하는 것은?

2020 서울시

① 대상자는 심장질환과 니코틴의 작용을 관련지어 말할 수 있다.
② 대상자들은 자신들이 계획한 금연계획을 실천가능성에 따라 평가한다.
③ 대상자들은 흡연으로 인한 증상과 자신에게서 나타나는 증상을 비교한다.
④ 대상자들은 금연방법을 참고하여 자신의 금연계획을 작성한다.

---

06 건강증진 – 학습이론 – 블룸(Bloom)의 학습목표 — ②

가장 높은 수준단계 = 평가를 의미하므로
② 대상자들은 자신들이 계획한 금연계획을 실천가능성에 따라 평가한다.

추가학습

인지적 영역
지식 – 이해 – 적용 – 분석 – 종합 – 평가
1. 지식: 감염병 치료제 복용 후 환자상태
2. 이해: 부작용을 두 가지 이상 진술
3. 적용: 호흡이 원활하지 않아 1일 복용을 멈춤
4. 분석: 잠을 깼을 때의 호흡과 운동 후 호흡 의미 구별
5. 합성: 감염병 치료제와 폐기능의 부작용 관계를 설명
6. 평가: 자신의 호흡조절 능력이 성공적임을 평가

출제분석
블룸(Bloom)의 학습목표는 인지적 영역, 정의적 영역, 심동적 영역 이렇게 크게 3개로 나누어 그 뜻을 구별하는지 명확하게 문제에서 묻기 때문에 영역별 내용과 과정을 다 알고 계셔야 해요.

07 Bloom은 학습목표 영역을 세 가지로 분류하였다. 다음 중 다른 종류의 학습목표 영역에 해당하는 것은?

2019 서울시

① 대상자들은 담배 속 화학물질인 타르와 니코틴이 건강에 미치는 영향을 비교하여 설명할 수 있다.
② 대상자들은 흡연이 건강에 미치는 해로운 영향을 5가지 말할 수 있다.
③ 대상자들은 흡연이 자신이나 가족들에게 매우 해로우므로 금연을 하는 것이 긍정적인 행위라고 말한다.
④ 대상자들은 자신이 직접 세운 금연 계획의 실천 가능성이 얼마나 되는지 평가할 수 있다.

---

07 건강증진 – 학습이론 – 블룸(Bloom)의 학습목표 🔑 ③

[선지체크]
① 대상자들은 담배 속 화학물질인 타르와 니코틴이 건강에 미치는 영향을 비교하여 설명할 수 있다.
→ 인지적 영역(합성)
② 대상자들은 흡연이 건강에 미치는 해로운 영향을 5가지 말할 수 있다. → 인지적 영역(이해)
③ 대상자들은 흡연이 자신이나 가족들에게 매우 해로우므로 금연을 하는 것이 긍정적인 행위라고 말한다. → 정의적 영역
④ 대상자들은 자신이 직접 세운 금연 계획의 실천 가능성이 얼마나 되는지 평가할 수 있다.
→ 인지적 영역(평가)

[추가학습]
Bloom 학습목표
1. 인지적 영역: 지식–이해–적용–분석–종합–평가
   ① 지식: 감염병 치료제 복용 후 환자상태
   ② 이해: 부작용을 두 가지 이상 진술
   ③ 적용: 호흡이 원활하지 않아 1일 복용을 멈춤
   ④ 분석: 잠을 깼을 때의 호흡과 운동 후 호흡 의미 구별
   ⑤ 합성: 감염병 치료제와 폐기능의 부작용 관계를 설명
   ⑥ 평가: 자신의 호흡조절 능력이 성공적임을 평가
2. 정의적 영역(태도, 느낌, 감정의 변화): 감수–반응–가치화–조직화–성격화
   ① 감수: 감염병으로 중증상태 빠지는 사람을 관찰
   ② 반응: 감염병이 자신이나 가족에게 매우 해롭다고 말함.
   ③ 가치화: 감염병 예방을 위하여 6가지 손 씻기와 KF94마스크 착용을 생활화
   ④ 조직화: 면역력 증진을 위하여 비타민C를 복용하고 규칙적 생활양식을 실행
   ⑤ 성격화: 감염병 예방 홍보활동
3. 심동적 영역: 지각–태세–지시에 따른 반응–기계화–복합외적반응–적응–독창성
   ① 지각: 생활운동을 관찰
   ② 태세: 운동을 하기 위해 필요한 덤벨을 이용
   ③ 지시에 따른 반응: 시범자의 지시에 따라 덤벨을 이용한 운동을 실시
   ④ 기계화: 집에 있을 때도 스스로 운동
   ⑤ 복합 외적 반응: 티비를 보면서 덤벨을 이용한 운동을 능숙하게 실시
   ⑥ 적응: 덤벨이 없는 곳에서는 물병을 이용하여 덤벨 운동 실시

> **출제분석**
> 이렇게 전체를 다 알아야 풀 수 있는 문제는 어렵게 나올 때 출제되고, 그렇지 않을 때는 한 영역에 대해서 심도있게 나오니까 경향도 파악하셔야 해요. 예시도 바꾸어 나올 수 있으니 기억하셔야 하고요.

08 Bloom이 제시한 인지적 영역 학습목표의 수준이 올바르게 나열된 것은? 2016 서울시

　　　　← 낮은 수준　　　　　　　　높은 수준 →
① 지식 → 적용 → 이해 → 종합 → 분석 → 평가
② 지식 → 이해 → 적용 → 종합 → 분석 → 평가
③ 지식 → 이해 → 적용 → 분석 → 종합 → 평가
④ 지식 → 적용 → 이해 → 분석 → 종합 → 평가

LINK 이론서 184p
난이도 상 중 하
중요도 ★★★★★
CHECK ☐☐☐

---

08 건강증진 – 학습이론 – 블룸(Bloom)의 학습목표 🔍 ③

추가 학습

인지적 영역
지식-이해-적용-분석-종합-평가
1. 지식: 감염병 치료제 복용 후 환자상태
2. 이해: 부작용을 두 가지 이상 진술
3. 적용: 호흡이 원활하지 않아 1일 복용을 멈춤
4. 분석: 잠을 깼을 때의 호흡과 운동 후 호흡 의미 구별
5. 합성: 감염병 치료제와 폐기능의 부작용 관계를 설명
6. 평가: 자신의 호흡조절 능력이 성공적임을 평가

> **출제분석**
> "지리적분합평" = 인지적 영역 암기했으니 참 쉽게 풀죠!

09 블룸(Bloom)의 심리운동 영역에 해당하는 학습목표는?

2017 지방직

① 대상자는 운동의 장점을 열거할 수 있다.
② 대상자는 지도자의 지시에 따라 맨손체조를 실시할 수 있다.
③ 대상자는 만성질환 관리와 운동효과를 연결시킬 수 있다.
④ 대상자는 운동이 자신에게 매우 이롭다고 표현한다.

---

09 보건교육 – 블룸(Bloom)의 학습목표 ②

추가학습

심동적(심리운동) 영역
지각 – 태세 – 지시에 따른 반응 – 기계화 – 복합외적반응 – 적응 – 독창성
1. 지각: 생활운동을 관찰
2. 태세: 운동을 하기 위해 필요한 덤벨을 이용
3. 지시에 따른 반응: 시범자의 지시에 따라 덤벨을 이용한 운동을 실시
4. 기계화: 집에 있을 때도 스스로 운동
5. 복합 외적 반응: 티비를 보면서 덤벨을 이용한 운동을 능숙하게 실시
6. 적응: 덤벨이 없는 곳에서는 물병을 이용하여 덤벨 운동 실시

출제분석
블룸의 학습목표는 늘 예시와 함께 나오기 때문에 대표적인 위와 같은 예시를 알아두고 적용하면 쉽게 풀 수 있어요.

10 A방문간호사는 당뇨를 진단받고 인슐린 자가주사를 해야하는 김씨를 위하여 〈보기〉와 같은 목표를 설정하였다. 학습목표의 영역과 수준을 옳게 짝지은 것은?   2023 서울시

| 보기 |

대상자는 간호사가 행하는 인슐린 자가주사 시행 절차 중 일부를 자신이 해보겠다고 자원하여 표현한다.

① 심동적 영역, 태세
② 정의적 영역, 반응
③ 심동적 영역, 적응
④ 정의적 영역, 적용

---

10 보건교육 – 블룸(Bloom)의 학습목표

추가 학습

블룸(Bloom)의 학습목표
1. 인지적 영역: 지식의 증가와 이를 활용하는 능력. 행동의 복합성에 따라 가장 낮은 수준 지식 습득부터 가장 높은 수준의 평가로 분류
2. 정의적 영역: 느낌, 정서적 내면화가 깊어짐에 따라 대상자의 성격과 가치체계에 통합되어 가는 과정
3. 심리운동적 영역: 관찰 가능하기 때문에 학습목표의 확인과 측정이 쉬움. 심리운동 영역의 수준이 높아질수록 신체 기술을 좀 더 효과적으로 수행할 수 있음.

인지적 영역 (지식)	• 지식: 감염병 치료제 복용 후 환자상태 • 이해: 부작용을 두 가지 이상 진술 • 적용: 호흡이 원활하지 않아 1일 복용을 멈춤 • 분석: 잠을 깼을 때의 호흡과 운동 후 호흡 의미 구별 • 합성: 감염병 치료제와 폐기능의 부작용 관계를 설명 • 평가: 자신의 호흡조절 능력이 성공적임을 평가
정의적 영역 (태도, 느낌, 감정)	• 감수: 감염병으로 중증상태 빠지는 사람을 관찰 • 반응: 감염병이 자신이나 가족에게 매우 해롭다고 말함 • 가치화: 감염병 예방을 위하여 6가지 손 씻기와 KF94마스크 착용을 생활화 • 조직화: 면역력 증진을 위하여 비타민C를 복용하고 규칙적 생활양식을 실행 • 성격화: 감염병 예방 홍보활동
심동적 영역 (기술, 행동)	• 지각: 생활운동을 관찰 • 태세: 운동을 하기 위해 필요한 덤벨을 이용 • 지시에 따른 반응: 시범자의 지시에 따라 덤벨을 이용한 운동을 실시 • 기계화: 집에 있을 때도 스스로 운동 • 복합 외적 반응: 티비를 보면서 덤벨을 이용한 운동을 능숙하게 실시 • 적응: 덤벨이 없는 곳에서는 물병을 이용하여 덤벨 운동 실시

11 보건교육을 계획하고자 할 때 고려해야 할 사항으로 옳은 것은?   2011 지방직

① 첫 단계는 신체적 및 사회·경제적 준비정도를 확인하는 것이다.
② 목표 진술은 명시적 행동용어보다 암시적 행동용어로 한다.
③ 학습목표에 따라 적절한 교육방법을 선택한다.
④ 학습내용은 어려운 것에서 쉬운 것으로, 추상적인 것에서 구체적인 것으로 배열한다.

---

11 보건교육 – 보건교육방법   ③

선지체크
① 첫 단계는 학습요구도를 확인하는 것이다.
② 목표 진술은 명시적 행동용어, 구체적이고 정확하게 선택한다.
④ 학습내용은 쉬운 것에서 어려운 것으로, 구체적인 것에서 추상적인 것으로 배열한다.

추가학습
보건교육방법
1. 교육방법 선정 시 고려사항
    ① 교육대상자의 수
    ② 학습목표의 난이도
    ③ 교육에 참여한 대상자의 교육정도
    ④ 교육장소 및 시설정도
2. 보건교육 계획단계에서 조사할 학습자의 준비정도 4가지 요소
    ① 신체적 및 사회·경제적 준비정도: 건강상태와 사회·경제적 상태에 따라 학습은 영향을 받음.
    ② 정서적 준비정도: 학습자의 내·외적 동기, 관심, 불안수준에 따라 학습은 영향을 받음.
    ③ 사전 경험 준비정도: 새로운 학습, 교육과 관련된 이전의 경험에 따라 학습은 영향을 받음.
    ④ 지식의 정도: 학습자가 갖고 있는 지식과 기술의 수준, 인지적 능력에 따라 학습은 영향을 받음.
3. 보건 교과 내용을 조직하기 위해서는 계속성, 계열성, 통합성의 3가지 원리가 기초. 논리적 구조(특성)에 따라 교육 내용을 배열할 때 고려해야 할 6가지 사항
    ① 쉬운 것에서 어려운 것으로
    ② 간단한 것에서 복잡한 것으로
    ③ 익숙한 것에서 미숙한 것으로
    ④ 가까운 것에서 먼 것으로
    ⑤ 구체적인 것에서 추상적인 것으로
    ⑥ 부분적 내용에서 전체적 내용으로

12 보건교육방법 토의 유형 중 심포지엄에 대한 설명으로 옳은 것은? 2018 지방직

① 일명 '팝콘회의'라고 하며, 기발한 아이디어를 자유롭게 제시하도록 하는 방법이다.
② 참가자 전원이 상호 대등한 관계 속에서 정해진 주제에 대해 자유롭게 의견을 교환하는 방법이다.
③ 전체를 여러 개 분단으로 나누어 토의시키고 다시 전체 회의에서 종합하는 방법이다.
④ 동일한 주제에 대해 전문가들이 다양한 의견을 발표한 후 사회자가 청중을 공개토론 형식으로 참여시키는 방법이다.

---

12 보건교육 – 보건교육방법 ④

선지체크
① 일명 '팝콘회의'라고 하며, 기발한 아이디어를 자유롭게 제시하도록 하는 방법 – 브레인스토밍
② 참가자 전원이 상호 대등한 관계 속에서 정해진 주제에 대해 자유롭게 의견을 교환하는 방법 – 원탁회의 또는 브레인스토밍으로 볼 수 있음
③ 전체를 여러 개 분단으로 나누어 토의시키고 다시 전체 회의에서 종합하는 방법이다. – 분단토의

추가학습
심포지엄
1. 2명 또는 여러 명의 연사가 각기 다른 입장에서 동일한 문제에 대하여 각각 자기 주관을 미리 준비해 와서 사회자의 안내로 발표하고 청중들이 이에 대해 질문함으로써 강연과 질의응답을 조화있게 진행하는 방식
2. 집단 구성원이 많고 폭넓은 문제를 토의할 때 이용
3. 장점: 특별한 주제에 대해 밀도 있는 접근이 가능. 청중이 알고자 하는 문제의 전체적인 파악은 물론 각 부분까지 이해할 수 있음.
4. 단점: 연사의 발표내용이 중복되기 쉽고 시간이 제한되어 한정된 청중만 참가(발표자, 청중 모두가 전문가 집단)교육 대상자가 주제에 대해 정확한 파악이 되지 못했을 때는 비효과적이며, 준비가 많이 요구

출제분석
심포지엄, 배심토의는 이렇게 따로도 잘 나오지만 개념을 혼재하여 잘 나오니 각각의 개념과 차이점 등을 제대로 암기하셔야 해요.

13 다음은 보건교육방법에 대한 설명이다. 옳은 것을 모두 고르면?

2015 서울시

㉠ 강의: 많은 대상자에게 짧은 시간 동안 많은 지식과 정보를 제공한다.
㉡ 그룹토의: 일방식 교육방법으로 참가자가 자유로운 입장에서 상호의견을 교환하고 결론을 내린다.
㉢ 분단토의: 각 견해를 대표하는 토론자 4~5명을 선정하고 사회자의 진행하에 토론한다.
㉣ 역할극: 학습자가 실제 상황 속 인물로 등장하여 그 상황을 분석하고 해결방안을 모색한다.

① ㉠, ㉣
② ㉡, ㉣
③ ㉠, ㉡, ㉢
④ ㉠, ㉡, ㉢, ㉣

---

13 보건교육 – 보건교육방법 🔑 ①

선지체크

맞게 정리
㉠ 강의 – 많은 대상자에게 짧은 시간 동안 많은 지식과 정보를 제공한다.
㉡ 그룹토의 – 쌍방식 교육방법으로 참가자가 자유로운 입장에서 상호의견을 교환하고 결론을 내린다.
㉢ 배심토의 – 각 견해를 대표하는 토론자 4~5명을 선정하고 사회자의 진행하에 토론한다.
㉣ 역할극 – 학습자가 실제 상황 속 인물로 등장하여 그 상황을 분석하고 해결방안을 모색한다.

출제분석
보건교육방법 여러 가지 중 최적의 방법으로 교육을 해야 하므로 그 의미를 정확하게 아는지 묻는 문제가 자주 출제되어요.

14 다음 글에서 청소년의 약물남용 예방교육에 적용된 보건교육 방법은? 2019 지방직

> 청소년들이 실제 상황 속의 약물남용자를 직접 연기함으로써 약물남용 상황을 분석하여 해결방안을 모색하고, 교육자는 청소년의 가치관이나 태도변화가 일어날 수 있도록 하였다.

① 시범
② 역할극
③ 심포지엄
④ 브레인스토밍

---

14 보건교육 – 보건교육 방법 ②

직접 연기를 하여 가치관이나 태도변화에 영향을 미칠 수 있는 보건교육 방법을 역할극이라고 한다.

추가학습

역할극
1. 집단 중에 몇 사람을 선정하여 학습하여야 할 내용을 연기로 표현하는 방법
2. 장점: 흥미와 동기유발이 용이하고, 대상자 수가 많아도 상관없음. 견학과 동일한 효과. 역할을 분담하여 실제 연극으로 해보임으로 실제 활용에 가능한 기술 습득이 용이
3. 단점: 역할 선정이 용이하지 않으며, 많은 시간의 준비가 요구. 피교육자가 25명 이상일 때는 비효과적

15. 다음에서 설명하는 보건교육 방법은?

- 전체 학습자를 여러 개 소그룹으로 나누어 토론을 진행하고, 토론 후 전체 학습자가 다시 모여 토론한 결과를 요약정리하여 결론을 낸다.
- 참석 인원이 많아도 전체 의견을 교환할 수 있고 학습자들에게 참여 기회가 주어진다.

① 배심토의 ② 심포지엄
③ 분단토의 ④ 브레인스토밍

---

15 보건교육 - 보건교육방법

추가학습

분단토론회(Buzz session, 버즈학습)
1. 집단 구성원을 몇 개의 분단으로 나누어 책임을 맡아 책임 맡은 문제 및 내용에 대하여 토의하고 그 각각의 견해를 전체집단에 발표하여 참가자 전원의 의견을 종합하는 방법
2. 장점: 분단토론회는 교육 대상자에게 적극적 참여기회를 부여. 의사소통 능력 및 사회성을 배양할 수 있음
3. 단점: 소수에게만 적용되어 경제성이 없으며, 학습자가 준비되지 않았으면 전혀 도움이 안 됨. 또한 관계없는 문제가 토론될 수도 있음

출제분석

지역사회에서 보건교육이 매우 중요하므로 보건교육의 방법에 대한 문제는 여러 가지 형태로 지속적인 출제를 합니다. 반드시 정확히 숙지하시고 종류를 구별하셔야 해요!

Part 7

일차보건의료사업

출제경향

일차보건의료사업은 최근 3년 지역사회간호학 시험을 분석했을 때 5% 출제 분포를 보였습니다. 사회적 이슈가 큰 개념들이 포진되어 있어 매우 중요하게 떠오르고 있습니다.

빈출 키워드
- 인구 통계 • 맬더스의 인구 이론 • 인구 변천 이론 • 인구의 성비
- 노인부양비 • 노령화지수 • 인구구조 • 저출산 고령사회

기분최고 핵심 잡기

기출문제 분석으로 최고의 고지에 도달하다!

01 인구 통계

- **전수조사(Census)**
  어떤 한 시점에서 일정 지역에 거주하거나 머물고 있는 사람 모두에 대한 특정의 정보를 개인단위로 수집하는 정기적인 조사. 보통 5년 또는 10년의 일정한 간격을 두고 실시
- **신고자료**
  일정한 기간에 나타난 출생, 사망, 결혼, 이혼, 이주에 관한 내용을 당사자나 혹은 관련자가 일정한 양식에 따라 등록한 자료
- **표본조사**
  특수한 목적으로 한정된 내용의 통계자료를 수집하고자 할 때 사용. 표본의 대표성이 확보되어야 하며 센서스 조사 시에 1~5% 범위 내에서 표본을 선정하여 함께 실시

02 맬더스의 인구 이론

- **초기이론**
  식량의 생산은 산술급수적으로 증가하나 인구는 기하급수적으로 증가하므로 생존을 위해서는 인구 증가를 억제하는 강력한 제약이 필요하다는 이론
- **후기이론**
  인구 증가 억제법 중 도덕적 제약인 만혼과 금욕을 추가한 이론
- **문제점**
  인간생존에 필요한 것을 식량으로만 봄. 반드시 인구가 기하급수적으로, 식량이 산술급수적으로 증가하는 것은 아님.

03 인구 변천 이론

- **제1기(전통적 안정기, 고위 정지기)**
  농업사회
- **제2기(초기 인구 증가기, 초기 확장기)**
  고출산율, 사망력이 저하하면서 인구 증가 시작, 공업화, 근대화시기에 나타남.
- **제3기(급격한 인구 증가기, 후기 확장기)**
  점차 저하되기 시작하지만 여전히 고출산력과 상당히 낮은 사망률로 인구의 증가가 둔화되기 시작
- **제4기(인구증가 저하기, 저위 정지기)**
  사망률과 출생률이 최저선 되어 인구증가가 정지되는 단계
- **제5기(감퇴기)**
  출생률이 사망률보다 낮아져 인구가 감소하는 단계

04 인구의 성비

- 성비는 남녀 인구의 균형 상태를 나타내는 지수로, 보통 여자 100명에 대한 남성 성비로 나타냄.
- 성비의 변동은 그 사회의 사망수준과 사망률의 남녀별 차이, 인구이동과 같은 요인에 의해 직접적인 영향을 받음.
  ① **1차 성비**: 태아의 성비
  ② **2차 성비**: 출생 시 성비
  ③ **3차 성비**: 현재 인구의 성비
  ④ 성비에 직접적으로 영향을 주는 요인으로는 사망 수준과 사망률의 남녀별 차이 및 인구이동에 있음.

05 노인부양비, 노령화지수

- **소년부양 인구비**
  $= \dfrac{\text{소년 비경제활동 연령인구(15세 미만)}}{\text{경제활동 연령인구(15~64세)}} \times 100$
- **노년부양 인구비**
  $= \dfrac{\text{노년 비경제활동 연령인구(65세 이상)}}{\text{경제활동 연령인구(15~64세)}} \times 100$
- **총부양 인구비**
  $= \dfrac{\text{비경제활동 연령인구(15세 미만 + 65세 이상)}}{\text{경제활동 연령인구(15~64세)}} \times 100$
- **노령화 지수**
  $= \dfrac{\text{65세 이상 인구}}{\text{14세 이하 인구}} \times 100$

06 인구구조

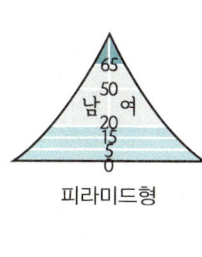피라미드형	1. 피라미드형 – 다산다사형: 출생률, 사망률 모두 높음. – 저개발국가의 인구구조 – 유소년 부양비 증가(0~14세 인구가 65세 이상의 2배를 넘음) – 출생률이 조절되지 않아 인구가 계속 증가(산아제한 정책)
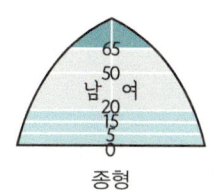종형	2. 종형 – 소산소사형: 출생률, 사망률 모두 낮음. – 선진국가의 인구구조 – 인구정지형 – 인구 노령화로 노인복지 문제 발생
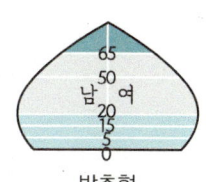방추형	3. 항아리형 – 인구감소형: 출생률이 사망률보다 낮음. – 현재 우리나라의 모습 – 유소년층 비율 낮고, 청장년층 비율이 높아 국가경쟁력 약화 가능성
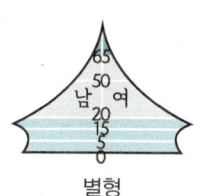별형	4. 별형 – 도시형: 생산연령 인구 비율 높음. – 출산연령에 해당하는 청장년층 비율이 높아 유소년층 비율이 높고 15~49세 인구가 전체 인구의 50%를 넘음.
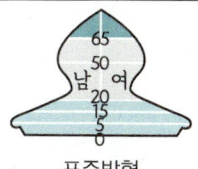표주박형	5. 호로형 – 농촌형: 생산인구의 유출 – 청장년층 유출로 인해 출산율 낮아 인구 부족 문제

07 저출산 고령사회 대응을 위한 국가실천전략

- 혼인·가족 및 양성평등 가치관의 정립과 결혼 및 사회적 가치를 증대
- 출산과 아동양육의 사회적 책임 강화 및 여성의 사회참여를 활성화
- 출산과 관련된 사회적 지원시책으로서 신생아 출생에 대해 사회적 환영과 책임을 공유
- 출산 및 육아에 대한 사회적 분담을 강화하여 취업여성의 부담을 경감하고 경제활동을 지원
- 국가경쟁력을 강화하기 위하여 인구자질 향상정책을 강화

기출로 실력 올리기

LINK 이론서 204~205p
난이도 상 **중** 하
중요도 ★★★★★
CHECK ☐☐☐

01 아래와 같은 인구구조를 가진 지역사회가 있다. 이 지역사회의 노령화 지수는? (단, 단위는 명)

2015 서울시

- 0~14세: 200
- 15~44세: 700
- 45~64세: 500
- 65~80세: 200
- 81세 이상: 100

① 1.5 ② 15
③ 150 ④ 700

---

01 인구구조 - 부양비 🔑 ③
65세 이상 인구(300)/14세 이하 인구(200) × 100 = 150

추가 학습
노령화 지수 = 65세 이상 인구/14세 이하 인구 × 100

출제분석
저출산에 초고령사회를 앞둔 시점에서 앞으로도 노령화지수, 부양비는 다빈도 출제되니까 꼭 공식 외워주세요.

02 다음과 같은 인구구조를 가진 지역사회의 노년부양비(%)는?　　　2014 서울시

연령(세)	인원(명)
0~14	200
15~44	600
45~64	400
65~74	80
75세 이상	30

① 2.3
② 5.6
③ 6.1
④ 11.0
⑤ 23.7

> **02 인구구조 – 부양비**　　　🔑 ④
> 노년부양비 = 노년 비경제활동 연령인구(65세 이상)/경제활동 연령인구(15~64세) × 100
> 110/1000 × 100 = 11

03 A 지역의 노년부양비(%)는?　　　2021 지방직

연령(세)	A 지역 주민 수(명)
0~14	100
15~64	320
65 이상	80

① 16
② 20
③ 25
④ 30

> **03 인구구조 – 부양비**　　　🔑 ③
> 노년부양비 = 노년 비경제활동 연령인구(65세 이상)/경제활동 연령인구(15~64세) × 100
> 80/320 × 100 = 25

04 〈보기〉와 같은 인구 구조를 가진 지역사회의 2020년 6월 13일 현재 인구 구조를 나타내는 지표 값으로 가장 옳은 것은?

2020 서울시

| 보기 |

(단위: 명)

연령(세)	남	여	계
0~14	700	900	1600
15~64	1600	1600	3200
65 이상	700	700	1400
계	3000	3200	6200

- 2020년 6월 13일 현재

① 유년부양비는 (1600/6200) × 100이다.
② 노년부양비는 (1400/1600) × 100이다.
③ 2차 성비는 (3200/3000) × 100이다.
④ 3차 성비는 (3000/3200) × 100이다.

---

04 인구구조 - 부양비, 성비 ④

선지체크
① 유년부양비는 (1600/3200) × 100
② 노년부양비는 (1400/3200) × 100
③ 2차 성비는 (700/900) × 100

추가학습

1. 소년부양 인구비 = $\dfrac{\text{소년 비경제활동 연령인구(15세 미만)}}{\text{경제활동 연령인구(15~64세)}} \times 100$

2. 노년부양 인구비 = $\dfrac{\text{노년 비경제활동 연령인구(65세 이상)}}{\text{경제활동 연령인구(15~64세)}} \times 100$

3. 총부양 인구비 = $\dfrac{\text{비경제활동 연령인구(15세 미만 + 65세 이상)}}{\text{경제활동 연령인구(15~64세)}} \times 100$

4. 노령화 지수 = $\dfrac{\text{65세 이상 인구}}{\text{14세 이하 인구}} \times 100$

05 〈보기〉에서 두 지역의 인구 현상을 설명한 것으로 옳은 것은?   2023 서울시

| 보기 |

(단위: 명)

지역	인구수			
	14세 이하	15~64세	65세 이상	총 인구
A지역	3,500	2,500	4,000	10,000
B지역	2,000	8,000	10,000	20,000

① B지역은 A지역보다 총부양비가 높다.
② B지역은 A지역보다 노령화지수가 높다.
③ B지역은 A지역보다 유년부양비가 높다.
④ B지역은 A지역보다 노년부양비가 높다.

---

05 인구구조 – 부양비

선지체크
① B지역은 A지역보다 총부양비가 낮다.
③ B지역은 A지역보다 유년부양비가 낮다.
④ B지역은 A지역보다 노년부양비가 낮다.

	A지역	B지역
총부양비	{(3,500 + 4,000)/2,500} × 100 = 300	{(2,000+10,000)/8,000}×100 = 150
유년부양비	(3,500/2,500)×100 = 140	(2,000/8,000)×100 = 25
노년부양비	(4,000/2,500)×100 = 160	(10,000/8,000)×100 = 125
노령화지수	(4,000/3,500)×100 = 114	(10,000/2,000)×100 = 500

추가학습

부양비

1. 소년부양 인구비 = $\dfrac{\text{소년 비경제활동 연령인구(15세 미만)}}{\text{경제활동 연령인구(15~64세)}} \times 100$

2. 노년부양 인구비 = $\dfrac{\text{노년 비경제활동 연령인구(65세 이상)}}{\text{경제활동 연령인구(15~64세)}} \times 100$

3. 총부양 인구비 = $\dfrac{\text{비경제활동 연령인구(15세 미만 + 65세 이상)}}{\text{경제활동 연령인구(15~64세)}} \times 100$

4. 노령화 지수 = $\dfrac{\text{65세 이상 인구}}{\text{14세 이하 인구}} \times 100$

출제분석
단순 답을 구하는 문제가 아닌 전체적인 공식을 알고 있는지, 실수 없이 답을 구하고 있는지, 전체적인 분석을 할 수 있는지, 모두 확인하기 위한 문제가 출제되는 경향을 보여요!

06 인구구조 유형 중 항아리형에 대한 설명으로 옳은 것은?

2024 지방직

① 생산연령층의 유출이 큰 농촌형 구조
② 생산연령층의 유입이 큰 도시형 구조
③ 출생률과 사망률이 모두 높은 다산다사형 구조
④ 출생률과 사망률이 모두 낮고, 출생률이 사망률보다 낮아 인구가 감소하는 구조

06 일차보건의료 – 인구보건 – 인구구조 ④

항아리형은 인구감소형으로 현재 우리나라의 모습을 말한다. 출생률이 사망률보다 낮아서 인구가 감소하는 구조로, 인구감소로 인한 사회적 문제를 야기하고 있다.

선지체크
① 생산연령층의 유출이 큰 농촌형 구조 → 호로형
② 생산연령층의 유입이 큰 도시형 구조 → 별형
③ 출생률과 사망률이 모두 높은 다산다사형 구조 → 피라미드형

추가 학습

인구구조의 유형

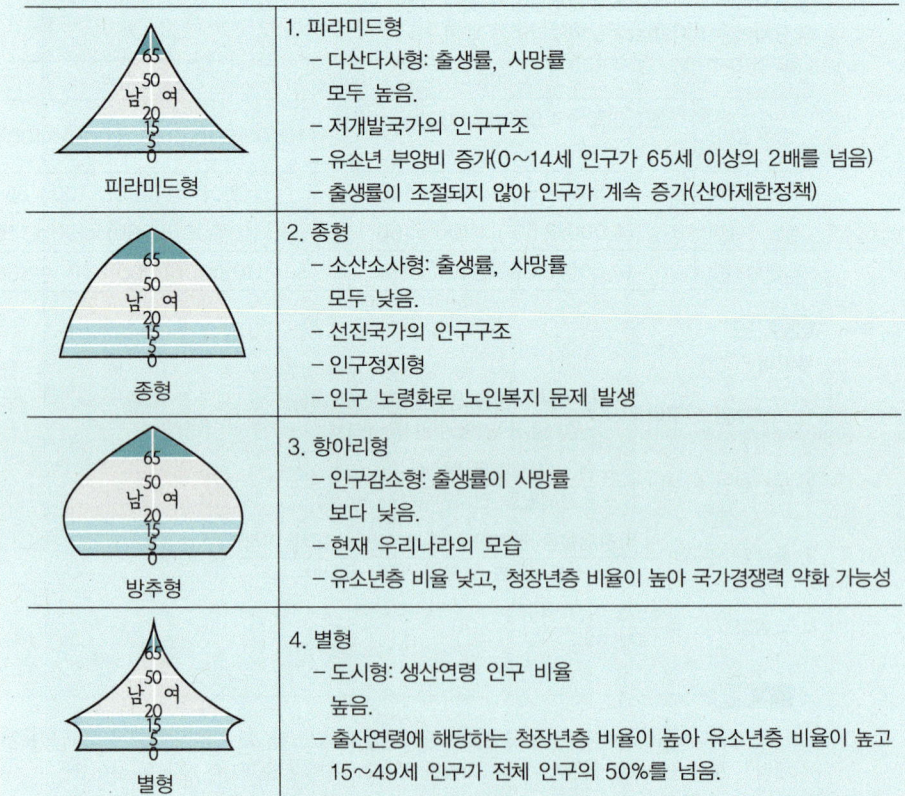

피라미드형	1. 피라미드형 – 다산다사형: 출생률, 사망률 모두 높음. – 저개발국가의 인구구조 – 유소년 부양비 증가(0~14세 인구가 65세 이상의 2배를 넘음) – 출생률이 조절되지 않아 인구가 계속 증가(산아제한정책)
종형	2. 종형 – 소산소사형: 출생률, 사망률 모두 낮음. – 선진국가의 인구구조 – 인구정지형 – 인구 노령화로 노인복지 문제 발생
방추형	3. 항아리형 – 인구감소형: 출생률이 사망률보다 낮음. – 현재 우리나라의 모습 – 유소년층 비율 낮고, 청장년층 비율이 높아 국가경쟁력 약화 가능성
별형	4. 별형 – 도시형: 생산연령 인구 비율 높음. – 출산연령에 해당하는 청장년층 비율이 높아 유소년층 비율이 높고 15~49세 인구가 전체 인구의 50%를 넘음.

| 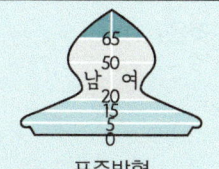 표주박형 | 5. 호로형
– 농촌형: 생산인구의 유출
– 청장년층 유출로 인해 출산율 낮아 인구 부족 문제 |

> **출제분석**
>
> 인구문제는 초고령화, 저출산, 수도권 인구밀집 등 끊이지 않고 더욱 더 심해지므로 이 안에서 중요개념이 번갈아서 나올 수밖에 없어요. 내년에는 어떠한 인구에 대한 문제가 출제될까요?

07 생후 6개월 된 아이가 예방접종을 위해 보건소를 방문하였다. 이 아이가 제 시기에 예방접종을 받았다면 지금까지 접종하였을 내용에 포함되지 않는 것은? 2014 서울시

① 결핵 ② 홍역
③ 폴리오 ④ 백일해
⑤ B형간염

07 역학지식 및 통계기술 실무적용, 질병관리 – 표준예방접종

6개월 안에 접종했던 것은 결핵, B형간염, 백일해, 폴리오에 해당한다.

추가 학습

표준예방접종일정표

대상 감염병	국가예방접종													기타 예방접종	
	결핵	B형간염	디프테리아 파상풍 백일해	폴리오	b형 헤모필루스 인플루엔자	폐렴구균	홍역 유행성이하선염 풍진	수두	A형간염	일본뇌염	사람유두종바이러스 감염증	인플루엔자	로타바이러스 감염증	
백신종류 및 방법	BCG (피내용)	HepB	DTaP	Tdap/Td	IPV	Hib	PCV	PPSV	MMR	VAR	HepA	IJEV(불활성화백신) / LJEV(약독화생백신)	HPV	IIV	RV1	RV5
횟수	1	3	5	1	4	4	4	–	2	1	2	5 / 2	2	–	2	3
출생~1개월 이내	BCG 1회	HepB 1차														
1개월		HepB 2차														
2개월			DTaP 1차		IPV 1차	Hib 1차	PCV 1차								RV 1차	RV 1차
4개월			DTaP 2차		IPV 2차	Hib 2차	PCV 2차								RV 2차	RV 2차
6개월		HepB 3차	DTaP 3차			Hib 3차	PCV 3차									RV 3차
12개월					IPV 3차	Hib 4차	PCV 4차		MMR 1차	VAR 1회	HepA 1~2차	IJEV 1~2차 / LJEV 1~2차				
15개월			DTaP 4차													
18개월																
19~23개월														IIV 매년 접종		
24~35개월												IJEV 3차 / LJEV 2차				
만4세			DTaP 5차		IPV 4차			고위험군에 한하여 접종	MMR 2차							
만6세												IJEV 4차				
만11세				Tdap/Td 6차									HPV 1~2차			
만12세												IJEV 5차				

출제분석

위의 표준예방접종일정표를 외워주세요. 그럼 어떤 문제를 응용하더라도 쉽게 풀 수 있어요.

Part

8

가족간호

출제 경향

가족간호는 최근 3년 지역사회간호학 시험을 분석했을 때 평균 10% 출제 분포를 보였습니다.
특히 아래 제시한 키워드는 다빈도 출제이므로 더 꼼꼼하게 챙겨보셔야 합니다.

◆ 빈출 키워드

- 가족의 특성
- 가족의 집단적 특징
- 가족의 기능
- 가족의 구조
- 가족생활주기
- 가족간호 특성
- 가족간호 대상
- 가족간호이론
- 가족간호 건강사정
- 가족건강사정도구
- 가족간호수행의 유형
- 취약가족 간호

기분최고 핵심 잡기

기출문제 분석으로 최고의 고지에 도달하다!

01 가족의 특성

- 가족은 일차적 사회집단, 결혼과 혈연관계에 의한 집단이며, 집단으로서 상호작용함.
- 가족은 시간과 장소에 따라 변화함.
- 간호과정을 통하여 간호의 자율성을 확보하고 간호사의 직무만족도를 높이는 동시에 대상자의 문제를 신속히 처리함으로써 비용절감
- 간호과정을 통하여 대상자와의 다양한 의사소통이 가능
- 가족은 개인의 욕구를 충족시키고 지역사회와 관계를 맺으며 살아감.
- 가족도 하나의 단위로서 생활의 주기 또는 단계에 따라 성장해 나아감.
- 가족관계는 비교적 고정된 조직체이며 장기적, 영구적으로 지속되는 소집단
- 가족구성원들은 성별, 연령 등에 따라 지위와 위치가 배정되고 그것에 따라 역할이 배분
- 가족 구성원 간에는 분업관계, 권리 및 의무관계, 일상생활에 수반되는 행동유형이 있음.
- 한 사람의 행동이나 생각의 변화는 다른 가족구성원과 가족전체에 영향을 미침.
- 공동생활을 하는 공동운명체적 가족집단은 소속감과 결속감이 매우 강하며 상호의존적이므로 상호간에 행동을 구속하고 규제
- 가족관계는 어떤 다른 인간관계보다는 일찍 시작되고 오랫동안 지속되지만 지나치게 밀접하고 요구적이며, 보상적일 때는 가족관계 문제들이 발생

02 가족의 집단적 특징

- 가족은 1차적 집단(Primary group)
  ① 인간의 접촉 방식에 따라서 1차적 집단과 2차적 집단으로 구분하고 인간의 출생과 동시에 참여하는 집단이 1차적 집단
  ② 1차적 집단에서는 구성원 상호간의 관계가 직접적이며, 친밀하여 그 관계가 항구적으로 지속
  ③ 2차적 집단에서는 거리를 가지고 접촉하는 결합관계를 갖는 것으로 조직, 국가, 사회 등이고, 그 구조가 비교적 복잡하고 제도화되어 있는 것
- 가족은 정서집단/가족은 공동사회집단(gemeinschaft)
  ① 공동사회는 Tonnis가 사용한 개념으로 희생사회라고도 불리며, 구성원 상호간의 애정과 이해로 결합되어 외부적 장애에 의해 분열되지 않는 본질적 결합관계
  ② 공동사회는 이익사회의 반대 의미로 사용되며, 이익사회란 어떠한 결합에도 불구하고 본질적으로 분리되어 있는 사회라는 의미
- 가족은 폐쇄적 집단(Closed group)
  ① 폐쇄집단이란 구성원이 되기 위한 자격의 획득이나 포기가 용이하지 않은 집단으로 누구나 원한다고 해서 특정 가족의 구성원이 될 수 없는 것이고, 또한 혈연으로 특정 가족에 태어난 이상 그 가족관계를 자유롭게 포기할 수 없는 것
  ② 개방집단이란 집단의 소속성이 자유롭고 원하는 대로 그 집단구성원의 자격을 획득, 포기할 수 있는 집단을 의미한다. 즉 가족 이외의 대부분의 집단은 개방집단이라고 볼 수 있음.
- 가족은 형식적 집단(Formal group)
  ① 가족은 결혼이라는 법적 절차에 의하여 부부관계를 성립하므로 이러한 관계에서 형식적이고 제도적인 집단을 의미
  ② 가족원 상호간의 관계는 자유스럽고 솔직하며, 형식에 얽매이지 않으며, 인간적 감정으로 연결되어 있는 비형식적 관계로 비교적 자유로운 관계

03 가족의 기능

- 애정기능
  성적 욕구의 충족 및 통제
- 생식기능
  자녀 출산
- 교육기능
  자녀 교육
- 경제적 기능
  경제체제의 기본
- 사회화 기능
  가족구성원의 사회화
- 보호 기능
  보호와지지

[Smilkstein 가족기능 지수의 평가항목 (Family APGAR, 1978)]
- A(Adaptation): 가족의 적응능력(문제해결을 위한 가족자원 활용력)
- P(Partnership): 가족 간의 파트너십(가족 간의 의사결정 공유와 책임감 정도 즉 동료의식 정도)
- G(Growth): 가족의 성숙도(가족 간의 상호지지와 신체적, 정신적 성숙 및 자아실현 정도)

- A(Affection): 가족 간의 애정(가족 간의 돌봄, 애정정도)
- R(Reserved): 가족 간의 친밀감(가족 간의 성숙 및 애정을 위해 시간을 함께 보내려는 의지)

04 가족의 구조

- 전통적 가족구조
  ① 핵가족(부부가족, Nuclear Family): 부부와 그들의 미혼 자녀로 구성된 가족으로 가장 일반적 형태
  ② 확대가족(Extended Family): 자녀 중 아들(보통 장남) 가족만이 부모와 동거하는 가족
- 비전통적 가족구조
  ① 핵가족(부부가족, Nuclear Family): 부부 중심 핵가족, 자녀들 없이 부부로만 구성된 2인 가족
  ② 혼합가족(Bleded Family): 이혼하거나 상처한 부부가 각기 기르던 자녀를 데리고 재혼하는 경우
  ③ 편부모 가족(Single-parent Family): 이혼, 별거, 사망에 의해 부모 중 하나만 남게 된 가족
  ④ 그 외: 결혼하지 않은 편부모 가족, 동성애 가족, 히피 등의 공동생활체 가족, 미혼의 남녀가 공동 거주하는 동거가족, 독신성인이 혼자 사는 독신가족

05 듀발의 가족생활주기와 발달과업(Duvall)

- 신혼기 가족: 결혼에서 첫 자녀 출생 전까지
  ① 결혼에 적응하는 기능
  ② 새로운 가족, 친척에 대한 이해관계 수립
  ③ 자녀 출생에 대비
  ④ 생활수준 향상
- 양육기 가족: 첫 자녀의 출생~30개월
  ① 역할 갈등이 있을 수 있는 단계
  ② 임신, 출산, 양육에 대해 역할 정비
- 학령전기 가족: 첫 자녀가 30개월~6세
  ① 자녀들의 사회화 교육
  ② 안정된 부부관계 유지
- 학령기 가족: 첫 자녀가 6~13세
  ① 자녀들의 사회화 시작
  ② 학업성취 시작
  ③ 가족 내 규칙과 역할 분배 확립
  ④ 가정의 전통과 관습의 전승
- 청소년기 가족: 첫 자녀가 13~19세
  ① 10대 자녀와의 갈등 가능성(사춘기)
  ② 부부 직업의 안정화
  ③ 세대 간 충돌대처 가능성
  ④ 자녀 학업성취에 대해 이견 가능성
- 진수기 가족: 첫 자녀 결혼부터 막내 결혼까지 자녀들이 집을 떠나는 단계
  ① 부부관계 재조정
  ② 자녀들 독립(출가)에 따른 부모 역할 적응
  ③ 성인이 된 자녀와 자녀의 배우자와 관계 확립
- 중년기 가족: 자녀들이 집을 떠난 후 은퇴할 때까지
  ① 경제적 안정
  ② 출가한 자녀 및 가족과의 유대관계 유지
  ③ 새로운 흥미의 개발과 참여
- 노년기 가족: 은퇴 후 사망
  ① 노화 등의 이유로 인한 건강문제 대처
  ② 은퇴에 대한 대처
  ③ 사회적 지위, 경제 소득 감소에 대한 대처
  ④ 주변인, 배우자 죽음에 대한 적응

06 가족간호 특성

- 가족은 사회를 이루는 가장 기본적인 조직으로 접근이 용이함.
- 가족의 건강문제는 가족 구성원 서로 연관되어 있으므로 집단으로 예방 가능함.
- 가족 전체가 가족간호에 대한 의사결정권을 가지고 있음.
- 가족은 가족 구성원 건강관리에 있어서 가장 큰 영향력을 발휘함.
- 가족은 지역사회 간호사업을 수행하는 데 가장 유용한 조직임.
- 가족은 상호 의존적인 관계를 특징으로 모인 집단임.

07 가족간호 대상

- 개인환경으로서 가족간호
  ① 가족간호에서 간호목표는 개인에게 초점을 맞추고 가족은 구성원의 자원 또는 스트레스가 될 수 있음.
  ② 가족을 개인의 배경으로 보는 개인 중심의 가족간호
- 대인관계체계로서 가족간호
  ① 가족이 상호작용하면서 대인관계를 형성해 나가는 관점
  ② 가족구성원 서로 영향력을 발휘하며 가족간호에도 영향력 행사
- 전체체계로서 가족간호
  ① 대상을 가족간호의 전체 체계로서 가족을 보는 관점
  ② 가족간호의 목표는 가족 전체에 초점을 맞추며, 하나의 체계로서 가족 체계 내 변화가 건강증진의 지름길이라는 관점

08 가족간호이론

- 가족체계이론
  ① 가족체계이론의 개념
    – 가족을 하나의 개방체계로 이해, 체계는 상호작용하는 여러 요소들의 복합체

- 가족체계는 안정을 유지하기 위해 개방체계로 항상성 유지
- 가족체계는 내부 스트레스에 반응하여 계속적인 변화를 함.
- 가족체계 일부분이 받는 영향은 다른 부분과 전체 체계에 영향력을 행사
- 가족과 상호작용하는 내·외부 환경을 모두 파악해야 함.
- 원인이 결과, 결과가 원인이 될 수 있는 순환적 관계

② 가족체계이론의 가정
- 가족은 부분의 합보다 큼.
- 가족체계는 지역사회와 구별
- 서로 다른 가족체계에도 구조적 동질성이 있음.
- 가족체계에서는 한 부분이 변화하면 전체 체계에 영향을 줌.
- 가족체계에는 위계질서가 있음.

③ 관심 영역
- 체계이론은 스트레스에 반응하는 가족, 개인의 변화는 가족 전체에 영향
- 가족이 처한 위기, 문제 등 연구하는 데 이용

④ 가족체계이론 장점
- 가족 내외 상호작용을 이해하기 위한 수단
- 가족과 가족문제를 포괄적으로 이해하는 데 가장 큰 영향을 준 이론

⑤ 가족체계이론 단점: 개념들이 애매하고 추상적임.

• 상징적 상호작용이론
① 상징적 상호작용이론의 개념
- 가족 내 개인 간 상호작용을 중요시함.
- 가족 단위 변화는 가족구성원들의 행동의 결실
- 가족 간 상호작용이 어떻게 시작되고 지속되는지 그러한 요소들이 가족생활에서 일반적, 근본적, 반복적인지를 설명하는 이론
- 가족체계에서는 한 부분이 변화하면 전체 체계에 영향을 줌.
- 가족의 사정은 가족구성원 간의 역할, 의사소통, 사회화 등에 초점
- 가족 구성원 서로 영향을 주고받으며 서로가 기대하는 역할을 완수
- 가족 간의 상호작용이 사회에 나아가 사회적 상호작용으로 발현됨.

② 관심영역
- 가족 구성원 간의 상호작용에 대한 개인의 중요성을 강조, 가족내의 여러 가지 역할들, 상황, 의사소통, 스트레스 등에 초점을 둠.
- 가족 내 개인의 역할기대에 따른 상호작용을 중시하는 미시적 접근법 사용

③ 상징적 상호작용이론 장점
- 가족의 내적 역할기대를 이해하는 데 적합
- 가족현상을 내적인 과정의 관점으로 설명, 가족 내의 여러 가지 역할들, 상황, 의사소통, 스트레스 등을 이해하는 데 도움

④ 상징적 상호작용이론 단점
- 가족의 외부환경에 대해 연관짓지 않고 가족을 비교적 폐쇄적 단위로 바라봄.
- 이론에 필요한 검증, 비교연구 미흡
- 개념들과 가정 간 일관성이 결여되어 있어 새로운 이론 형성 어려움.

• 구조-기능이론
① 구조-기능이론 개념
- 가족을 하나의 사회체계라고 정의, 가족-사회를 연관시켜 해야 할 일이 무엇인가에 목표
- 가족을 사회체계의 단위로서 지위-역할 복합체로 보는 가족이론, 사회체계에서 부여되는 가족 개개인에 맞는 역할 수행하는 등의 하부구조에 관심
- 거시적 관점: 가족구성원이 사회와 상호작용하면서 사회 통합에 어떻게 기여하느냐 관심을 갖는 가족이론

② 구조-기능이론 가정
- 가족은 기능적 요구를 가진 사회체계임.
- 과정보다 구조, 상호작용의 결과에 중점
- 가족 내 사회화를 통하여 개인의 가치관을 일차적으로 습득함.

③ 관심 영역: 가족 전체 구조뿐 아니라 가족 하부구조로의 연관성이 어떻게 영향을 주는지 평가

• 가족발달이론
① 가족발달이론 개념
- 가족의 생애주기별 발달과업을 어느 정도 성취했는가를 중심으로 가족건강 평가
- 가족 발달단계를 사정하고 발달단계의 과업 수행 정도를 사정하여 가족건강을 평가하는 방법으로 발달과정에 따라 예측 가능

② 발달론적 접근법 특성
- 역동적 관점: 인간, 가족, 사회의 성격이 불변이 아니라 항상 변화할 수 있으며 경직되어 있지 않고 상호영향을 주어 변화될 수 있음을 의미
- 시간의 누적성: 개인과 가족의 발달과제의 측면에서 중요한 것으로, 발달과제의 적합한 시기를 놓치면 발달 결과와 삶의 기회가 다르게 나올 수 있음을 의미
- 사회 문화적 맥락: 발달이 생물학적, 연대기적 순서에 의존하는 것이 아니라, 개인과 가족이 속해 있는 사회적, 문화적 환경 내에서 발달주기가 정해지는 것을 의미

③ 발달론적 접근 기본원리
- 가족원의 행동은 현재에 통합되어 있는 과거행동의 합이며 목표와 미래에 대한 기대의 총합
- 결혼관계는 유사하고도 일관된 방식으로 변화하고 발달
- 인간은 그들이 성장하면서 행동을 시작하고 다른 사람과 상호작용하며 물리적, 사회적 압력
- 결혼한 배우자는 특정시기에 관련된 과업들을 수행
- 사회체계 내에서 결혼을 볼 때, 개인은 기본적인 자율적 단위

④ 장점
- 단시간에 사정이 가능함.
- 많은 가족을 관리할 때 유용함.

⑤ 단점
- 가족발달이론은 핵가족 중심에 적당함.
- 핵가족, 정형적 가족 이외의 다른 유형의 가족에게는 적용하기 쉽지 않음.

• 가족위기이론
① 위기의 특성
- 무력감, 무능감 초대
- 다양한 형태로 체험되고 해소됨.
- 파괴적 행동 변화 가능성
- 위기에 대한 지각은 개인마다 다름.

② 위기의 종류
- 상황적 위기: 개인이 속한 집단의 평형상태가 깨질 때 발생, 예견할 수 없는 위기 ex 사망, 파산
- 성숙 위기: 발달과업을 이루지 못할 때 발생, 예견 가능한 위기 ex 결혼, 사춘기 가족

09 가족간호 건강사정

• 신뢰관계의 형성
① 사정단계에서 형성된 가족과의 인간관계는 가족간호의 중요한 인자
② 방문목적과 간호내용을 설명하면서 온화한 분위기를 조성
③ 순수한 관심과 개방적이고 진실한 태도로 관계를 형성

• 가족사정의 기본원칙
① 가족전체에 초점 맞춤
② 가족의 다양성과 변화성에 대한 인식 가지고 접근
③ 가족의 강점도 사정
④ 가족이 함께 사정, 전 간호과정에 참여
⑤ 자료수집: 가족구성원 뿐만 아니라 지역자원 및 기존자료까지 수집
⑥ 복합적인 정보수집
⑦ 질적인 자료가 필요. 충분한 시간 할애
⑧ 의미 있는 자료 선택, 기록
⑨ 사정자료는 진단이 아니라는 것 명심

• 사정방법(자료수집 방법 및 내용)
① **직접면접방법**: 가정방문, 직접관찰, 전화, 점검표 등 이용하여 대상자들과 직접 만나서 면접하는 방법
② **간접면접방법**: 이웃, 친척, 친구 등 가구원과 가까운 사람이나 통장, 반장 등 지역의 인적자원을 면접하는 방법
③ 기존자료를 이용하는 방법

• 가족건강 사정 시 주의점
① 가족구성원 개인이 아니라 가족을 하나의 단위로 하여 가족 전체에 초점
② 자료수집에 적절한 시간을 들인다. 타당한 가족사정을 위해서는 시간이 걸리며 전체 간호 제공 시에도 병행한다. 1번째, 2번째 방문으로 모든 결정을 내리지 말며 관찰이 정확하다고 판단되면 가족구성원에게 질문을 해서 간호사의 소견을 정당화시키도록 함.
③ 가족건강사정을 위해 수집되는 자료는 질적인 내용과 양적 자료를 보완적으로 이용

10 가족건강사정도구

• 가계도(Genogram)
3세대 이상에 걸친 가족성원에 관한 정보와 그들 간의 관계를 도표로 기록하는 방법을 말하는 것
① 복잡한 가족유형의 형태를 한눈에 볼 수 있음.
② 가족구성원 자신들을 새로운 시점에서 볼 수 있도록 도와줌으로써 치료에 가족을 합류시키는 방법
③ 가계도 면접은 체계적인 질문을 하기에 용이하므로 임상가에게는 좋은 정보를 제공함과 동시에 가족자신도 체계적인 관점으로 문제를 볼 수 있음.
④ 가족체계를 역사적으로 탐색하고 생활주기의 단계를 어떻게 거쳐 왔는지를 살펴봄으로써 가족은 현대의 가족문제를 어디서 시작되어 얼마만큼 진행되어 왔는지를 볼 수 있음.
⑤ 변화된 가족관계나 과거의 질병양상을 가계도상에서 정리하면 무엇이 가족에게 영향을 주었는지 추론

• 외부체계도(Eco-map)
① 가족관계와 외부체계와의 관계를 그림으로 나타내는 도구
② 외부환경과 가족 상호작용을 분석하기 위한 시각적인 방법으로 전문보건의료인들이 이용
③ 체계론적 관점으로 도식하면 에너지의 유출, 유입을 관찰할 수 있음.
④ 가족구성원들에게 영향을 미치는 스트레스원을 찾는 데 도움
⑤ 종이 한 장에 가족체계 밖에 있는 기관들과 개인구성원과의 상호작용측면에서 관련된 스트레스, 갈등, 가족의 강점 등을 요약할 수 있는 유용한 도구

⑥ **단점**: 복합적인 관계가 불분명하거나 구두표현이 어려운 경우에는 사용이 어려움.
⑦ **장점**: 가계도는 가족구성원 간의 상호작용을 자세히 볼 수 있는 도구인데 비해 외부체계도는 가족구성원 간의 상호작용도 볼 수 있으며 동시에 가족체계 밖의 외부체계와 가족과의 유기적 관계를 한눈에 볼 수 있음.

- 가족의 밀착도(Attachmentgram)
  ① 현재 동거하고 있는 가족구성원들 간의 밀착관계와 상호관계를 이해하는 데 도움이 되는 방법
  ② 밀착도는 단지 부부간의 갈등이 있다고만 생각될 수 있는 정보가 가족전체 밀착도에 불균형이 있다고 판단할 수 있게 함.
  ③ 전체적인 상호작용의 구조가 한눈에 들어와 어디가 주로 문제인지 바로 확인할 수 있게 함.
  ④ 문제의 이유와 중재를 위하여 더 필요 되는 자료를 깊이 있게 면접, 사정할 수 있게 함.
  ⑤ 밀착도 방향도 표시가능

- 사회지지도(Sociosupportgram)
  ① 가족 내 가장 취약점을 가지고 있는 가구원을 중심으로 가족뿐만 아니라 가족 외의 상호작용을 보여줌.
  ② 가족 전체의 지지체계의 양상을 전반적으로 이해할 수 있도록 도와줌.
  ③ 가족의 문제를 중재할 때 누구를 중심으로 시작할 것인지, 또 어떻게 지지체계를 활용할 수 있을 것인지를 알려줌.
  ④ 즉, 사회지지도는 취약가구원의 지지체계를 이해해서 가족중재에 활용하는 데 도움이 되는 도구

11 가족간호수행

- 인지적 중재
  ① 구체적이고도 정확한 지식이나 기술을 제공
  ② 간호사가 보건교육이나 시범 등을 통하여 환자나 가족들에게 환자 관리하는 방법이나 기술을 가르쳐서 자가관리 능력을 기르도록 하는 것

- 정서적 중재
  ① 가족들의 문제를 경험하거나 상담을 통하여 가족들이 자신들의 문제를 스스로 확인하거나 인정
  ② 이를 해결하기 위한 의지를 찾도록 격려하고 지지해주는 활동

- 행위적 중재
  ① 가구원들이 문제해결을 위한 하나의 팀으로서 역할을 하여 구체적으로 목표성취를 위하여, 자신의 역할과 기능을 명확히 알게 하고 문제의 진전도를 직접 볼 수 있도록 과제를 할당하는 방법

② 간호사는 가족 내의 문제를 확인하고 → 문제가 해결되었을 때의 목표상황을 기술하고 → 목표 도달하기 위한 구체적 전략방법을 기술한 후 → 각 구성원들이 맡을 일을 할당
  - 계약: 가족간호에 포함된 모든 사람들의 역할, 기대를 명확히. 구체적 절차, 책임 명시
  - 의뢰: 여러 전문가 도움 필요 시 적용
  - 조정: 서비스의 중복, 결핍이 없도록 조율
  - 예측적 안내: 예측하여 대처할 수 있는 능력

12 취약가족 간호

- 취약가족의 종류
  ① **구조적으로 취약한 가족**: 한부모가족, 조손가족, 이혼가족 등
  ② **기능적으로 취약한 가족**: 저소득층 가족, 실업가족, 장애인 가족, 만성질환자 가족, 말기질환자 가족
  ③ **발단단계 취약 가족**: 미숙아가족, 미혼모가족 등
  ④ **가족 내 상호작용이 취약한 가족**: 폭력가족, 문제청소년 가족, 아동학대 가족 등

- 저소득 가족
  ① 특성
    - 소득이 하위에 해당하는 유형
    - 근로가 힘든 영세민층으로 편부모가족, 노인가구, 근로능력이 없는 가장, 저학력 등
  ② 문제점
    - 낮은 의료 충족률로 건강상태를 온전히 유지하기 어려움.
    - 저소득 가족은 영양 및 환경상태가 좋지 못해 육체, 정신적 과로로 인하여 건강상태 악화 가능성 큼.

- 만성질환자 가족
  ① 특성
    - 만성질환은 생애 전반에 걸친 질환이고 가족 구성원이 간호 역할을 해야 하여 가족 전체 일상을 재조정해야 함.
    - 가족과 지역사회의 지속적 도움이 필요
  ② 문제점
    - 신체적: 환자 가족들의 간호역할로 피로, 신체적 건강 악화 등 경험
    - 심리적: 가족의 불안감, 좌절감 새로운 역할 수행에 부담감을 느낌.
    - 사회적: 가족들은 환자를 간호하며 직장일, 가사를 동시 수행해야 하는 역할갈등 경험
    - 경제적: 치료비용, 생계 위협 가능성
  ③ 간호중재
    - 대인관계적 상호작용 통한 집단적, 개별적, 사회적 지지 제공
    - 만성질환으로 인한 변화에 적극적으로 대처

- 가족 내 결속 강화를 위한 활동을 제공
- 증상조절 위해 가족 생활 재구성을 도움
- 환자뿐 아니라 환자 가족도 간호 대상자 포함시켜야 함.

• 다문화 가족
 ① 특성
  - 다문화가족지원법의 제정으로 다문화가족 구성원이 우리나라에서 안정적 가족생활을 하도록 함.
  - 결혼이민자가족, 외국인 근로자가족, 북한이탈주민가족, 1인 외국인가족을 뜻함.
 ② 문제점
  - 언어의 어려움: 언어 소통의 어려움이 결혼이민자의 가족관계에 큰 영향을 줌.
  - 문화 차이: 결혼이민자가 겪는 문화적 차이, 한국인만의 문화, 향수병, 정체성 혼란 등으로 심리적 고통을 겪고 그 영향이 가족에게 자연스럽게 이전됨.
  - 가족갈등: 결혼이민자와 배우자의 성격차이, 생활방식 차이 등
 ③ 간호중재
  - 국민기초생활 보호대상 여부 파악 위해 거주지의 주민센터와 연계
  - 직업훈련 프로그램, 근로 복지 프로그램, 자원봉사자 방문 등과 연계
 ④ 간호중재
  - 언어 적응: 다문화가족 지원센터, 복지센터 등 연계
  - 문화 적응: 한국의 문화 교육, 자연스럽게 수용하도록 도움
  - 결혼 적응: 배우자, 배우자의 가족과 원활한 의사소통을 할 수 있도록 도움

• 학대가족
 ① 특성
  - 가정폭력은 개인과 가족에게 역할 능력을 상실하게 만들어 많은 피해를 수반함.
  - 가족 간의 학대, 폭력은 외부에서 쉽게 개입할 수 없어 해결이 어렵고 갈등 증폭됨.
 ② 유형
  - 아동 학대: 과거 훈육으로 인식되어지는 것들이 현재는 신체, 정신, 성적 학대로 분류됨.
  - 노인 학대: 핵가족 상태에서 노인부양비가 증가하면서 노인 학대가 더 증가함.
  - 부부 학대: 부부간에 신체적, 정서적 상해를 입는 경우
 ③ 간호중재
  - 아동 학대: 아동학대의 정황, 증거가 있는지 관찰하고 학대가 확인되면 지역사회 도움이 가능
  - 노인 학대: 노인에 대한 전반적 사정, 행동 사정, 사회적 상호작용에 초점
  - 부부 학대: 부부싸움으로 간주하여 해결이 어려울 수 있으니 적극적인 도움 필요함.

• 문제청소년 가족
 ① 특성
  - 인터넷 중독 청소년의 가족: 가족과의 대화 단절, 정신건강 문제, 학교 부적응 등
  - 10대 미혼모 가족: 피임 교육 제대로 안됨. 임신 발견이 늦음. 산전 진찰 시기를 놓쳐 건강상태 불안정
   • 아기에 대한 죄책감
   • 미혼부의 무관심과 연락두절 등으로 분노와 우울
   • 사회로부터 인정받지 못하는 피해의식
   • 사회경제적 문제
  - 비행청소년 가족: 상습적 학교 결석, 퇴학, 가출, 술, 담배 등
   • 성 비행: 이성과의 성관계
   • 약물비행: 본드, 환각제
   • 폭력비행: 돈 갈취, 욕설, 폭언, 흉기 소지, 폭행
 ② 간호중재
  - 인터넷 중독 청소년의 가족: 부모가 서로 통일된 입장에서 자녀에게 애정어린 접근, 사회의 도움 필요
  - 10대 미혼모 가족: 산모의 건강, 태아의 건강, 건강한 출산을 위하여 임신 단계마다 도움. 심리적 지지
  - 비행청소년 가족: 고용기회 확대, 장학기금 확충, 능력과 적성에 맞는 재활 및 취업교육 연계

• 해체 가족
 ① 특성
  - 해체가족은 부, 모 또는 부모가 일시적, 영구적으로 부재한 가족을 말함. 한부모가족 및 부모가 모두 없는 새싹가족도 포함됨.
  - 출산율 저하, 부부관계 실질적 평등화, 이혼과 재혼 증가로 발생
 ② 문제점
  - 경제적 문제: 해체 가족은 일반 가족보다 평균소득이 낮을 가능성이 큼.
  - 심리적 문제: 이혼, 사망 등으로 성인뿐 아니라 자녀에게 심각한 정신적 고통을 줌.
  - 사회적 편견: 스스로 피해의식, 부모, 형제, 사회, 직장동료 등으로부터 경험할 가능성 있음.
 ③ 간호중재
  - 지지 및 상담
  - 복지급여, 복지시설 등 연계하는 자원의 활용과 정보제공
  - 부모교육 프로그램

기출로 실력 올리기

LINK 이론서 224p
난이도 상 **중** 하
중요도 ★★★★★
CHECK ☐☐☐

01 부모와 32개월 남아 및 18개월 여아로 이루어진 가족은 Duvall의 가족생활 주기 8단계 중 어디에 해당되며, 이 단계의 발달과업은 무엇인가?
2019 서울시

① 양육기 - 임신과 자녀 양육 문제에 대한 배우자 간의 동의
② 학령전기 - 가정의 전통과 관습의 전승
③ 양육기 - 자녀들의 경쟁 및 불균형된 자녀와의 관계에 대처
④ 학령전기 - 자녀들의 사회화 교육 및 영양관리

---

01 가족간호 – Duvall의 가족생활 주기 🔍 ④

부모와 32개월 남아는 첫째 자녀 및 18개월 여아는 둘째 자녀, 첫째 자녀 기준으로 32개월이며 학령전기에 해당

선지체크
① 양육기: 첫 자녀의 출생~30개월, 부부간의 역할갈등 발생시기
② 학령전기: 첫 자녀가 30개월~6세, 자녀들의 사회화 교육시기

추가 학습
학령전기 가족: 첫 자녀가 30개월~6세
1. 자녀들의 사회화 교육
2. 부부간 역할 분배의 안정기

출제분석
Duvall의 가족생활주기와 발달과업은 체계적이고 구체적이므로 시험에 너무 자주, 잘 나오기 때문에 반드시 구분하여 잘 외워주세요!!!

02 Duvall은 가족발달주기를 8개 단계로 제시하였다. 다음과 같은 발달과업의 성취가 요구되는 가족발달주기는? 2014 서울시

- 건설적인 방식으로 공동생활에 참여
- 자녀의 교육적 성취를 격려
- 가정의 전통과 관습의 전승

① 양육기 가족   ② 학령전기 가족
③ 학령기 가족   ④ 청소년기 가족

> **02 가족간호 - Duvall의 가족생활 주기** 🔑 ③
> 자녀의 학업(교육)성취가 시작되고 가족 내 규칙과 역할 분배가 확립되며 가족의 전통과 관습이 전승되는 이 시기는 학령기에서 나타난다.
>
> **추가학습**
> 학령기 가족: 첫 자녀가 6~13세
> 1. 자녀들의 사회화 시작
> 2. 학업성취 시작
> 3. 가족 내 규칙과 역할 분배 확립
> 4. 가정의 전통과 관습의 전승

03 듀발(Duvall)의 가족생활주기 중 진수기 가족이 성취해야 하는 발달과업은? 2020 지방직

① 가족계획   ② 은퇴와 노화에 대한 적응
③ 자녀의 사회화와 학업 성취 격려   ④ 자녀의 출가에 따른 부모 역할 적응

> **03 가족간호 - Duvall의 가족생활 주기** 🔑 ④
> 진수기는 자녀들이 출가하고 부모 역할에 적응해야 할 때로 성인이 된 자녀와 자녀의 배우자와의 관계를 확립하는 등 부부관계 재조정이 필요한 시기이다.
>
> **선지체크**
> ① 가족계획 → 신혼기
> ② 은퇴와 노화에 대한 적응 → 노년기
> ③ 자녀의 사회화와 학업 성취 격려 → 학령기
>
> **추가학습**
> 진수기 가족: 첫 자녀 결혼부터 막내 결혼까지 자녀들이 집을 떠나는 단계
> 1. 부부관계 재조정
> 2. 자녀들 독립(출가)에 따른 부모 역할 적응
> 3. 성인이 된 자녀와 자녀의 배우자와 관계 확립

04 듀발(Duvall)의 가족발달단계에서 자녀의 사회화 교육이 주요 발달 과업이 되는 단계는?

2016 지방직

① 신혼기
② 학령전기
③ 진수기
④ 노년기

> **04 가족간호 – Duvall의 가족생활 주기** 🔑 ②
>
> **선지체크**
> ① 신혼기: 자녀 출생에 대비하고 새로운 가족 및 친척에 대한 이해관계를 수립해야 하는 시기
> ③ 진수기: 자녀들의 독립에 따른 부부관계를 재조정 해야하는 시기
> ④ 노년기: 노화 등의 건강문제에 대처하고 은퇴, 주변인의 사망 등에 대해 적응해야 하는 시기
>
> **추가학습**
> 학령전기 가족: 첫 자녀가 30개월~6세
> 1. 자녀들의 사회화 교육
> 2. 부부간 역할 분배의 안정기

05 듀발(Duvall)의 가족발달단계별 과업 중 진수기 가족의 발달 과업은?

2014 지방직

① 세대 간의 충돌 대처
② 안정된 부부관계 유지
③ 자녀의 출가에 따른 부모의 역할 적응
④ 가족 내 규칙과 규범의 확립

> **05 가족간호 – Duvall의 가족생활 주기** 🔑 ③
>
> **선지체크**
> ① 세대 간의 충돌 대처 → 청소년기 가족
> ② 안정된 부부관계 유지 → 학령전기 가족
> ④ 가족 내 규칙과 규범의 확립 → 학령기 가족
>
> **추가학습**
> 진수기 가족: 첫 자녀 결혼부터 막내 결혼까지 자녀들이 집을 떠나는 단계
> 1. 부부관계 재조정
> 2. 자녀들 독립(출가)에 따른 부모 역할 적응
> 3. 성인이 된 자녀와 자녀의 배우자와 관계 확립

06 성인이 되어 결혼해 출가한 첫 자녀, 그리고 부모와 동거하며 취업 중인 막내가 있는 가족의 발달과업은?

2023 지방직

① 직업의 안정화
② 부부관계의 재조정
③ 자녀의 사회화 교육
④ 친척에 대한 이해와 관계 수립

06 가족간호 – Duvall의 가족생활 주기 🔑 ②

첫 자녀의 출가가 기준이므로 진수기에 해당한다.

선지체크
① 직업의 안정화 – 청소년기
② 부부관계의 재조정 – 진수기
③ 자녀의 사회화 교육 – 학령전기
④ 친척에 대한 이해와 관계 수립 – 신혼기

추가 학습

가족생활주기별 발달과업 – 듀발(1977)

신혼기 (결혼~첫 자녀출생 전)	• 결혼에 적응하는 시기 • 새로운 가족, 친척에 대한 이해관계 수립 • 자녀 출생에 대비 • 생활수준 향상
양육기 (첫 자녀의 출생~30개월)	• 역할 갈등이 있을 수 있는 단계 • 임신, 출산, 양육에 대해 역할 정비
학령전기 (첫 자녀가 30개월~6세)	• 자녀들의 사회화 "교육" • 안정된 부부관계 유지
학령기 (첫 자녀가 6~13세)	• 자녀들의 사회화 "시작" • 학업성취 시작 • 가족 내 규칙과 역할 분배 확립 • 가정의 전통과 관습의 전승
청소년기 (첫 자녀가 13~19세)	• 10대 자녀와의 갈등 가능성(사춘기) • 부부 직업의 안정화 • 세대 간 충돌대처 가능성 • 자녀 학업성취에 대해 이견 가능성
진수기 (첫 자녀 결혼~막내 결혼 – 자녀들이 집을 떠나는 단계)	• 부부관계 재조정 • 자녀들 독립(출가)에 따른 부모 역할 적응 • 성인이 된 자녀와 자녀의 배우자와 관계 확립
중년기 (자녀들이 집을 떠난 후 은퇴할 때까지)	• 경제적 안정 • 출가한 자녀 및 가족과의 유대관계 유지 • 새로운 흥미의 개발과 참여
노년기 (은퇴 후 사망)	• 노화 등의 이유로 인한 건강문제 대처 • 은퇴에 대한 대처 • 사회적 지위, 경제 소득 감소에 대한 대처 • 주변인, 배우자 죽음에 대한 적응

출제분석
듀발의 가족생활주기별 발달과업은 발달단계에 맞게 발달과업을 매칭할 수 있는지 묻는 문제로 계속 출제될 수 있으니 제대로 매칭해서 정확히 숙지해야 해요!

07 우리나라 가족 기능의 변화 양상에 대한 설명으로 옳지 않은 것은? 　　2017 지방직

① 산업화로 인하여 소비단위로서의 기능이 증가하였다.
② 학교 등 전문 교육기관의 발달로 교육 기능이 축소되고 있다.
③ 사회보장제도의 축소로 인하여 가족구성원 간의 간병 기능이 확대되고 있다.
④ 건강한 사회 유지를 위한 애정적 기능은 여전히 중요하다.

---

07 가족간호 – 가족 기능 변화 　🔑 ③

③ 사회보장제도의 축소로 인하여 가족구성원 간의 간병 기능이 확대되고 있다.
→ 사회보장제도의 확대로 가족구성원 아닌 전문인력이 간병 기능 확대

추가 학습

가족의 기능 변화
1. 산업화 이전
   ① 집과 직장이 분리되지 않음.
   ② 단일경제 기능(자급자족의 단위)
   ③ 자녀는 노동력으로 취급
   ④ 생산자로서 가족은 강한 친족관계에 의해 지지됨.
   ⑤ 아버지는 아들에게 작업 기술을, 어머니는 딸에게 가사와 자녀양육법을 가르침.
2. 산업화 이후
   ① 경제적 기능의 약화
   ② 집과 직장의 분리
   ③ 주로 소비자의 기능
   ④ Family Provider가 주된 경제적 수입원
   ⑤ 직업의 다양화
   ⑥ 교육은 역할대행기관에서 행해짐.

08 가족 이론에 대한 설명으로 옳지 않은 것은?

① 구조-기능이론: 가족 기능을 위한 적절한 가족 구조를 갖춤으로써 상위체계인 사회로의 통합을 추구한다.
② 가족발달이론: 가족생활주기별 과업 수행 정도를 분석함으로써 가족 문제를 파악할 수 있다.
③ 가족체계이론: 가족 구성원을 개별적으로 분석함으로써 가족 체계 전체를 이해할 수 있다.
④ 상징적 상호작용이론: 가족 구성원 간 상호작용이 개인 정체성에 영향을 주므로 내적 가족 역동이 중요하다.

08 가족간호 – 가족이론 ③

③ 상징적 상호작용이론: 가족 구성원을 개별적으로 분석함으로써 가족 체계 전체를 이해할 수 있다.

추가 학습

상징적 상호작용이론

1. 상징적 상호작용이론의 개념
   ① 가족 내 개인 간 상호작용을 중요시함.
   ② 가족 단위 변화는 가족구성원들의 행동의 결실
   ③ 가족 간 상호작용이 어떻게 시작되고 지속되는지 그러한 요소들이 가족생활에서 일반적, 근본적, 반복적인지를 설명하는 이론
   ④ 가족체계에서는 한 부분이 변화하면 전체 체계에 영향을 줌.
   ⑤ 가족의 사정은 가족구성원 간의 역할, 의사소통, 사회화 등에 초점
   ⑥ 가족 구성원 서로 영향을 주고받으며 서로가 기대하는 역할을 완수
   ⑦ 가족 간의 상호작용이 사회에 나아가 사회적 상호작용으로 발현됨.

2. 관심영역
   ① 가족 구성원 간의 상호작용에 대한 개인의 중요성을 강조, 가족내의 여러 가지 역할들, 상황, 의사소통, 스트레스 등에 초점을 둠.
   ② 가족 내 개인의 역할기대에 따른 상호작용을 중시하는 미시적 접근법 사용

출제 분석

가족이론은 광범위해서 서로 개념을 섞어 놓고 구분하는 문제가 자주 출제되므로 구분하여 암기하세요!

09 다음과 같이 가족을 설명하는 이론적 관점은?

2016 지방직

- 가족구성원 간의 다양한 내적인 관계뿐만 아니라 가족과 사회와의 관계를 강조한다.
- 가족 - 사회의 연계 및 가족 강화를 통한 사회 체계 안정에 주안점을 두고 있다.
- 거시적 관점으로 가족이 사회 통합에 어떻게 기여하는가에 초점을 둔다.

① 일반체계론적 관점
② 가족발달이론적 관점
③ 구조기능이론적 관점
④ 상징적 상호작용론적 관점

---

09 가족간호 – 구조 및 기능이론 🔑 ③

선지체크
① 일반체계론적 관점: 가족을 하나의 개방체계로 이해하여 가족체계는 내부 스트레스에 반응하여 계속된 변화를 하며 가족과 상호작용하는 내 외부 환경을 모두 파악해야 한다고 하였음
② 가족발달이론적 관점: 가족의 생애주기별 발달과업을 어느 정도 성취했는가를 중심으로 가족건강을 평가하였음
④ 상징적 상호작용론적 관점: 가족 내 개인간 상호작용을 중요시하여 가족 내 여러 가지 역학들, 상황, 의사소통, 스트레스 등에 초점을 두었음

추가학습
구조-기능이론
1. 구조-기능이론 개념
   ① 가족을 하나의 사회체계라고 정의, 가족-사회를 연관시켜 해야 할 일이 무엇인가에 목표
   ② 가족을 사회체계의 단위로서 지위-역할 복합체로 보는 가족이론, 사회체계에서 부여되는 가족 개개인에 맞는 역할 수행하는 등의 하부구조에 관심
   ③ 거시적 관점: 가족구성원이 사회와 상호작용하면서 사회통합에 어떻게 기여하느냐 관심을 갖는 가족이론
2. 구조-기능이론 가정
   ① 가족은 기능적 요구를 가진 사회체계임.
   ② 과정보다 구조, 상호작용의 결과에 중점
   ③ 가족 내 사회화를 통하여 개인의 가치관을 일차적으로 습득함.
3. 관심 영역: 가족 전체 구조뿐 아니라 가족 하부구조로의 연관성이 어떻게 영향을 주는지 평가

10 가족 이론 중 〈보기〉에서 설명하는 이론은?   2023 서울시

| 보기 |

가족구성원 간의 상호작용에 대한 개인의 중요성을 강조하고 가족의 역할, 갈등, 의사소통, 의사결정 등 가족의 내적인 과정에 초점을 두었다.

① 가족발달 이론
② 가족체계 이론
③ 구조기능주의 이론
④ 상징적 상호작용 이론

---

10 가족간호 - 상징적 상호작용이론 ④

선지체크
① 가족발달 이론 - 가족생활주기 단계별로 발달과업을 가족원들이 어떻게 실행하는지 초점
② 가족체계 이론 - 가족은 각 부분의 특성을 합한 것 이상의 특징을 지닌 체계
③ 구조기능주의 이론 - 가족이 사회구조의 하나로서 사회의 요구에 가족구조의 기능이 어느 정도 적합한지에 중점을 둠

추가 학습
상징적 상호작용이론의 개념
1. 가족 내 개인 간 상호작용을 중요시함.
2. 가족 단위 변화는 가족구성원들의 행동의 결실임.
3. 가족 간 상호작용이 어떻게 시작되고 지속되는지, 그러한 요소들이 가족생활에서 일반적, 근본적, 반복적인지를 설명하는 이론
4. 가족체계에서는 한 부분이 변화하면 전체 체계에 영향을 줌.
5. 가족의 사정은 가족구성원 간의 역할, 의사소통, 사회화 등에 초점
6. 가족 구성원 서로가 영향을 주고받으며, 서로가 기대하는 역할을 완수
7. 가족 간의 상호작용이 사회에 나아가 사회적 상호작용으로 발현됨.

LINK 이론서 226-229p
난이도 상 중 **하**
중요도 ★★★★☆
CHECK ☐☐☐

11 다음 설명에 해당하는 가족 관련 이론은?

2024 지방직

- 가족 내 구성원의 배열, 구성원 간의 관계, 전체와 구성원의 관계에 관심을 둠
- 가족 구성원 간 다양한 내적 관계뿐 아니라 가족과 더 큰 사회와의 관계를 강조함

① 위기이론
② 가족발달이론
③ 교환이론
④ 구조-기능이론

---

11 가족간호 – 가족간호이론 – 구조 및 기능이론 🔍 ④

가족을 하나의 사회체계라고 정의하고, 가족과 사회를 연관시켜 해야 할 일이 무엇인가에 목표를 두는 가족 관련 이론을 구조-기능이론이라고 한다.

선지체크
① 위기이론: 가족의 무력감, 무능감을 주며 위기를 극복하기 전에는 가족 안에서 갈등이 있음
② 가족발달이론: 가족 생애주기별 발달과업을 어느 정도 수행했는지 사정하여 가족 건강을 평가
③ 교환이론 → 해당 안됨

추가 학습
구조-기능이론
개념: 가족을 하나의 사회체계라고 정의하고, 가족과 사회를 연관시켜 해야 할 일이 무엇인가에 목표
관심 영역: 가족 전체 구조 뿐 아니라 가족 하부구조로의 연관성이 어떻게 영향을 주는지 평가
거시적 관점: 가족구성원이 사회와 상호작용하면서 사회통합에 어떻게 기여하느냐 관심을 갖는 가족이론

12 다음 글이 설명하는 가족이론은? 2011 지방직

> 가족구성원들 간의 상호작용에 대한 개인의 중요성을 강조하고, 가족의 역할 갈등, 의사소통, 의사결정 등의 가족 내의 내적인 과정에 초점을 둔다.

① 가족발달이론
② 가족위기이론
③ 스트레스이론
④ 상징적 상호작용이론

---

12 가족간호 – 상징적 상호작용이론 ④

추가 학습

상징적 상호작용이론의 개념
1. 가족 내 개인 간 상호작용을 중요시함.
2. 가족 단위 변화는 가족구성원들의 행동의 결실
3. 가족 간 상호작용이 어떻게 시작되고 지속되는지 그러한 요소들이 가족생활에서 일반적, 근본적, 반복적인지를 설명하는 이론
4. 가족체계에서는 한 부분이 변화하면 전체 체계에 영향을 줌.
5. 가족의 사정은 가족구성원 간의 역할, 의사소통, 사회화 등에 초점
6. 가족 구성원 서로 영향을 주고받으며 서로가 기대하는 역할을 완수
7. 가족 간의 상호작용이 사회에 나아가 사회적 상호작용으로 발현됨.

13 가족 사정 방법에 대한 설명으로 옳은 것은? 2017 지방직

① 가족 참여를 배제하여 객관성을 유지한다.
② 취약한 가구원은 사회지지도의 가장 바깥 원에 표시한다.
③ 가구원의 개인별 문제에 초점을 맞춘다.
④ 가족의 다양성과 변화성에 대한 인식을 가지고 접근한다.

---

13 가족간호 - 가족 사정 방법 ④

가족에게 자료를 수집할때 가족의 다양성과 변화 가능함을 감안하고 접근한다.

선지체크
① 가족 참여를 기본으로 사정을 시작한다.
② 취약한 가구원은 사회지지도의 가장 안쪽 원에 표시한다.
③ 가구원의 개인별 문제 뿐 아니라 가족 전체 문제로 초점을 맞춘다.

추가학습
가족 사정방법(자료수집 방법 및 내용)
1. 직접면접방법: 가정방문, 직접관찰, 전화, 점검표 등 이용하여 대상자들과 직접 만나서 면접하는 방법
2. 간접면접방법: 이웃, 친척, 친구 가구원과 가까운 사람, 통장, 반장 등 지역의 인적자원을 면접하는 방법
3. 기존자료를 이용하는 방법

14 〈보기〉에서 설명하는 가족건강사정도구로 가장 옳은 것은?

2020 서울시

| 보기 |

가족 중 가장 취약한 구성원을 중심으로 부모형제관계, 친척관계, 친구와 직장동료 등 이웃관계, 그 외 지역사회와의 관계를 그려봄으로써 취약 가족구성원의 가족 하위체계 뿐만 아니라 가족 외부체계와의 상호작용을 파악할 수 있다.

① 외부체계도
② 사회지지도
③ 가족밀착도
④ 가계도

---

14 가족간호 – 가족건강사정도구 – 사회지지도 🔑 ②

취약 가족 구성원 = 사회지지도

추가 학습

사회지지도(Sociosupportgram)
1. 가족 내 가장 취약점을 가지고 있는 가구원을 중심으로 가족뿐만 아니라 가족 외의 상호작용을 보여줌.
2. 가족 전체의 지지체계의 양상을 전반적으로 이해할 수 있도록 도와줌.
3. 가족의 문제를 중재할 때 누구를 중심으로 시작할 것인지, 또 어떻게 지지체계를 활용할 수 있을 것인지를 알려줌.
4. 즉, 사회지지도는 취약가구원의 지지체계를 이해해서 가족중재에 활용하는 데 도움이 되는 도구

출제분석

가족간호에서 가장 중요하고 다빈도 출제가 되는 부분이 바로 이 가족사정도구예요. 압도적으로! 그림과 글 모두 다 외워주시고 예시에도 대비할 수 있도록 강의시간에 설명드린 내용 위주로 기억하시면 됩니다.
왜냐하면 위와 같이 줄글로 나오는 경우도 많기 때문에!

15 가족사정도구에 대한 설명으로 옳은 것은?

① 가계도: 3대 이상에 걸친 가족구성원에 관한 정보와 이들의 관계를 도표로 기록하는 방법으로 복잡한 가족 형태를 한눈에 볼 수 있다.
② 가족밀착도: 가족과 이웃, 외부 기관 등과의 상호관계와 밀착 정도를 도식화한 것이다.
③ 사회지지도: 가족 중 부부를 중심으로 부모, 형제, 친척, 친구, 직장 동료와 이웃 및 지역사회의 지지 정도와 상호작용을 파악할 수 있다.
④ 가족생활사건: 가족의 역사 중에서 가족에게 영향을 주었다고 생각되는 중요한 사건들을 순서대로 열거하고, 가족에게 미친 영향을 파악하는 것이다.

---

15 가족간호 – 가족건강사정도구 ①

가계도는 3대 이상에 걸쳐 가족의 형태와 가족력 그리고 현재 건강상태 등을 한눈에 볼 수 있다.

선지체크
② 외부체계도: 가족과 이웃, 외부 기관 등과의 상호관계와 밀착 정도를 도식화한 것이다.
③ 외부체계도: 가족 중 부부를 중심으로 부모, 형제, 친척, 친구, 직장 동료와 이웃 및 지역사회의 지지 정도와 상호작용을 파악할 수 있다.
④ 가족연대기: 가족의 역사 중에서 가족에게 영향을 주었다고 생각되는 중요한 사건들을 순서대로 열거하고, 가족에게 미친 영향을 파악하는 것이다.

출제분석
생의 변화 설문지는 최근 가족이 경험하는 일상 사건의 경험과 질병 간의 관계를 알아보는 것으로 스트레스 가중치가 가족 사건 파악에 도움이 됨.

16 김씨 가계도(genogram)에 대한 설명으로 옳지 않은 것은? 2020 지방직

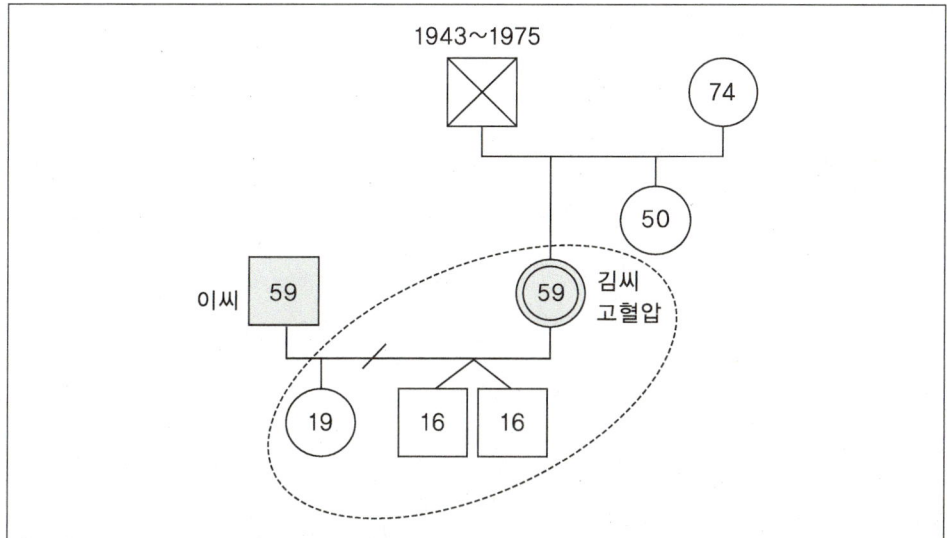

① 김씨는 남편과 이혼한 상태이다.
② 김씨의 아버지는 사망한 상태이다.
③ 김씨의 자녀는 2남 1녀이다.
④ 김씨의 두 아들은 쌍둥이이다.

16 가족간호 - 가족건강사정도구 - 가계도 ①
① 김씨는 남편과 별거중인 상태이다.

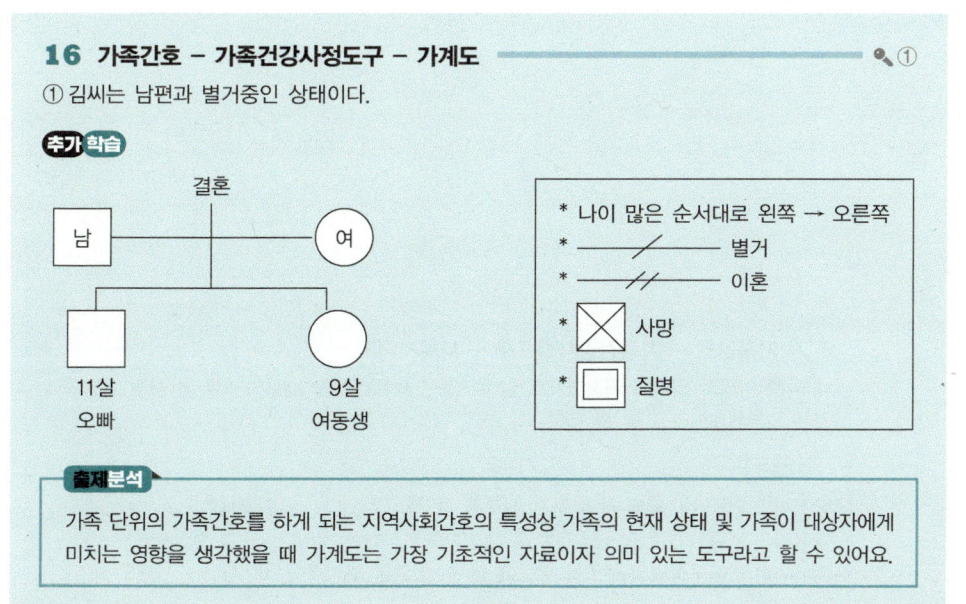

출제분석
가족 단위의 가족간호를 하게 되는 지역사회간호의 특성상 가족의 현재 상태 및 가족이 대상자에게 미치는 영향을 생각했을 때 가계도는 가장 기초적인 자료이자 의미 있는 도구라고 할 수 있어요.

17 방문간호사가 K씨 가족을 방문하여 가족간호사정을 실시하였다. 다음의 사정도구에 대한 설명으로 옳은 것은?

2018 지방직

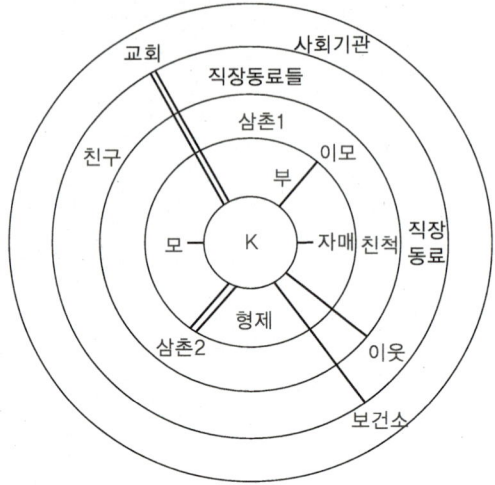

① K씨와 가족 내-외부 간의 지지 정도를 확인할 수 있다.
② K씨의 가족과 외부체계 간의 자원 흐름을 파악할 수 있다.
③ K씨의 가족구성원 간의 상호관계와 친밀도를 도식화한 것이다.
④ K씨의 가족구성원의 구조를 한눈에 볼 수 있도록 도식화한 것이다.

---

17 가족간호 - 가족건강사정도구 - 사회지지도 ①

내부 뿐 아니라 외부의 지지까지도 알 수 있는 사회지지도, 내부와 외부의 자원 흐름을 알 수 있는 것은 외부체계도라고 할 수 있다.

선지체크
② K씨와 가족 내-외부 간의 지지 정도를 확인할 수 있다. → 외부체계도
③ K씨의 가족성원 간의 상호관계와 친밀도를 도식화한 것이다. → 가족밀착도
④ K씨의 가족구성원의 구조를 한눈에 볼 수 있도록 도식화한 것이다. → 가계도

18 가족간호사정을 위한 가계도 작성에 대한 설명으로 옳지 않은 것은?
2015 지방직

① 일반적으로 3세대 이상이 포함되도록 작성하고 가족의 구조적 특성을 나타낸다.
② 자녀는 수직선으로 나타내고, 오른쪽에서 왼쪽으로 출생순위를 나타낸다.
③ 부부를 중심으로 자녀를 그리고 난 후에 부부의 양가 부모 및 형제자매를 그린다.
④ 가족 구성원 개인에 대하여 연령, 성별 및 질병상태 등을 기술한다.

---

18 가족간호 - 가족건강사정도구 - 가계도 ②

선지체크
② 자녀는 수직선으로 나타내고, 오른쪽에서 왼쪽으로 출생순위를 나타낸다.
 → 왼쪽에서 오른쪽으로 출생순위 나타낸다.

---

19 만성질환 환자를 둔 가족의 역할갈등을 해결하기 위하여, 가족구성원 간의 상호작용, 친밀감 정도 및 단절관계를 가장 잘 파악할 수 있는 사정도구는?
2019 서울시

① 가족구조도 ② 가족밀착도
③ 외부체계도 ④ 사회지지도

---

19 가족간호 - 가족건강사정도구 - 가족밀착도 ②

선지체크
① 가족구조도: 가계도라고 하며 3세대 이상에 걸친 가족에 관한 정보와 그들의 관계를 도표로 기록하는 방법
③ 외부체계도: 가족관계와 외부체계와의 관계를 그림으로 나타내는 도구, 가족구성원들에게 영향을 미치는 스트레스원을 찾는데 도움이 됨
④ 사회지지도: 가족 내 가장 취약점을 가지고 있는 가구원을 중심으로 가족 뿐 아니라 가족 외의 상호 작용을 보여줌. 취약가구원의 지지체계를 이해해서 가족중재에 활용하는 데 도움이 되는 도구

추가 학습
가족의 밀착도(Attachmentgram)
1. 현재 동거하고 있는 가족구성원들 간의 밀착관계와 상호관계를 이해하는 데 도움이 되는 방법
2. 밀착도는 단지 부부간의 갈등이 있다고만 생각될 수 있는 정보가 가족전체 밀착도에 불균형이 있다고 판단할 수 있게 함.
3. 전체적인 상호작용의 구조가 한눈에 들어와 어디가 주로 문제인지 바로 확인할 수 있게 함.
4. 문제의 이유와 중재를 위하여 더 필요 되는 자료를 깊이 있게 면접, 사정할 수 있게 함.

LINK 이론서 233p
난이도 상 중 하
중요도 ★★★★★
CHECK ☐☐☐

20 가족밀착도를 이용하여 파악할 수 있는 정보가 아닌 것은? 2023 지방직

① 가족의 생활사건
② 가족 간의 관계
③ 가족의 정서적 지지
④ 가족의 전체적인 상호작용

> **20 가족간호 – 가족건강사정도구 – 가족밀착도** 🔑 ①
>
> **선지체크**
> ① 가족의 생활사건은 가정이나 지역사회 또는 임상에서 복합적 스트레스를 경험하는 개인을 신속히 가려내는 데 유용함. 병을 앓을 위험에 있는 사람들을 파악하기 위해 이용되어 온 도구
>
> **추가학습**
> 가족밀착도
> 1. 현재 동거하고 있는 가족구성원들 간의 밀착관계와 상호관계를 이해하는 데 도움이 되는 방법
> 2. 밀착도는 단지 부부간의 갈등이 있다고만 생각될 수 있는 정보가 가족전체 밀착도에 불균형이 있다고 판단할 수 있게 함.
> 3. 전체적인 상호작용의 구조가 한눈에 들어와 어디가 주로 문제인지 바로 확인할 수 있게 함.
> 4. 문제의 이유와 중재를 위하여 더 필요한 자료를 깊이 있게 면접, 사정할 수 있게 함.
> 5. 밀착도 방향도 표시 가능

LINK 이론서 233p
난이도 상 중 하
중요도 ★★★★★
CHECK ☐☐☐

21 보건소의 방문간호사가 동 주민센터에 근무하는 사회복지사로부터 방문간호 대상자를 의뢰받았다. 방문간호사는 다음날 의뢰받은 대상자의 가정을 방문하여 가족 중 가장 취약한 가족원을 확인하고 그를 중심으로 가족 내, 친척, 친구, 이웃, 직장동료, 그 외 지역사회기관과의 지지와 상호작용을 조사하였다. 방문간호사가 사용한 가족사정도구는 무엇인가? 2016 서울시

① 외부체계도
② 사회지지도
③ 가계도
④ 가족밀착도

> **21 가족간호 – 가족건강사정도구 – 사회지지도** 🔑 ②
>
> **선지체크**
> ① 외부체계도: 가족관계와 외부체계와의 관계를 그림으로 나타내는 도구, 가족구성원들에게 영향을 미치는 스트레스원을 찾는 데 도움이 됨
> ③ 가계도: 가족구조도라고 하며 3세대 이상에 걸친 가족에 관한 정보와 그들의 관계를 도표로 기록하는 방법
> ④ 가족밀착도: 현재 동거하고 있는 가족구성원들 간의 밀착관계와 상호관계를 이해하는 데 도움되는 방법으로 어디가 주로 문제인지 바로 확인할 수 있게 함
>
> **출제분석**
> 이제 가족사정도구에서 '취약'이라는 단어 나오면 '사회지지도' 딱 나오죠!

22 보건소 방문간호요원이 가정방문을 하려고 한다. 이때 적용할 가족사정도구 중 사회지지도(sociosupportgram)에 관한 설명으로 옳은 것은?

2015 서울시

① 가족 내 가장 취약한 가구원을 중심으로 가족 내부뿐만 아니라 외부와의 상호작용을 보여준다.
② 가족구성원들이 상호작용하는 외부환경들을 명료하게 해주며, 가족에게 유용한 자원과 스트레스가 되는 자원, 부족한 자원과 보충해야 할 자원 등에 관한 정보를 제공해준다.
③ 가족구성원 중 향후 질병을 앓을 가능성과 지역사회 및 임상에서 복합적인 스트레스를 경험하는 개인을 미리 파악하는 데 유용하다.
④ 현재 동거하고 있는 가족구성원들 간의 밀착관계와 상호관계를 파악하는 데 도움이 된다.

LINK 이론서 233p
난이도 상 **중** 하
중요도 ★★★★★
CHECK ☐☐☐

---

22 가족간호 – 가족건강사정도구 – 사회지지도 ①

사회지지도는 취약 가족 중심으로 내부만 볼 수 있는 것이 아니라 외부와의 관계도 알 수 있다.

선지체크
② 가족구성원들이 상호작용하는 외부환경들을 명료하게 해주며, 가족에게 유용한 자원과 스트레스가 되는 자원, 부족한 자원과 보충해야 할 자원 등에 관한 정보를 제공해준다. → 외부체계도
③ 가족구성원 중 향후 질병을 앓을 가능성과 지역사회 및 임상에서 복합적인 스트레스를 경험하는 개인을 미리 파악하는 데 유용하다. → 생의변화질문지
④ 현재 동거하고 있는 가족구성원들 간의 밀착관계와 상호관계를 파악하는 데 도움이 된다. → 가족밀착도

23 다음 그림에 해당하는 가족사정 도구는?

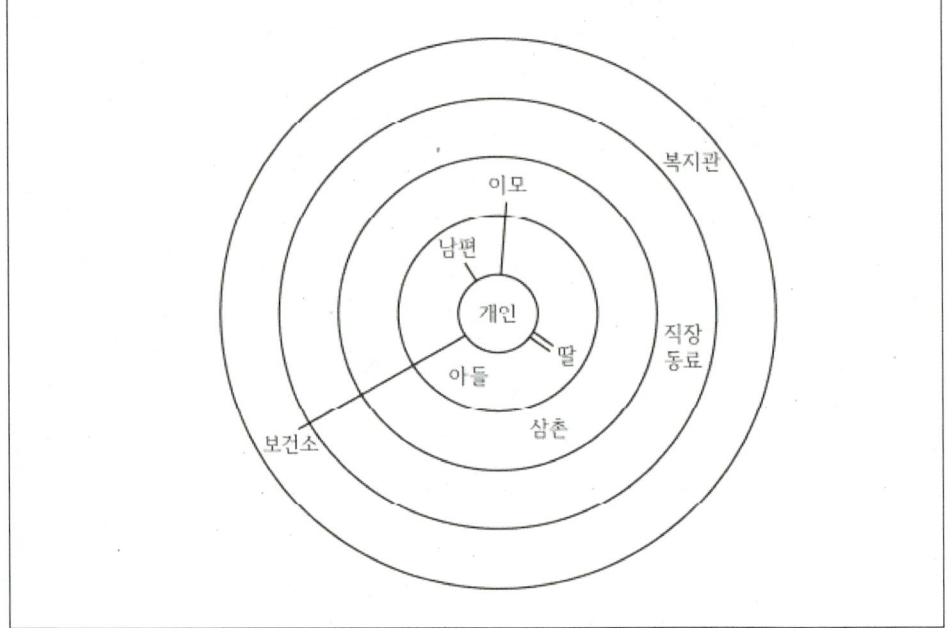

① 사회지지도
② 외부체계도
③ 가족밀착도
④ 가족구조도

> **23 가족간호 – 가족간호과정 – 사회지지도** 🔍 ①
> 가족 내 취약점을 가지고 있는 개인, 즉 가구원을 중심으로 가족 뿐 아니라 가족 외 상호작용으로 보여주는 전형적인 사회지지도의 그림으로 가족사정도구는 사회지지도를 선택하면 된다.
>
> **선지체크**
> ② 외부체계도: 가족관계와 외부체계와 관계를 그림으로 나타내는 도구
> ③ 가족밀착도: 현재 동거하고 있는 가족구성원들 간 밀착관계와 상호관계를 이해하는 데 도움
> ④ 가족구조도: 가계도를 말하며, 3세대 이상 걸친 가족에 대한 정보와 그들 간 관계를 도표로 기록하는 방법
>
> **출제분석**
> 가족건강사정 도구는 그 종류도 많고 사용하는 상황이 다르므로 이를 잘 구별하는지 번갈아가며 시험에 나오기 때문에 꼭 명확히 구별하여 암기해주세요!

24 가족간호 수행전략에 대한 설명으로 옳은 것은? 2015 지방직

① 가족의 강점보다 약점 활용에 초점을 둔다.
② 가족 문제 해결을 위해 간호표준보다 가족의 신념에 따른다.
③ 합리적이고 과학적으로 접근하기 위해 간호계획 수립 시 간호사가 주도적으로 작성한다.
④ 가족이 스스로 현재와 미래의 문제에 대처할 수 있는 능력을 기를 수 있도록 한다.

> **24 가족간호 – 가족간호 수행전략** ④
> 가족간호는 가족 스스로가 건강관리를 할 수 있게끔 하게 하는 것에 궁긍적 목적이 있다.
>
> **선지체크**
> ① 가족의 강점을 활용한다.
> ② 가족 문제 해결을 위해 가족의 신념에 귀를 기울인다.
> ③ 간호계획 수립 시 가족을 반드시 참여시킨다.

25 Smilkstein이 개발한 가족기능 평가도구(Family APGAR)의 평가영역이 아닌 것은? 2020 지방직

① 가족의 적응 능력(adaptation)
② 가족 간의 성숙도(growth)
③ 가족 간의 애정 정도(affection)
④ 가족이 가진 자원의 크기(resource)

> **25 가족간호 – 가족기능 지수 평가** ④
> APGAR의 평가영역은 적응능력, 파트너십, 성숙도, 애정, 친밀감이다.
>
> **추가 학습**
> **Smilkstein 가족기능 지수의 평가항목(Family APGAR, 1978)**
> 1. A(Adaptation): 가족의 적응능력(문제해결을 위한 가족자원 활용력)
> 2. P(Partnership): 가족 간의 파트너십(가족 간의 의사결정 공유와 책임감 정도 즉 동료의식 정도)
> 3. G(Growth): 가족의 성숙도(가족 간의 상호지지와 신체적, 정신적 성숙 및 자아실현 정도)
> 4. A(Affection): 가족 간의 애정(가족 간의 돌봄, 애정 정도)
> 5. R(Reserved): 가족 간의 친밀감(가족 간의 성숙 및 애정을 위해 시간을 함께 보내려는 의지)

26 취약가족 간호대상자 중 가족 구조의 변화로 발생한 것이 아닌 것은? 2018 지방직

① 만성질환자 가족 ② 한부모 가족
③ 별거 가족 ④ 이혼 가족

> **26 가족간호 – 취약가족 간호** 🔑 ①
> ① 만성질환자 가족 → 기능적으로 취약한 가족
>
> **추가 학습**
> 취약가족의 종류
> 1. 구조적으로 취약한 가족: 한부모가족, 조손가족, 이혼가족 등
> 2. 기능적으로 취약한 가족: 저소득층 가족, 실업가족, 장애인가족, 만성질환자 가족, 말기질환자 가족

27 취약가족의 분류상 기능적으로 취약한 가족에 해당하는 것은? 2023 지방직

① 학대 가족 ② 한부모 가족
③ 미혼모 가족 ④ 저소득 가족

> **27 가족간호 – 취약가족 간호** 🔑 ④
> **선지체크**
> ① 학대 가족 – 가족 내 상호작용이 취약한 가족
> ② 한부모 가족 – 구조적으로 취약한 가족
> ③ 미혼모 가족 – 발달단계 취약한 가족
>
> **추가 학습**
> 취약가족의 종류
> 1. 구조적으로 취약한 가족: 한부모 가족, 조손가족, 이혼가족 등
> 2. 기능적으로 취약한 가족: 저소득층 가족, 실업가족, 장애인가족, 만성질환자 가족, 말기질환자 가족
> 3. 발단단계 취약 가족: 미숙아가족, 미혼모가족 등
> 4. 가족 내 상호작용이 취약한 가족: 폭력가족, 비행청소년 가족, 아동학대 가족 등
>
> **출제분석**
> 이렇게 종류를 구분하게 하는 문제가 전반적으로 나오고 있는 이유는 큰 개념, 즉 전체적인 개념을 다지고 있는지 확인하기 위함이에요. 항상 공부를 할 때 대제목, 중제목, 소제목을 외우고 세부적인 개념을 외우는 것이 습관이 되어 있으면 크게 어렵지 않게 이런 유형의 문제를 풀 수 있어요.

28 〈보기〉에서 (가)와 (나)에 해당하는 내용을 옳게 짝지은 것은?   2022 서울시

| 보기 |

(가)는 가족 내 가장 취약한 가구원을 중심으로 가족 내부뿐 아니라 외부와의 상호작용을 확인할 수 있는 도구이다. 이를 작성하려면 가족 구성원과 외부체계가 포함되는 다섯 개의 원을 이용하는데 두 번째 원에는 (나)을 표시한다.

	(가)	(나)
①	사회지지도	동거가족
②	외부체계도	직계가족
③	외부체계도	동거가족
④	사회지지도	직계가족

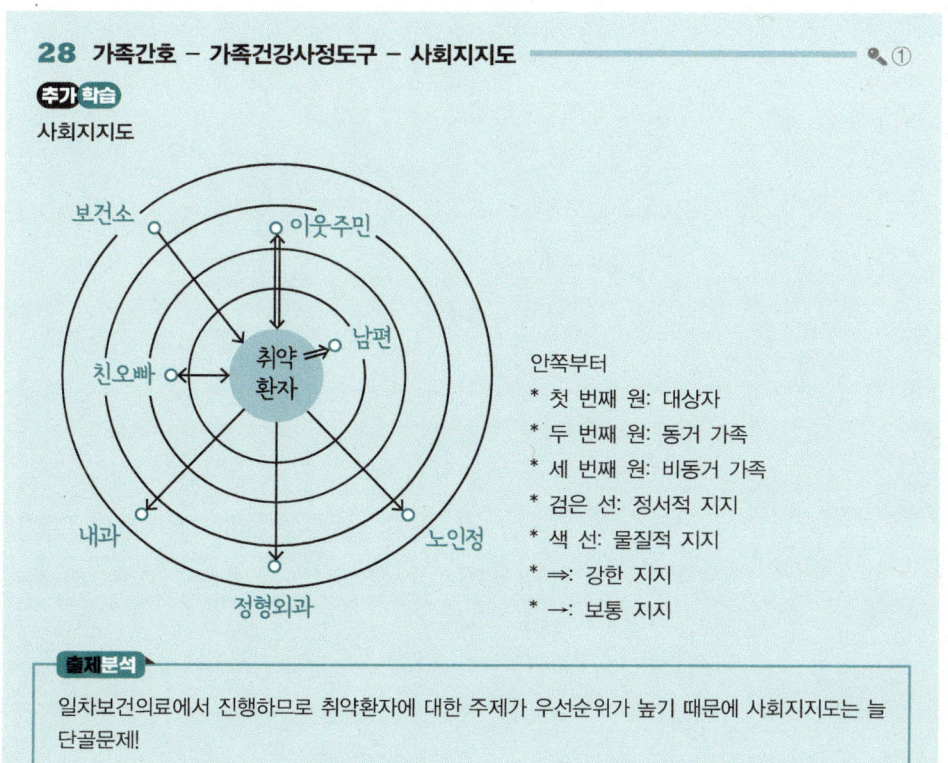

28 가족간호 - 가족건강사정도구 - 사회지지도 ①

추가 학습
사회지지도

안쪽부터
* 첫 번째 원: 대상자
* 두 번째 원: 동거 가족
* 세 번째 원: 비동거 가족
* 검은 선: 정서적 지지
* 색 선: 물질적 지지
* ⇒: 강한 지지
* →: 보통 지지

출제분석
일차보건의료에서 진행하므로 취약환자에 대한 주제가 우선순위가 높기 때문에 사회지지도는 늘 단골문제!

Part 9

지역사회간호사업

출제경향

지역사회간호사업은 최근 3년 지역사회간호학 시험을 분석했을 때 평균 10% 출제 분포를 보였습니다. 특히 아래 제시한 키워드는 다빈도 출제이므로 더 꼼꼼하게 챙겨보셔야 합니다.

✛ 빈출 키워드

- 가정간호사업의 필요성   • 가정간호의 범위   • 가정간호 수가   • 가정간호사업 vs 방문간호사업
- 모자보건 용어 정의   • 모자보건사업지표   • 가족계획   • 아동예방접종   • 노인인구 특성
- 노화의 분류   • 노인장기요양보험법   • 기본방향   • 대상자 관리체계   • 정신건강간호사의 역할
- 산업간호사의 직무   • 검진관리   • 작업환경 및 직업병   • 산업재해   • 건강검사
- 학교장 업무   • 보건교사 업무   • 학교보건사업 목표 조건   • 학교환경기준   • SWOT
- 지역사회 주민참여

기분최고 핵심 잡기

01 가정간호사업의 필요성

- 만성퇴행성 역의뢰 미흡으로 3차 의료기관에서의 퇴원 후 가정관리질환자의 증가
- 노인인구의 증가
- 의료비 절감 및 의료기관의 효율적 이용
- 환자의 권리 및 자가 관리 능력에 대한 일반인의 인식고조
- 도시화와 핵가족화, 여성의 취업 증가 등 사회 환경의 변화
- 보건의료 전달체계의 필요

02 가정간호의 범위(의료법 시행규칙, 제24조)

- **치료영역**
  영양요법, 인공 및 영유아 관리, 임종환자 관리, 정신장애 관리, 물리치료 및 작업치료, 가족간호, 임상검사, 신장 투석, 산소 공급, 급성 및 만성 환자 관리, 재활, 투약 및 처치, 정맥주사, 모성
- **예방영역**
  보건교육, 외래 안내, 가정환경의 안전관리, 자원 봉사자 알선, 의뢰
- **지지영역**
  법률 상담, 재정 상담, 종교적 문제, 가사보조, 교통 문제, 쇼핑
- **간호영역**
  가정간호를 실시하는 간호사는 「전문간호사 자격인정 등에 관한 규칙」에 따른 가정전문간호사이어야 함. 가정간호를 실시하는 의료기관의 장은 가정전문간호사를 2명 이상 두어야 하며, 가정간호에 관한 기록을 5년간 보존해야 함.
- 검체의 채취 및 운반

03 가정간호 수가

- 「의료법」제33조, 「의료법 시행규칙」제24조
- 「국민건강보험법」및 「국민건강보험요양급여의 기준에 관한 규칙」
- 한 번의 가정간호 서비스료가 한 번의 의료기관 이용료보다 저렴해야 함.
- 서비스 질을 유지하기 위해 적절한 자격기준(인력, 시설)이 설정되어야 하고 이에 따른 수가가 산정되어야 함.
- 가능한 새로운 의료수요의 창출요인이 되어 의료보험재정의 불안을 초래하지 않도록 해야 함.
- 원가보상원칙이 적용되어야 함.

- **지불방법**
  가정간호는 입원대체서비스로 「국민건강보험법」에 따라 입원진료비를 적용하는 급여기준과 동일함.
- 건강보험 급여항목으로 기본방문료, 개별행위료에 대해서는 본인이 20% 부담, 80%는 건강보험 재정에서 부담함.

[가정간호비용]
가정간호비용 = 가정간호 기본방문료(급여) 본인 20% 부담
             + 진료행위별 수가(급여) 본인 20% 부담

- **가정간호 기본방문료**
  ① 건강보험(20%), 희귀-중증, 난치질환자(10%), 암환자(5%)
  ② 만 1세 미만 20% 가산 적용
  ③ 최초 방문 1회 한하여 환자 자택으로 가정전문간호사 2인 방문하는 경우 50% 가산
  ④ 「사회복지사업법」에 따른 사회복지시설 내에서 시설입소자에게 가정간호를 실시한 경우 50% 산정
- **진료행위별 수가(치료/재료비)**
  국민건강보험 수가 기준, 병원 구분(종별) 적용

04 가정간호사업 vs 방문간호사업

사업의 종류	인력	대상	대상의 성격	내용	장소	환자 접근 방법	법적 근거	소속 기관
가정간호사업 (의료기관)	가정간호사	개인(가족)	모든 연령급·만성	진료>지원>예방(합병증)	가정	가정방문	의료법	의료기관 단독사업
방문건강관리사업 (보건소)	보건(지역사회)	개인 가족 지역사회	인구집단	진료<지원<예방(포괄적)	가정	가정방문 내소자 이동시설	지역보건법	정부 보건기관
방문간호사업 (노인장기요양보험)	방문간호사	개인(가족)	의뢰된 환자 모든 연령	진료>지원>예방(합병증)	가정	가정방문	노인장기요양보험	장기요양기관(방문간호센터)

모자보건사업

05 모자보건 용어 정의

- "임산부"란 임신 중이거나 분만 후 6개월 미만 여성을 말함.
- "모성"이란 임산부와 가임기 여성을 말함.
- "영유아"란 출생 후 6년 미만인 사람을 말함.
- "신생아"란 출생 후 28일 이내의 영유아 말함.
- "미숙아"란 신체의 발육이 미숙한 채로 출생한 영유아
- "선천성이상아"란 선천성 기형 또는 변형이 있거나 염색체 이상이 있는 영유아
- "모자보건사업"이란 모성과 영유아에게 전문적인 보건의료서비스 및 모성의 생식건강 관리와 임신, 출산, 양육 지원을 통하여 신체적, 정신적, 사회적으로 건강을 유지하게 하는 사업을 말함.
- "산후조리업"이란 산후조리 및 요양 등에 필요한 인력과 시설을 갖춘 곳이라고 하여 "산후조리원"이라고 함.
- "난임"이란 부부가 피임을 하지 아니한 상태에서 부부간 정상적 성생활을 하고 있음에도 불구하고 1년이 지나도 임신이 되지 아니하는 상태를 말함.
- "보조생식술"이란 임신을 목적으로 자연적 생식과정에 인위적으로 개입하는 의료행위로서 인간의 정자와 난자의 채취 등 보건복지부령으로 정하는 시술을 말함.

06 가족계획

- 가족계획의 정의
  가족계획이란 가족의 시작기에 부부가 그들의 자녀에 대한 출산계획, 즉 출산시기, 간격, 자녀수를 결정하여 건강한 자녀의 출산과 양육을 계획하여 모성의 건강은 물론 가족건강을 향상시키는 것을 말함.
- 가족계획의 필요성
  ① 모자보건
  ② 여성해방
  ③ 경제생활 수준의 향상과 생활양식의 개선
  ④ 윤리·도덕적인 측면

07 각종 피임법

- 경구피임약
  ① 경구 피임약은 progesteron, estrogen 호르몬 성분으로 배란을 방지하는 피임방식
  ② 장점: 피임효과가 거의 확실하고 월경 주기가 불규칙한 사람은 월경주기가 조절
  ③ 단점: 매일 기억하여 복용하여야 하며, 호르몬 효과에 의한 부작용 가능성
  ④ 금기: 혈전성 색전증, 뇌졸중, 뇌졸중 병력이 있는 자, 현재 간 기능 상태가 나쁘거나 간에 선종 또는 병력 있는 자, 생식기나 유방의 암 또는 병력이 있는 자, 임신 중인 자
  ⑤ 주의사항: 위험한 신호인 심한 복통, 흉통이나 숨 가쁨, 두통, 눈이 침침하거나 섬광, 눈이 보이지 않거나 하는 증상, 다리의 심한 동통이 있을 때는 혈전증의 위험이 크므로 복용을 중단하고 속히 의료기관을 방문
- 자궁 내 장치
  ① 플라스틱으로 된 작은 장치를 자궁 내에 삽입하여 수정란의 착상을 방해하여 피임하는 방식
  ② 장점: 한번 삽입하면 계속 피임이 가능. 삽입 후 성생활과 사용이 무관
  ③ 금기: 골반이나 자궁의 급성염증 또는 감염. 자궁근종이나 자궁암. 과다한 월경량 및 자궁의 부정출혈. 임신이 의심될 때. 최근 6개월 이내에 임균성 감염증이 있었던 대상자
  ④ 주의사항: 처음 한두 달은 월경량이 많아질 경우가 있음.
- 콘돔
  ① 콘돔은 정자가 자궁경관으로 들어가는 것을 막는 피임 방식
  ② 장점: 경제적 피임법. 성교로 전염되는 성병을 예방. 자궁경부암 방지
  ③ 단점: 성감에 다소의 장애
- 다이아프램
  ① 고무제품으로 얄팍한 모자처럼 생겼으며 질 내에 삽입하여 정자의 자궁 진입 방지
  ② 장점: 부작용이 없으며 효과도 좋음. 사용상 주도권이 여성에게 있으므로 남성의 이해나 협력 없이도 사용할 수 있음. 사용감이 없음.
  ③ 단점: 사용 전에 의사에게 골반계측을 받아서 다이아프램의 크기를 정하여야 함.
- 자연피임법
  ① 기초체온법: 매일 아침 자리에서 일어나기 전에 항문, 허밑의 체온을 측정하여 기록
  ② 월경력 이용법: 임신가능기간을 피해서 성교하는 방법
  ③ 점액법: 배란기의 점액은 점성이 낮아짐.
- 외과적 피임법
  ① 정관절제술: 정관절제술 후라 할지라도 6회까지는 정액 속에 임신시킬 수 있을 정도의 정자가 나옴. 그러므로 12회까지는 피임을 하는 것이 안전
  ② 복강경 난관 불임술: 복강경 난관 붙임술은 배꼽 아래 1cm 정도를 절하여 난관을 결찰하는 방법
  ③ 골반경 난관 불임술: 골반경 난관 붙임술은 질 내를 통하여 골반경을 복강 내에 삽입하여 난관을 결찰하는 방법으로 합병증이 적음.

08 아동예방접종

- 표준예방접종일정표

대상 감염병	결핵	B형 간염	디프테리아 파상풍 백일해		폴리오	b형 헤모필루스 인플루엔자	폐렴구균		홍역 유행성 이하선염풍진	수두	A형 간염	일본뇌염		사람 유두종 바이러스 감염증	인플루엔자	로타바이러스 감염증	
백신종류 및 방법	BCG (피내용)	HepB	DTaP	Tdap/Td	IPV	Hib	PCV	PPSV	MMR	VAR	HepA	IJEV (불활성화 백신)	LJEV (약독화 생백신)	HPV	IIV	RV1	RV5
횟수	1	3	5	1	4	4	4	-	2	1	2	5	2	2	-	2	3
출생~1개월 이내	BCG 1회	HepB 1차															
1개월		HepB 2차															
2개월			DTaP 1차		IPV 1차	Hib 1차	PCV 1차									RV 1차	RV 1차
4개월			DTaP 2차		IPV 2차	Hib 2차	PCV 2차									RV 2차	RV 2차
6개월		HepB 3차	DTaP 3차			Hib 3차	PCV 3차										RV 3차
12개월					IPV 3차	Hib 4차	PCV 4차		MMR 1차	VAR 1회	HepA 1~2차	IJEV 1~2차	LJEV 1~2차		IIV 매년 접종		
15개월			DTaP 4차														
18개월																	
19~23개월																	
24~35개월												IJEV 3차	LJEV 2차				
만4세			DTaP 5차		IPV 4차			고위험군에 한하여 접종	MMR 2차								
만6세												IJEV 4차					
만11세				Tdap/Td 6차										HPV 1~2차			
만12세												IJEV 5차					

노인보건사업

09 노인인구 특성

- 고령화사회, 고령사회, 초고령사회
  ① **고령화사회(aging society)**: 65세 이상 인구가 총인구를 차지하는 비율이 7% 이상
  ② **고령사회(aged society)**: 65세 이상 인구가 총인구를 차지하는 비율이 14% 이상
  ③ **초고령사회(post-aged society)**: 65세 이상 인구가 총인구를 차지하는 비율이 20% 이상
- 노화
  노화란 생물학적·심리적·행동적·사회 구조에 있어서 점차적으로 기능이 떨어지는 것으로 유전, 환경, 생활양식에 영향을 많이 받음.

10 노화의 분류

① **1차적 노화**: 질병의 영향을 배제한 후의 노화 과정, 연령에 따라 점진적으로 나타나는 변화, 보편적 노화

② **2차적 노화**: 손상된 노화, 질병이나 사고로 비교적 빨리 노화가 진행되는 변화, 환경의 영향에 의한 노화, 뇌졸중이나 알츠하이머

③ **최적의 노화**: 나이가 듦에 따라 나타나는 부정적인 변화를 미리 예방하거나 보상적인 방법을 통해 대처해 나가는 노화

11 노인장기요양보험법

- 목적
  ① 고령이나 노인성 질병 등의 사유로 일상생활을 혼자서 수행하기 어려운 노인 등에게 제공하는 신체활동 또는 가사활동 지원 등의 장기요양급여에 관한 사항을 규정하여 노후의 건강증진 및 생활안정을 도모
  ② 그 가족의 부담을 덜어줌으로써 국민의 삶의 질을 향상하도록 함.
- 용어 정의
  ① "노인성 질병"이란 65세 이상의 노인 또는 65세 미만의 자로서 치매·뇌혈관성질환 등 대통령령으로 정하는 노인성 질병을 가진 자

- 주·야간 보호수급자를 하루 중 일정한 시간 동안 장기요양기관에 보호하여 신체활동 지원 및 심신기능의 유지향상을 위한 교육·훈련 등을 제공하는 급여
- 단기보호: 수급자를 월 15일 이내 기간 동안 장기요양기관에 보호하여 신체활동 지원 및 심신기능의 유지·향상을 위한 교육·훈련 등을 제공하는 장기요양급여
- 기타재가급여: 수급자의 일상생활 또는 신체활동 지원에 필요한 용구로서 보건복지부장관이 정하여 고시하는 것을 제공하거나 대여하여 노인 장기 요양보험 대상자의 편의를 도모하고자 지원하는 장기요양급여
  ※ 휠체어, 전동·수동침대, 욕창방지 매트리스·방석, 욕조용 리프트, 이동욕조, 보행기 등
② 시설급여: 노인의료복지시설(노인전문병원 제외)에 장기간 동안 입소하여 신체활동지원, 심신기능의 유지·향상을 위한 교육·훈련 등을 제공하는 요양급여
③ 특별현금급여
  - 가족요양비: 장기요양기관이 현저히 부족한 지역(도서·벽지)에 거주하는 자, 천재지변 등으로 장기요양기관이 실시하는 장기요양급여 이용이 어렵다고 인정된 자, 신체·정신·성격 등의 사유로 가족 등이 장기요양을 받아야 하는 자에게 지급
  - 특례요양비: 수급자가 장기요양기관으로 지정되지 않은 장기요양시설 등의 기관과 재가 또는 시설급여에 상당한 장기요양급여를 받은 경우 장기요양급여비용의 일부를 지급
  - 요양병원 간병비: 수급자가 「노인복지법」상의 노인전문병원 또는 「의료법」상의 요양병원에 입원한 때에 장기요양에 사용되는 비용의 일부를 지급
  ※ 특례요양비와 요양병원 간병비는 현재 시행을 유보하고 있다.
④ "장기요양급여"란 6개월 이상 동안 혼자서 일상생활을 수행하기 어렵다고 인정되는 자에게 신체활동·가사활동의 지원 또는 간병 등의 서비스나 이에 갈음하여 지급하는 현금 등을 말함.
⑤ "장기요양사업"이란 장기요양보험료, 국가 및 지방자치단체의 부담금 등을 재원으로 하여 노인 등에게 장기요양급여를 제공하는 사업
⑥ "장기요양기관"이란 지정을 받은 기관 또는 재가 장기요양기관으로서 장기요양급여를 제공하는 기관을 말함.
⑦ "장기요양요원"이란 장기요양기관에 소속되어 노인 등의 신체활동 또는 가사활동 지원 등의 업무를 수행하는 자를 말함.

- 장기요양급여 제공 원칙
  ① 노인 등의 심신상태·생활환경과 노인 등 및 그 가족의 욕구·선택을 종합적으로 고려하여 필요한 범위 안에서 이를 적정하게 제공
  ② 노인 등이 가족과 함께 생활하면서 가정에서 장기요양을 받는 재가급여를 우선적으로 제공
  ③ 노인 등의 심신 상태나 건강 등이 악화되지 아니하도록 의료서비스와 연계하여 이를 제공
- 장기요양기본계획
  ① 재가급여
    - 방문요양 장기요양요원이 수급자의 가정 등을 방문하여 신체활동 및 가사활동 등을 지원하는 장기요양급여
    - 방문목욕 장기요양요원이 목욕설비를 갖춘 차량을 이용하여, 수급자의 가정을 방문하여 목욕을 제공하는 급여
    - 방문간호 장기요양요원인 간호사 등이 의사, 한의사 또는 치과의사(구강위생에 한함)의 지시서에 따라 수급자의 가정 등을 방문하여 간호, 진료의 보조, 요양에 관한 상담 또는 구강위생 등을 제공하는 장기요양급여
- 등급판정
  ① 국민건강보험공단은 장기요양인정조사표에 따라 작성된 조사 결과를 바탕으로 1차 판정 실시
  ② 국민건강보험공단은 조사 결과서, 의사 소견서 등을 등급판정위원회에 제출
  ③ 등급판정위원회는 대통령령으로 정하는 등급판정기준에 따라 1차 판정 결과를 심의하여 장기요양 인정 여부 및 장기요양등급을 최종 판정
  ④ 판정은 신청서를 제출한 날로부터 30일 이내 완료
- 재원조달
  노인장기요양제도가 운용되기 위한 재원은 장기요양보험료(60~65%), 국가지원(20%), 본인일부부담금(15~20%)으로 구성

산업간호사업

12 산업간호사의 직무(산업안전보건법)

① 산업안전보건위원회에서 심의·의결한 직무와 안전보건관리규정 및 취업규칙에서 정한 직무
② 보건에 관련되는 보호구의 구입 시 적격품의 선정(보건관리자가 의사 또는 간호사인 경우는 제외)
③ 물질안전 보건자료의 게시 또는 비치
④ 산업보건의 직무(보건관리자가 의사인 경우에 한함)
⑤ 근로자의 건강 상담·보건교육 및 건강증진 지도
⑥ 근로자의 보호를 위한 다음 각 목의 조치에 해당하는 의료행위(보건관리자가 의사 또는 간호사인 경우에 한함)

- 외상 등 흔히 볼 수 있는 환자의 치료
- 응급을 요하는 자에 대한 응급처치
- 상병의 악화방지를 위한 처치
- 건강진단결과 발견된 질병자의 요양지도 및 관리
- 위의 의료행위에 따르는 의약품의 투여

⑦ 작업장 내에서 사용되는 전체 환기장치 및 국소환기장치 등에 관한 설비의 점검과 작업방법의 공학적 개선·지도(보건관리자가 의사 또는 간호사인 경우는 제외)
⑧ 사업장 순회점검·지도 및 조치의 건의
⑨ 직업병 발생의 원인조사 및 대책수립
⑩ 법에 의한 명령, 안전관리규정, 취업규칙 중 보건에 관한 사항을 위반한 근로자에 대한 조치의 건의
⑪ 기타 근로자의 건강관리 또는 작업환경의 개선 및 유지·관리에 관하여 노동부장관이 정하는 사항
⑫ 보건관리자에게 지원하여야 할 시설 및 장비는 노동부령으로 정함.
⑬ 국고보조사업 vs 지역사회 통합건강증진사업

구분	국고보조사업	지역사회 통합건강증진사업
목적	• 건강증진사업 일환 • 구체적 목적 달성은 하지 못함(금연클리닉).	국가건강증진 정책방향과 지자체 건강증진사업 목적 일치, 구체화(금연사업-흡연 예방 및 금연)
운영체계	총괄조정 역할이 없고, 사업부서에서 연계성 없이 개별 운영 및 관리, 교육 실시	• 사업 총괄조정은 건강정책과에서 시행 • 사업부서는 중점과제별 보건소 사업전략
재원배분	• 국고보조사업별 재원 배분 • 사업신청에 따른 예산 배분	지자체 재정여건, 사업성과 연동된 재원비중을 단계적으로 확대
평가	국고보조사업 산출결과 중심의 평가	국민건강증진종합계획 목표에 맞춘 평가

13 산업재해통계

① 도수율 = 재해건수/연 근로 시간 수 × 1,000,000
② 강도율 = 손실 작업 일수/연 근로 시간수 × 1,000
③ 건수율 = 재해 건수/평균 실 근로자수 × 1,000
④ 평균 손실 일수 = 손실 작업 일수/재해 건수

14 건강진단 결과관리

① C1 조치 → 추적검사 추가
② CN 조치 → 추적검사 추가
③ D1 조치 → 직업병 확진 의뢰 안내, 추적검사 추가
④ D2 조치 → 사후관리 필요
⑤ DN 조치 → 추적검사 추가

15 작업환경관리 원리와 방법

• 대치
물질의 변경, 공정의 변경, 시설의 변경 등 환경개선의 근본적인 방법
• 격리
작업자와 유해인자 사이에 방호벽이 놓여있는 상태
• 환기
작업자의 호흡기 위치로부터 유해증기를 포착하여 배출시키기 위하여 또는 쾌적한 온열 상태를 유지하기 위하여 사용
• 작업환경의 청결 및 정돈
① 일반적 방법
- 독성이 약한 유해물질로 대체 또는 공정의 변화
- 격리 또는 폐쇄
- 유해물질 발생원 통제
  • 국소배기장치
  • 수분사용
  • 청결
- 깨끗한 공기로 희석
- 개인용 보호구 착용
- 작업장 청결, 정돈 교육
② 특수 통제 방법: 방사선 폭로 측정 필름, 알루미늄 판넬 가리개(방사열 반사), 예방적인 의학적 프로그램, 응급처치

학교보건사업

16 학교보건사업 목표

• 학교보건교육 및 보건 봉사로 학생과 교직원의 자기건강관리 능력을 배양하고 학교보건 요원 및 보건위생시설 확보로 건강한 학교육성
• 학교환경위생 정화로 면학 분위기 조성하는 데 있음.

17 보건교사 업무

① 학교보건계획의 수립
② 학교 환경위생의 유지·관리 및 개선에 관한 사항
③ 학생과 교직원에 대한 건강진단의 준비와 실시에 대한 협조

④ 각종 질병의 예방처치 및 보건지도
⑤ 학생과 교직원의 건강 관찰과 학교의사의 건강상담, 건강평가 등의 실시 협조
⑥ 신체 허약한 학생의 보건지도
⑦ 보건지도를 위한 학생가정 방문
⑧ 교사의 보건교육 협조와 필요시 보건교육
⑨ 보건실의 시설·설비 및 약품 등의 관리
⑩ 다음의 의료행위
  - 외상 등 흔히 볼 수 있는 환자의 치료
  - 응급을 요하는 응급처치
  - 부상과 질병의 악화 방지 처치
  - 건강진단결과 발견된 질병자의 요양지도 및 관리
  - 위의 의료행위에 따른 의약품 투여

18 건강검사

- **건강검사 실시계획 수립**
  학교의 장은 건강검사를 원활하게 실시하기 위하여 건강검사에 필요한 소요예산을 포함한 건강검사 실시계획을 매년 3월 말까지 수립하여야 함.
- **신체 발달상황에 대한 검사항목**
  신체의 발달상황은 키와 몸무게를 측정하고 이를 근거하여 비만도를 산출(초등학교 1학년과 4학년, 중학교 1학년, 고등학교 1학년은 건강검진기관에서 실시)
- **비만도**
  비만이란 체지방이 과도하게 축적된 상태로 체질량 지수(Body Mass Index: BMI)와 표준체중에 의한 상대체중으로 산출. 표기방법은 체질량 지수로 산출된 비만도를 '표준성장곡선'에 대비하여 다음과 같이 판정하여 표기
  ① 체질량: 저체중, 정상체중, 과다체중, 비만으로 나누는 중요한 지표
    - BMI(kg/m^2) = 체중(kg)/신장(m^2)
  ② 브로카 지수: 비만도(%)
    - 남성 = (신장 − 100) × 0.9
    - 여성 = (신장 − 105) × 0.9
  ③ 표준체중에 의한 상대체중으로 산출된 비만도 표기
    - 경도비만: 몸무게가 키에 대한 표준체중보다 20퍼센트 이상 30퍼센트 미만 무거운 경우
    - 중등도비만: 몸무게가 키에 대한 표준체중보다 30퍼센트 이상 50퍼센트 미만 무거운 경우
    - 고도비만: 몸무게가 키에 대한 표준체중보다 50퍼센트 이상 무거운 경우

19 학교환경기준

- **근거**
  교육환경 보호에 관한 법률
- **절대보호구역**
  학교출입문으로부터 직선거리로 50미터까지인 지역(학교 설립 예정지의 경우 학교 경계로부터 직선거리 50미터까지인 지역)
- **상대보호구역**
  학교경계 등으로부터 직선거리로 200미터까지인 지역 중 절대보호구역을 제외 지역
- **관리**
  ① 교육감은 학교설립예정지가 통보된 날부터 30일 이내에 교육환경보호구역을 설정 및 고시
  ② 학교의 장은 해당 학교의 보호구역 내 교육환경에 대한 현황 조사 및 보호구역 내 금지행위의 방지 등을 위한 계도 등을 함. 다만 학교가 개교하기 전까지의 관리는 보호구역을 설정한 자가 함.

20 학교장 업무

- 「학교보건법」 제8조 및 「초·중등교육법 시행령」 제47조 의거, 감염병 발생으로 정상수업이 곤란하다고 인정할 때 학생과 교직원에 대하여 임시 휴업과 등교를 중지시킬 수 있고, 임시 휴업 및 등교중지 현황 그리고 감염병 발생 현황을 즉시 교육청에 보고 – 보건소에 신고해야 함.
- 학교환경기준인 교육환경보호구역에 대한 관리를 한다. 단, 개교 전에는 보호구역을 설정한 자가 관리한다.
- 폭우, 폭설, 지진, 해일 등 천재지변 또는 법정 감염병 등으로 출석 못한 경우는 출석으로 처리
- 학생이 새로 입학한 날로부터 90일 이내에 시장·군수 또는 구청장에게 예방접종증명서를 발급받아 예방접종을 모두 받았는지를 검사한 후 이를 교육 정보시스템에 기록해야 함.
- 상·하급 학교 간 정화구역이 중복될 경우 하급 학교장이 정화구역을 관리한다.
- 학교 간에 절대정화구역과 상대정화구역이 중복될 때는 절대정화구역이 설정된 학교의 장이 관리한다.

21 방문건강관리사업 – 분류

- **집중관리군**
  ① 특성: 건강위험요인 및 건강문제가 있고 증상조절이 안 되는 경우
  ② 관리: 3개월 이내 8회 이상 건강관리 서비스

③ 판정기준
- 고혈압: 수축기압 140mmHg 이상 또는 이완기압 90mmHg 이상, 흡연, 고위험음주, 비만, 신체활동 미실천 중 2개 이상 건강행태 개선이 필요
- 당뇨: 당화혈색소 7.0% 이상 또는 공복혈당 126mg/dl 이상 또는 식후혈당 200mg/dl 이상, 흡연, 고위험음주, 비만, 신체활동 미실천 중 2개 이상의 건강행태 개선 필요
- 기타: 관절염, 뇌졸중, 암 등록자로 흡연, 고위험음주, 비만, 신체활동 미실천 중 2개 이상의 건강 행태 개선 필요
- 대상 특성별 관리사항
  • 임부 또는 분만 8주 이내 산부, 출생 4주 이내 신생아, 영유아, 다문화 가족
  • 만65세 이상 노인 중 허약판정점수가 4~12점인 자
  • 북한 이탈주민으로 감염성 질환이 1개 이상이거나 흡연, 고위험음주, 비만, 신체활동 미실천 중 2개 이상 건강행태 개선 필요

• 정기관리군
① 특성: 건강위험요인 및 건강문제가 있고 증상이 있으나 조절되는 경우
② 관리: 3개월마다 1회 이상 건강관리서비스
③ 판정기준
- 고혈압: 수축기압 120mmHg~139mmHg 또는 이완기압 80mmHg~89mmHg이고, 흡연, 고위험음주, 비만, 신체활동 미실천 중 1개 이상의 건강행태 개선 필요
- 당뇨: 공복혈당 100~125mg/dl 이상 또는 식후혈당 140~199mg/dl이고, 흡연, 고위험음주, 비만, 신체활동 미실천 중 1개 이상의 건강행태 개선 필요
- 기타: 관절염, 뇌졸중, 암 등록자로 흡연, 고위험음주, 비만, 신체활동 미실천 중 1개 이상의 건강행태 개선 필요
- 대상 특성별 관리사항
  • 북한 이탈주민으로 감염성 질환이 1개 이상이거나 흡연, 고위험음주, 비만, 신체활동 미실천 중 2개 이상 건강행태 개선 필요
  • 암 대상자로 암 치료 종료 후 5년 경과되지 아니한 경우

22 정신건강사업 – 정신건강간호사의 역할

• 1차 예방
① 정신질환의 발생과 새로운 질병의 사례 감소
② 스트레스원을 피하거나 적응적으로 대처
③ 일차예방은 더 이상 스트레스를 야기하지 않게 하고 기능을 향상시키도록 하는 활동
④ 상황위기에 처한 대상자를 지지하고 격려(질병, 실직, 이혼, 사별 등)
⑤ 성숙위기에 대처할 수 있도록 상담 또는 교육 진행(출생, 입학, 졸업, 결혼, 출산, 노화, 은퇴 등)

• 2차 예방
① 정신장애 기간을 감소시키는 데 목표
② 급성질환으로 인한 무능력 기간을 단축시키는 중재와 치료를 통해 정신장애 발병 감소
③ 조기발견, 조기치료, 단기입원, 약물사용, 위기중재

• 3차 예방
① 정신질환으로 인한 부차적인 정신적 결함 또는 사회 적응 장애를 줄이는 데 목표
② 정신질환 재발을 막고 정상적 사회생활로 복귀하도록 돕는 역할
③ 지역사회 간호사는 사정과 적절한 의뢰를 통해 환자와 가족의 모든 요구를 조정, 환자의 재활 과정 중에 일관성 있고 신뢰할 수 있는 자원 제공

23 재활간호사업 – 대상자 관리체계

• 대상자 발굴
지역사회 공공조직을 이용한 장애인 확보
• 대상자 등록 및 군 분류
대상자 등록으로 동의한 경우 등록, 집중관리군 – 정기관리군 – 자기역량지원군으로 분류
• 상담
대상자의 건강상태 및 재활 요구도 파악
• 서비스 계획 수립
대상자의 건강상태 및 재활 요구도 반영, 맞춤형 서비스 계획
• 서비스 제공
대상자별 서비스 연계 및 제공
• 재평가 및 사후관리
재활서비스 제공 후 만족도 조사 실시. 재활목표 달성자는 군 재분류 시행

산업간호사업

24 검진관리

• 채용 시 건강진단
근로자의 신체특성에 적합한 인사배치가 가능할 뿐만 아니라 작업에 부적격자를 색출하고 적절한 배치를 위해 실시. 또 향후 작업 원인에 의한 직업병 여부 판정에 기초 자료를 제공을 목적으로 함.

• 일반건강진단
상시근로자 5인 이상의 법 적용업체에 근무하는 모든 근로자에게 1년에 1회 이상 실시하며 취업 배치 후 근로자의 건강상

태를 정기적으로 파악하고 생산능률에 관계되는 질병으로 폐결핵, 굴절이상, 시력장애, 신경계질환, 일반질환(고혈압, 당뇨)을 조기에 발견코자 함. 사무직 근로자인 경우는 2년에 1회 이상 실시

- **특수건강진단**
  인체에 유해한 특정한 인자에 노출되는 유해한 작업환경에서 종사하는 근로자의 건강유지가 목적. 「산업안전보건법」에서 정한 특수건강검진 대상 유해인자에 노출되는 업무에 종사하는 근로자의 1차 건강진단은 근로자의 건강수준을 파악하고 관리상의 기초 자료로 사용하고 직업병 의심자를 색출하여 정밀검사를 실시하고자 함. 정밀검사에서는 1차 검진자에 대해 실시하며 건강장해 유소견 유무를 판정하고자 함.
  근로자건강진단 실시 결과 직업병 유소견자로 판정받은 후 작업의 전화를 하거나 작업장소를 변경하고, 직업병 유소견 판정의 원인이 된 유해인자에 대한 건강진단이 필요하다는 의사의 소견이 있는 근로자가 실시하여야 하는 건강진단

25 직업병

- **진폐증**
  폐에 침착된 분진이 조직에 병리적 변화 일으킨 상태
- **레이노드 현상**
  국소적 손, 발 등 특정부위 진동으로 자동톱, 공기해머, 전동식 연마기 사용 시 발생. 한랭에 노출 시 손가락 냉감 – 감각마비의 경우
- **참호족**
  국소부위 산소결핍 + 한랭으로 모세혈관 손상. 지속적인 한랭과 물, 습기에 잠길 때 부종, 작열통, 소양감, 동통 발생
- **잠함병**
  잠수작업 해저작업 시 급격한 감압으로 질소가 체외로 배출되지 못하고 기포상태로 혈관, 조직에 남아 혈액순환 저해하거나 조직손상

[VDT(Video Display Terminal, 단말기) 증후군]
① **정의**: 단말기 사용의 급증으로 작업자의 시선이 화면에 고정되고 신체동작이 제한되고 두 손은 키보드에서 장시간 작업함에 따라 나타나는 건강장애
② **증상**
  - 안정 피로, 경견완 증후군, 전신 신경장애, 소양감
③ **예방요령**
  - 50분 작업 후 10분 동안 휴식
  - 휴식 시 허리, 어깨운동
  - 키보드는 팔꿈치 관절이 기능적 범위 정도로 구부려지게 낮게 위치
  - 의자에 앉을 때는 의자에 둔부를 90° 각도로 곧게 펴서 앉음.
  - 모니터에서 비추는 빛 반사는 15°가 되도록 함.
  - 창문과 마주보는 위치에서 작업을 시행하지 않음.

26 유해물질 허용기준

- **시간 가중 평균 노출기준**
  ① 유해인자 측정치 × 발생시간/8(1일 8시간 기준)
  ② 1일 8시간 작업 기준으로 주 40시간에 폭로된 평균농도 상한치, 매일 노출되어도 건강상 영향 無
- **단시간 노출기준**
  ① 근로자가 1회 15분 동안 유해요인에 노출
  ② 만성중독, 고농도에서 급성중독을 초래하는 유해물질에 적용
- **최고 노출기준**
  ① 1일 작업시간동안 잠깐이라도 노출되면 안되는 기준으로 최고수준의 농도. 천정치라고 함.
  ② 8시간 작업 후 16시간 휴식 취하는 작업 조건과 자극성 가스, 독작용 빠른 물질에 적용
  ③ 독성, 위험의 상대적 지표로 사용할 수 없음.

27 통합건강증진사업 – 기본방향

- **건강증진사업 통합 및 재편성을 통한 사업의 효율성 제고**
  ① 보건소 지역보건의료계획 및 국민건강증진종합계획에 부합하도록 사업구조 재편성
  ② 사업목표가 달성될 수 있도록 사업을 건강영역별, 생애주기별로 구성하여 다양한 전략 활용
- **지자체 자율성 확대**
  ① 지자체가 재원의 용도, 세부내역을 자율적으로 설계, 집행할 수 있도록 개선
  ② 지역사회 건강문제, 특성에 따라 우선순위 사업영역 선정 및 사업량 선택, 자율적 운영
- **지자체 책임성 제고**
  ① 사업운영의 자율성을 부여, 스스로 관리 감독할 수 있는 역할 강화
  ② 사업기획, 운영, 평가과정에서 지자체의 자발적 성과관리가 이루어질 수 있도록 평가관리체계 운영

28 SWOT

- **개념**
  ① 시장에서 마케팅 기회, 즉 수요를 찾기 위해 조직의 외부, 내부 환경을 분석하고 예측하는 것
  ② 고객(Customer), 조직(Company), 경쟁자(Competitor) 대상으로 하여 3C분석이라고도 함.

③ 지역사회 간호사정에서의 SWOT분석은 조직 외부에 있는 기회(Opportunity)와 위협(Threats)을 살펴보기 위해 환경을 중심으로 예측되는 변화를 분석하는 동시에, 강점(Strengths)과 약점(Weaknesses) 파악

- SWOT 분석
  ① 강점(Strengths): 보건의료인력의 전문성 확보, 전산망 활용 용이, 국가 지원 확대
  ② 약점(Weakness): 지방자치단체 예산 부족, 보건의료인력 부족, 시설 미비, 보건프로그램 미비
  ③ 기회(Opportunities): 보건의료에 대한 관심, 요구도가 높음. 스스로 건강관리, 지방자치단체의 보건의료에 대한 관심 높음.
  ④ 위협(Threats): 보건의료에 대한 주민신뢰 저하, 보건 관련 지원 낮음. 협력체계 미흡

- SWOT 전략
  ① SO전략: 강점-기회 전략(공격적 전략)
  ② ST전략: 강점-위협 전략(다각화 전략)
  ③ WO전략: 약점-기회 전략(국면전환 전략)
  ④ WT전략: 약점-위협 전략(방어적 전략)

29 지역사회 주민참여

- 장점
  ① 주민의 적극적 참여가 수행의 성공을 가져옴.
  ② 지역사회간호사에게 요구도를 직접 전달함.
  ③ 공동운명체를 강화하여 참여 의욕 높임.
  ④ 예기치 못한 변화 시 주민의 이해 얻을 수 있음.
- 단점
  ① 사업의 전문성 저하 가능성
  ② 책임소재 불분명 가능성
  ③ 시간과 비용 소모의 가능성
  ④ 전략적 문제

기출로 실력 올리기

01 다음 글에서 설명하는 「산업재해보상보험법」상 보험급여는? 2020 지방직

> 업무상 사유로 부상을 당하거나 질병에 걸린 근로자에게 요양으로 취업하지 못한 기간에 대하여 지급하되, 1일당 지급액은 평균임금의 100분의 70에 상당하는 금액으로 한다. 다만, 취업하지 못한 기간이 3일 이내이면 지급하지 아니한다.

① 요양급여
② 장해급여
③ 간병급여
④ 휴업급여

LINK 이론서 91p
난이도 상 중 하
중요도 ★★★★★
CHECK ☐☐☐

---

01 지역사회간호사업 – 산업보건 – 「산업재해보상보험법」상 보험급여 🔑 ④

부상이나 질병으로 취업 못한 기간에 대해 지급하는 산업재해 보험급여는 휴업급여이다.

추가 학습

산업재해보상

1. **휴업급여**: 부상이나 질병으로 취업 못한 기간에 대해 지급, 1일단 지급액은 평균 임금 70/100의 금액. 취업 못한 기간이 3일 이내면 지급하지 않고 4일째부터 지급
2. **요양급여**: 요양비 전액 지원. 부상이나 질병 3일 이내 요양으로 치유되면 지급하지 않고 4일째 지급
3. **장해급여**: 부상이나 질병 치유 후에도 신체 등 장해 있는 경우. 대통령령이 정하는 장해등급 기준(1~14등급)에 따라 장해보상연금 또는 장해보상일시금의 장해급여는 수급권자가 신청하면 연금의 최초 1년분 또는 2년분의 2분의 1에 상당하는 금액 지급
4. **간병급여**: 요양급여 받은 자 중 수시 간병이 필요하여 실제로 간병을 받는 자에게 지급
5. **유족급여**: 근로자가 업무의 이유로 사망할 때 유족에게 지급
   (유족보상일시금: 50/100 금액)(유족보상연금: 50/100 감액하여 지급)
6. **상병보상연금**: 근로자가 요양 시작한 지 2년 지난 후 상태가 계속되면 휴업급여 대신 지급
   ① 부상이나 질병 치유가 되지 않은 상태
   ② 대통령령으로 정하는 중증요양상태등급 기준에 해당하는 것
   ③ 요양으로 인해 취업하지 못했을 때
7. **직업재활급여**: 대통령령으로 취업을 위해 직업훈련이 필요한 자에 대하여 실시하는 직업훈련에 드는 비용 및 직업훈련수당. 직장복귀지원금, 직장적응훈련비 및 재활운동비 등
8. **장의비**: 업무상의 사유로 사망한 경우 평균 임금 120일분 상당하는 금액

02 「학교보건법 시행령」에서 명시한 보건교사의 직무를 〈보기〉에서 모두 고른 것은?

2022 서울시

| 보기 |

ㄱ. 각종 질병의 예방처치 및 보건지도
ㄴ. 건강진단결과 발견된 질병자의 요양지도 및 관리
ㄷ. 응급을 요하는 자에 대한 응급처치
ㄹ. 학생과 교직원의 건강진단과 건강평가

① ㄱ, ㄴ
② ㄷ, ㄹ
③ ㄱ, ㄴ, ㄷ
④ ㄱ, ㄴ, ㄷ, ㄹ

---

02 지역사회간호사업 – 학교보건 – 보건교사 직무 ③

선지체크
ㄹ. 학교의사의 직무

추가학습
학교 보건교사 직무
1. 학교보건계획의 수립
2. 학교 환경위생의 유지·관리 및 개선에 관한 사항
3. 학생과 교직원에 대한 건강진단의 준비와 실시에 대한 협조
4. 각종 질병의 예방처치 및 보건지도
5. 학생과 교직원의 건강 관찰과 학교의사의 건강상담, 건강평가 등의 실시 협조
6. 신체 허약한 학생의 보건지도
7. 보건지도를 위한 학생가정 방문
8. 교사의 보건교육 협조와 필요시 보건교육
9. 보건실의 시설·설비 및 약품 등의 관리
10. 다음의 의료행위
    - 외상 등 흔히 볼 수 있는 환자의 치료
    - 응급을 요하는 응급처치
    - 부상과 질병의 악화 방지 처치
    - 건강진단결과 발견된 질병자의 요양지도 및 관리
    - 위의 의료행위에 따른 의약품 투여
11. 그 밖의 학교 보건관리

출제분석
학교의사, 학교약사의 직무를 외우고 나머지는 보건교사 직무라고 외우면 더 쉽게 외울 수 있어요. 워낙 보건교사 직무가 많아서! 일단 학교의사와 보건교사의 직무를 반드시 구별하셔야 해요.

03 「학교보건법 시행령」상 보건교사의 직무에 해당하는 것은? 2024 지방직

① 학교보건계획의 수립에 관한 자문
② 학생과 교직원의 건강상담
③ 학생과 교직원의 건강진단과 건강평가
④ 보건지도를 위한 학생가정 방문

---

03 학교보건 – 학교 보건교사 직무 ④

보건지도를 위한 학생가정 방문은 흔하지는 않지만 보건교사의 직무에 해당한다.

선지체크
① 학교보건계획의 수립에 관한 자문 → 학교의사
② 학생과 교직원의 건강상담 → 학교의사
③ 학생과 교직원의 건강진단과 건강평가 → 학교의사

출제분석
지역사회간호사가 학교 보건교사와 협력하여 학교보건사업을 진행해야 하는 경우가 많으므로 학교 보건교사의 직무를 다 알아야 하죠!

04 「학교보건법」에 근거한 학교의 장의 업무로 가장 옳지 않은 것은? 2020 서울시

① 학생 건강검사 결과 질병에 감염된 학생에 대하여 질병의 치료에 필요한 조치를 하여야 한다.
② 학생 정신건강 상태를 검사한 결과 필요하면 해당 학생에 대해 의료기관을 연계하여야 한다.
③ 안전사고를 예방하기 위하여 학생에 대한 안전교육 및 그 밖에 필요한 조치를 하여야 한다.
④ 학생이 새로 입학한 날로부터 180일 이내에 시장·군수 또는 구청장에게 예방접종증명서를 발급받아 예방접종을 모두 받았는지를 검사한 후 이를 교육 정보시스템에 기록하여야 한다.

04 지역사회간호사업 – 학교보건 – 학교장 업무 ④

④ 학생이 새로 입학한 날로부터 90일 이내에 시장·군수 또는 구청장에게 예방접종증명서를 발급받아 예방접종을 모두 받았는지를 검사한 후 이를 교육 정보시스템에 기록하여야 한다.

추가 학습

학교장 업무
1. 「학교보건법」 제8조 및 「초·중등교육법 시행령」 제47조 의거, 감염병 발생으로 정상수업이 곤란하다고 인정할 때 학생과 교직원에 대하여 임시 휴업과 등교를 중지시킬 수 있고, 임시휴업 및 등교중지 현황 그리고 감염병 발생 현황을 즉시 교육청에 보고 – 보건소에 신고해야 함.
2. 학교환경기준인 교육환경보호구역에 대한 관리한다. 단, 개교 전에는 보호구역을 설정한 자가 관리함.
3. 폭우, 폭설, 지진, 해일 등 천재지변 또는 법정 감염병 등으로 출석 못한 경우는 출석으로 처리함.
4. 학생이 새로 입학한 날로부터 90일 이내에 시장·군수 또는 구청장에게 예방접종증명서를 발급받아 예방접종을 모두 받았는지를 검사한 후 이를 교육 정보시스템에 기록해야 함.

출제분석
보건교사의 직무, 학교장의 업무, 학교의사 및 학교약사의 직무는 돌아가면서 나오는 경향이 있으니 모두 숙지하셔야 해요.

05 학교환경위생정화구역에 대한 설명으로 옳은 것은?   2014 서울시

① 정화구역 관리는 보건교사가 담당한다.
② 절대정화구역은 학교 경계선에서 직선거리로 50m까지이다.
③ 상·하급 학교간 정화구역이 중복될 경우 상급 학교장이 정화구역을 관리한다.
④ 상대정화구역은 절대정화구역을 제외한 학교 경계선에서 직선거리로 200m까지의 지역이다.

---

05 지역사회간호사업 - 학교보건 - 학교환경위생정화구역   ④

상대정화구역은 학교경계로부터 직선거리 200미터까지 지역 중 절대보호구역을 제외한 지역이다. 절대보호구역은 학교출입문으로부터 직선거리 50미터 지역

선지체크
① 정화구역 관리는 학교의 장 관리구역이다.
② 절대정화구역은 학교 출입문에서 직선거리로 50m까지이다.
③ 상·하급 학교간 정화구역이 중복될 경우 하급 학교장이 정화구역을 관리한다.

추가 학습
교육환경보호구역
1. 근거: 교육환경 보호에 관한 법률
2. 절대보호구역: 학교출입문으로부터 직선거리로 50미터까지인 지역(학교 설립 예정지의 경우 학교 경계로부터 직선거리 50미터까지인 지역)
3. 상대보호구역: 학교경계 등으로부터 직선거리로 200미터까지인 지역 중 절대보호구역을 제외 지역
4. 관리
  ① 교육감은 학교설립예정지가 통보된 날부터 30일 이내에 교육환경보호구역을 설정 및 고시
  ② 학교의 장은 해당 학교의 보호구역 내 교육환경에 대한 현황 조사 및 보호구역 내 금지행위의 방지 등을 위한 계도 등을 함. 다만 학교가 개교하기 전까지의 관리는 보호구역을 설정한 자가 함.
  ③ 상·하급 학교 간 정화구역이 중복될 경우 하급 학교장이 정화구역을 관리한다.
  ④ 학교 간에 절대정화구역과 상대정화구역이 중복될 때는 절대정화구역이 설정된 학교의 장이 관리한다.

06 학교 건강검사 결과의 관리 및 처리에 대한 설명으로 옳지 않은 것은? 2014 지방직

① 학교의 장은 건강검사 결과에 따라 건강 상담, 예방 조치 등의 대책을 강구하여야 한다.
② 학교의 장은 건강검사 결과에서 감염병에 감염될 우려가 있는 학생에 대하여 등교를 중지시킬 수 있다.
③ 졸업하지 못한 학생의 건강기록부는 당해연도에 보건소로 이관하여 5년간 보관한다.
④ 검진기관은 검사 결과를 해당 학생 또는 학부모, 해당 학교의 장에게 통보하여야 한다.

---

06 지역사회간호사업 - 학교보건 - 학교 건강검사 결과의 관리 및 처리 — ③

③ 졸업하지 못한 학생의 건강기록부는 학교에서 5년간 보관한다.

출제분석
과거 학교 신체검사라고 했던 것이 지금의 건강검사가 되었어요.
매년 하는 것이 아닌 것도 주의해주세요!

07 다음 중 산업재해를 파악하는 지표에 대한 설명으로 옳지 않은 것은? 2016 서울시

① 천인율은 근로자 1,000명당 재해로 인한 사망자 수의 비율을 의미한다.
② 도수율은 1,000,000근로시간당 재해발생 건수를 의미한다.
③ 사망원인율은 근로자 10,000명당 재해로 인한 사망자 수의 비율을 의미한다.
④ 강도율은 1,000근로시간당 재해로 인한 근로 손실일수를 의미한다.

---

07 지역사회간호사업 – 산업보건 – 산업재해통계 🔍 ①

① 천인율은 근로자 1,000명당 재해로 인한 사망자 수의 비율을 의미한다.
→ 천인율은 특정기간의 사상자 수/특정기간의 평균 근로자 수 × 1,000

추가 학습

1. 도수율 = 재해 건수/연 근로 시간 수 × 1,000,000
2. 강도율 = 손실 작업 일수/연 근로 시간 수 × 1,000
3. 사망원인율은 사망자수의 1만 배를 전체 근로자 수로 나눈 값. 전 산업에 종사하는 근로자 중 산재로 사망한 근로자가 어느 정도 되는지 파악할 때 사용하는 지표

출제분석
이렇게 줄글로 나오기도 하고, 숫자를 주어 값을 구하게도 해요.

08 산업재해를 나타내는 도수율과 강도율의 분모로 맞는 것은? 2014 서울시

① 재해 건수
② 실 근로자 수
③ 평균 근로자 수
④ 손실 작업일수
⑤ 연 근로시간 수

08 지역사회간호사업 – 산업보건 – 산업재해통계 🔑 ⑤

추가 학습
1. 도수율 = 재해 건수/연 근로 시간 수 × 1,000,000
2. 강도율 = 손실 작업 일수/연 근로 시간 수 × 1,000

출제분석
산업재해는 그 의미가 중요하므로 줄글 또는 분모 분자의 의미를 풀어서 출제되는 경우도 있고, 계산식으로 나오는 경우도 있어요.

09 다음에 해당하는 근로자 건강진단은?

2021 지방직

- 근로자는 법적 유해인자에 노출된 작업을 하고 있다.
- 근로자는 직업성 천식 증상을 호소하였다.
- 이에 사업주는 건강진단 실시를 계획하고 있다.

① 수시건강진단
② 일반건강진단
③ 임시건강진단
④ 배치전건강진단

---

09 지역사회간호사업 – 산업보건 – 근로자 건강진단의 종류와 내용 — ①

법적 유해인자에 노출된 직업을 하는 근로자가 증상이 생기면 바로 수시건강진단을 실시할 수 있다.

추가학습

건강진단의 종류와 내용(산업안전보건법)

1. **채용 시 건강진단**: 근로자의 신체특성에 적합한 인사배치가 가능할 뿐만 아니라 작업에 부적격자를 색출하고 적절한 배치를 위해 실시. 또 향후 작업 원인에 의한 직업병 여부 판정에 기초 자료를 제공을 목적으로 함(= 배치전 건강진단).
2. **일반건강진단**: 상시근로자 5인 이상의 법 적용업체에 근무하는 모든 근로자에게 1년에 1회 이상 실시하며 취업 배치 후 근로자의 건강상태를 정기적으로 파악하고 생산능률에 관계되는 질병으로 폐결핵, 굴절이상, 시력장애, 신경계질환, 일반질환(고혈압, 당뇨)을 조기에 발견코자 함. 사무직 근로자인 경우는 2년에 1회 이상 실시
3. **특수건강진단**: 인체에 유해한 특정한 인자에 노출되는 유해한 작업환경에서 종사하는 근로자의 건강유지가 목적. 「산업안전보건법」에서 정한 특수건강검진 대상 유해인 자에 노출되는 업무에 종사하는 근로자의 1차 건강진단은 근로자의 건강수준을 파악하고 관리상의 기초 자료로 사용하고 직업병 의심자를 색출하여 정밀검사를 실시하고자 함. 정밀검사에서는 1차 검진자에 대해 실시하며 건강장해 유소견 유무를 판정하고자 함. 근로자건강진단 실시 결과 직업병 유소견자로 판정받은 후 작업의 전화를 하거나 작업장소를 변경하고, 직업병 유소견 판정의 원인이 된 유해인자에 대한 건강진단이 필요하다는 의사의 소견이 있는 근로자가 실시하여야 하는 건강진단
4. **수시건강진단**: 근로자가 법적 유해인자에 노출된 작업을 하고 있거나 직업성 천식 증상을 호소한 경우

출제분석

근로자 건강진단은 종류가 많지만 위와 같이 명확하게 구분되어있고 중요하니 그 개념을 구분지어 외워두세요.

10 어떤 사업장에서 근로자 건강진단을 실시하여 〈보기〉와 같은 결과가 나왔다. 이에 대한 설명으로 가장 옳은 것은?

2019 서울시

건강관리구분		단위(명)
A		2000
C	C_1	200
	C_2	300
D	D_1	20
	D_2	150
계		2670

① 일반 질병으로 진전될 우려가 있어 추적관찰이 필요한 근로자는 300명이다.
② 직업성 질병의 소견을 보여 사후관리가 필요한 근로자는 200명이다.
③ 일반 질병의 소견을 보여 사후관리가 필요한 근로자는 20명이다.
④ 직업성 질병의 소견을 보여 사후관리가 필요한 근로자는 150명이다.

---

10 지역사회간호사업 - 산업보건 - 근로자 건강진단 결과관리 ①

선지체크
② 직업성 질병의 소견을 보여 사후관리가 필요한 근로자는 200명이다. → D_1 = 20명
③ 일반 질병의 소견을 보여 사후관리가 필요한 근로자는 20명이다. → D_2 = 150명
④ 직업성 질병의 소견을 보여 사후관리가 필요한 근로자는 150명이다. → D_1 = 20명

추가학습
건강진단 결과

건강관리구분		건강관리 구분내용
A		건강관리상 사후관리가 필요 없는 근로자(건강한 근로자)
C	C1	직업성 질병으로 진전될 우려가 있어 추적검사 등 관찰이 필요한 근로자(직업병 요관찰자)
	C2	일반 질병으로 진전될 우려가 있어 추적관찰이 필요한 근로자(일반질병 요관찰자)
	CN	질병으로 진전될 우려가 있어 야간작업 시 추적관찰이 필요한 근로자(질병 요관찰자)
D	D1	직업성 질병의 소견을 보여 사후관리가 필요한 근로자(직업병 유소견자)
	D2	일반 질병의 소견을 보여 사후관리가 필요한 근로자(일반질병 유소견자)
	DN	질병의 소견을 보여 야간 작업 시 사후관리가 필요한 근로자(질병 유소견자)
R		건강진단 1차 검사결과 건강수준의 평가가 곤란하거나 질병이 의심되는 근로자(제2차 건강진단 대상자 = 질환의심)

- B: 경계 – 경미한 결함이 있지만 특별한 조치를 취하지 않아도 되는 경우 정상
- U: 미정 – 근로자의 퇴직 등으로 검사가 이루어지지 않아 건강관리구분 판정을 할 수 없는 경우

> **출제분석**
> 이렇게 표로 자주 출제되는 근로자 건강진단 결과. 위와 같이 외우면 쉽게 풀 수 있어요!

11 다음에 해당하는 근로자의 건강관리구분은?　　　　2021 지방직

| 직업성 질병으로 진전될 우려가 있어 추적검사 등 관찰이 필요한 근로자 |

① C_1　　　　② C_2
③ D_1　　　　④ D_2

---

11 지역사회간호사업 – 산업보건 – 근로자 건강진단 결과관리

직업성 질병의 진정 가능성은 일반질병으로 진전될 우려가 있는 근로자와 마찬가지로 추적관찰이 필요하지만 질병이 직업에 의한 것인지 아닌지에 대한 차이가 근로자 건강진단에서는 크다고 할 수 있다.

추가 학습

건강진단 결과

건강관리구분		건강관리 구분내용
A		건강관리상 사후관리가 필요 없는 근로자(건강한 근로자)
C	C1	직업성 질병으로 진전될 우려가 있어 추적검사 등 관찰이 필요한 근로자(직업병 요관찰자)
	C2	일반 질병으로 진전될 우려가 있어 추적관찰이 필요한 근로자(일반질병 요관찰자)
	CN	질병으로 진전될 우려가 있어 야간작업 시 추적관찰이 필요한 근로자(질병 요관찰자)
D	D1	직업성 질병의 소견을 보여 사후관리가 필요한 근로자(직업병 유소견자)
	D2	일반 질병의 소견을 보여 사후관리가 필요한 근로자(일반질병 유소견자)
	DN	질병의 소견을 보여 야간 작업 시 사후관리가 필요한 근로자(질병 유소견자)
R		건강진단 1차 검사결과 건강수준의 평가가 곤란하거나 질병이 의심되는 근로자(제2차 건강진단 대상자 = 질환의심)

- B: 경계 – 경미한 결함이 있지만 특별한 조치를 취하지 않아도 되는 경우 정상
- U: 미정 – 근로자의 퇴직 등으로 검사가 이루어지지 않아 건강관리구분 판정을 할 수 없는 경우

LINK 이론서 264p
난이도 상 **중** 하
중요도 ★★★★★
CHECK ☐☐☐

12 다음에 해당하는 작업환경 관리 방법은?

2023 지방직

화재 예방을 위해 가연성 물질의 저장을 플라스틱통에서 철제통으로 바꾸었다.

① 대치
② 격리
③ 환기
④ 교육

---

12 지역사회간호사업 – 산업보건 – 작업환경관리 원리와 방법 🔑 ①

플라스틱통에서 철제통으로 바꾼 것은 화재에 취약한 플라스틱통에서 화재에 강한 것으로 대체하여 위험을 최소화 하였으므로 대치에 해당한다.

추가학습

대치
작업장의 유해물질을 완전히 제거하거나 덜 해로운 물질로 대체하여 노출원인 최소화
1. 공정의 변경: 공정과정 중 유해한 과정을 안전한 공정과정으로 변경
   ① 페인트 분무방식 → 페인트에 담그거나, 전기흡착식으로 변경
   ② 소음감소 → 금속 톱으로 자르는 일
   ③ 물질 분쇄할 때 분진 때문에 작업 전에 물을 뿌리는 공정작업 등
2. 시설의 변경: 사용하고 있는 위험시설이나 기구를 변경
   ① 화재예방을 위해 가연성 물질을 철제통에 저장하는 것
   ② 용해나 파손 방지를 위해 염화탄화수소 취급장에서 폴리비닐알코올 장갑을 사용하는 것
3. 물질의 변경: 가장 흔히 사용하는 대책으로, 물질의 변경은 유사한 화학구조를 갖고 있는 다른 물질로 대치하는 경우가 많음.
   ① 성냥제조 시 황인은 적인으로 대치
   ② 야광시계 자판의 라듐을 인으로 대치

출제분석
근무 중 사망 또는 직업병으로 인한 사회문제가 끊이지 않고 있는 상황에서는 더더욱 출제빈도가 높은 주제이므로 최근 이슈 항상 주의깊게 개념과 연계해서 봐주세요(월간송아름 참고).

13 다음에서 '나' 판정이 의미하는 것은?

2024 지방직

> 근로자 건강진단 상 질병 유소견자가 업무수행 적합여부 평가결과에서 '나' 판정을 받았다.

① 건강관리상 현재의 조건하에서 작업이 가능한 경우
② 건강장해가 우려되어 한시적으로 현재의 작업을 할 수 없는 경우
③ 일정한 조건(환경개선, 보호구착용, 건강진단주기의 단축 등)하에서 현재의 작업이 가능한 경우
④ 건강장해의 악화 또는 영구적인 장해의 발생이 우려되어 현재의 작업을 해서는 안 되는 경우

---

13 지역사회보건사업 – 근로자 건강진단 – 근로자 건강진단 결과

'나' 판정은 일반 질병으로 진전될 우려가 있어 추적관찰이 필요하며 일정한 조건이 전제된 상태에서 현재의 작업이 가능한 경우를 말한다.

선지체크
① 건강관리상 현재의 조건하에서 작업이 가능한 경우
　→ 건강 관리상 사후관리가 필요없는 근로자를 뜻하며 '가' 판정
② 건강장해가 우려되어 한시적으로 현재의 작업을 할 수 없는 경우
　→ '다' 판정
④ 건강장해의 악화 또는 영구적인 장해의 발생이 우려되어 현재의 작업을 해서는 안 되는 경우
　→ '라' 판정

추가 학습
근로자 건강진단 결과 – 업무수행 적합여부 판정
가 – 건강관리상 현재의 조건하에서 작업이 가능한 경우
나 – 일정한 조건(환경개선, 보호구착용, 건강진단주기의 단축 등)하에서 현재의 작업이 가능한 경우
다 – 건강장해가 우려되어 한시적으로 현재의 작업을 할 수 없는 경우(건강상 또는 근로조건상의 문제가 해결된 후 작업복귀 가능)
라 – 건강장해의 악화 또는 영구적인 장해의 발생이 우려되어 현재의 작업을 해서는 안 되는 경우

출제분석
연이은 근로자 사망에 사회적 여론과 관심이 형성된 만큼 늘 중요한 예비 시험문제에요!

14 산업장 간호사가 작업장에서 보호구 착용을 하지 않고 유기용제에 노출되어 의식을 잃고 쓰러진 근로자를 발견하였을 때 적절한 응급처치로 가장 옳지 않은 것은?   2022 서울시

① 유기용제가 묻은 옷을 벗긴다.
② 따뜻한 물이나 음료를 제공한다.
③ 근로자를 작업장 밖으로 옮긴다.
④ 호흡이 멎었을 때는 인공호흡을 실시한다.

---

14 지역사회간호사업 – 산업보건 – 산업장 응급처치 ②

② 따뜻한 물이나 음료를 제공한다.
→ 의식을 잃으면 기도로 물, 음료가 흡인될 수 있으므로 입안으로 아무것도 넣어서는 안 된다.

출제분석
산업장 간호사는 산업장에서 직원건강을 위해 일하지만 의사 없이 일하므로 여러 가지 제약이 있어요. 하지만 응급처치에 대해서는 매뉴얼(정석)대로 해야 하므로 상식선에서 보통 시험에 나오죠.

15 작업환경 관리의 기본원리 중 대치에 해당하는 것은?

2020 서울시

① 교대근무를 실시하도록 한다.
② 페인트를 분무하던 것을 전기이용 흡착식 분무로 한다.
③ 개인용 위생보호구를 착용하도록 한다.
④ 인화물질이 든 탱크 사이에 도랑을 파서 제방을 만든다.

---

15 지역사회간호사업 – 산업보건 – 작업환경관리 원리와 방법 ②

페인트 분무방식을 변경한 것은 공정의 변경으로 공정과정 중 유해한 과정을 안전한 공정과정으로 변경하는 것이다.

선지체크
① 교대근무를 실시하도록 한다. → 환기
③ 개인용 위생보호구를 착용하도록 한다. → 격리
④ 인화물질이 든 탱크 사이에 도랑을 파서 제방을 만든다. → 격리

추가 학습
작업환경관리 원리와 방법
1. 대치: 물질의 변경, 공정의 변경, 시설의 변경 등 환경개선의 근본적인 방법
2. 격리: 작업자와 유해인자 사이에 방호벽이 놓여있는 상태
3. 환기: 작업자의 호흡기 위치로부터 유해증기를 포착하여 배출시키기 위하여 또는 쾌적한 온열 상태를 유지하기 위하여 사용. refresh의 개념이라고 생각하면 됨.

출제분석
작업환경관리는 워낙 중요한 개념이라서 대치, 격리, 환기에 대한 차이점을 알고 있는지 확인하는 문제가 자주 출제되니까 헷갈리지 않게 개념 정리를 하셔야 해요.

16 소음이 심한 산업장에서 일하는 근로자가 건강진단 결과 질병유소견자로 발견되어 업무수행 적합여부를 평가한 결과 "다"로 판정받았다. 보건관리자가 이 근로자에게 교육한 내용으로 옳은 것은?

2015 서울시

① 현재의 조건하에서 작업이 가능하며 지속적인 청력검사가 필요함
② 귀마개와 귀덮개를 모두 착용한 상태에서 현재의 작업이 가능함
③ 근로시간을 50% 단축한 상태에서 현재의 작업이 가능함
④ 청력장해가 우려되어 한시적으로 현재의 작업을 할 수 없음

---

16 지역사회간호사업 – 산업보건 – 근로자 건강진단 결과관리 ④

선지체크
- "다" 판정이면 질병으로의 진전 우려가 되어 한시적으로 현재 작업을 하지 않도록 하는 것
- CN: 질병으로 진전될 우려가 있어 야간 작업 시 추적관찰(요관찰자) – 근로시간단축, 작업전환(다)

추가학습
업무수행 적합여부 판정
가 – 건강관리상 현재의 조건하에서 작업이 가능한 경우
나 – 일정한 조건(환경개선, 보호구착용, 건강진단주기의 단축 등)하에서 현재의 작업이 가능한 경우
다 – 건강장해가 우려되어 한시적으로 현재의 작업을 할 수 없는 경우(건강상 또는 근로조건상의 문제가 해결된 후 작업복귀 가능)
라 – 건강장해의 악화 또는 영구적인 장해의 발생이 우려되어 현재의 작업을 해서는 안되는 경우

17 다음 글에서 업무수행 적합여부 판정구분에 해당하는 것은? · 2019 지방직

> 분진이 심한 사업장에서 근무 중인 근로자가 건강진단결과 폐질환 유소견자로 발견되어 업무수행 적합여부를 평가한 결과 '다'로 판정되었다.

① 건강관리상 현재의 조건하에서 작업이 가능한 경우
② 일정한 조건(환경개선, 보호구착용, 건강진단주기의 단축 등)하에서 현재의 작업이 가능한 경우
③ 건강장해의 악화 또는 영구적인 장해의 발생이 우려되어 현재의 작업을 해서는 안 되는 경우
④ 건강장해가 우려되어 한시적으로 현재의 작업을 할 수 없는 경우(건강상 또는 근로조건상의 문제가 해결된 후 작업복귀 가능)

---

17 지역사회간호사업 – 산업보건 – 근로자 건강진단 결과관리 — ④

추가 학습
- CN: 질병으로 진전될 우려가 있어 야간 작업 시 추적관찰(요관찰자) – 근로시간단축, 작업전환(다)
- *다 – 건강장해가 우려되어 한시적으로 현재의 작업을 할 수 없는 경우(건강상 또는 근로조건상의 문제가 해결된 후 작업복귀 가능)

18 산업장 유해물질 허용기준에 관한 설명으로 옳은 것은? 2015 서울시

① 우리나라 유해물질의 허용기준은 모두 세계표준기준을 채택하고 있다.
② 시간가중 평균노출기준(Time Weighted Average; TWA)은 하루 24시간 중에 실제 수행된 노동시간 중의 평균농도로 나타낸다.
③ 단시간 노출기준(Short Term Exposure Limit; STEL)은 근로자가 1회에 60분간 유해요인에 노출되는 경우를 기준으로 나타낸다.
④ 유해물질을 혼재해서 사용하는 경우 단독 유해물질의 노출기준을 그대로 적용해서는 안된다.

---

18 지역사회간호사업 – 산업보건 – 산업장 유해물질 허용기준 ④

선지체크
① 우리나라 유해물질의 허용기준은 미국의 PEL 개념을 채택하고 있다.
② 시간가중 평균노출기준(Time Weighted Average; TWA)은 1일 8시간 중에 실제 수행된 노동시간 중의 평균농도로 나타낸다.
③ 단시간 노출기준(Short Term Exposure Limit; STEL)은 근로자가 1회에 15분간 유해요인에 노출되는 경우를 기준으로 나타낸다.

추가학습
유해물질 허용기준
1. 시간 가중 평균 노출기준
   ① 유해인자 측정치 × 발생시간/8(1일 8시간 기준)
   ② 1일 8시간 작업 기준으로 주 40시간에 폭로된 평균농도 상한치, 매일 노출되어도 건강상 영향 無
2. 단시간 노출기준
   ① 근로자가 1회 15분 동안 유해요인에 노출
   ② 만성중독, 고농도에서 급성중독을 초래하는 유해물질에 적용
3. 최고 노출기준
   ① 1일 작업시간 동안 잠깐이라도 노출되면 안 되는 기준으로 최고수준의 농도. 천정치라고 함.
   ② 8시간 작업 후 16시간 휴식 취하는 작업 조건과 자극성 가스, 독작용 빠른 물질에 적용
   ③ 독성, 위험의 상대적 지표로 사용할 수 없음.

출제분석
유해물질 허용기준은 전체적인 개념을 혼합한 후 구별하는지 묻는 문제가 나오기 때문에 한꺼번에 암기하시고 기준을 구분하시면 되어요.

19 〈보기〉에서 설명하는 작업환경에서의 건강장애로 가장 옳은 것은? 2020 서울시

| 보기 |

옥외 작업환경에서 격심한 육체노동을 지속하는 경우 일어나는 현상이다. 중추성 체온조절 기능장애로서, 체온 방출 장애가 나타나 체내에 열이 축적되고 뇌막혈관의 충혈과 뇌 내 온도 상승에 의해 발생한다. 땀을 흘리지 못하여 체온이 41~43℃까지 급격히 상승하여 혼수 상태에 이를 수 있으며, 피부 건조가 나타나게 된다.

① 열피로(heat exhaustion)
② 열경련(heat cramp)
③ 열사병(heat stroke)
④ 열실신(heat syncope)

---

19 지역사회간호사업 – 산업보건 – 고열장애 ③

열이 41~43도면 혼수상태 또는 사망까지 갈 수 있는 위험한 상황이고 heat stroke이다. 열사병

추가 학습

고열장애
1. 열사병: 원인은 혹심한 고열조건에 폭로나 고온다습한 환경에서 격심한 육체노동을 할 때 발생. 체온 방출 장애가 나타나 체내에 열이 축적되고 뇌막혈관의 충혈과 뇌 내 온도 상승에 의해 발생. 땀을 흘리지 못하여 체온이 41~43℃까지 급격히 상승하여 혼수 상태에 이를 수 있으며, 피부 건조. 체온조절중추의 장애가 원인이므로 체온을 낮추기 위해 옷을 벗기고 찬물로 몸을 닦는다.
2. 열실신: 열실신은 오래 서있거나 별안간 작업을 바꾸거나 환경기온과 습도가 급격히 높아질 때 발생
   ① 증상: 고온폭로 → 피부온도 상승 → 혈관운동 장애 → 정맥혈이 말초혈관에 저류 → 저혈압, 뇌의 산소부족 → 실신, 현기증, 신체적 피로감
   ② 치료: 시원한 곳에 머리를 낮게 눕히고 안심시키며 수분섭취를 권장
3. 열경련: 열경련은 고온에서 심한 육체적 노동할 때 발한 → 체내의 수분과 염분 소실 → 수의근의 경련이 나타나는 것
   ① 증상: 전구증상은 현기증, 귀울림, 두통, 오심, 구토, 호흡곤란이며, 주 증상은 유통성 경련
   ② 치료: 신선한 곳에 눕혀 작업복을 벗겨 체온방산을 촉진시키고 생리적 식염수 1,000~2,000cc로 정맥주사하며, 식염섭취
4. 일사병: 일사병의 원인은 발한으로 인한 염분손실
   ① 증상은 피로감, 구역, 현기증, 근육의 경련 → 순환장애
   ② 치료: 시원하고 쾌적한 환경에서의 휴식을 취하게 하고 5% 포도당 용액을 정맥주사
   ③ 예후: 완전한 회복 가능
5. 탈수: 탈수는 인체 내의 수분부족으로 발생
   – 증상: 갈증, 현기증, 피로감, 발열, 섬망이며 심하면 사망할 수 있음.

출제분석
지구온난화(지구가열)로 인하여 고열장애로 사망하는 인구가 점점 증가하고 있는 시점에서 고열장애에 대한 개념은 더욱더 중요해지고 있으니 반드시 기억하세요!

20 다음 사례에서 설명하는 고온장해와 보건관리자의 처치를 옳게 짝지은 것은? 2019 지방직

> 40세의 건설업 근로자 A씨는 38°C의 덥고 습한 환경에서 장시간 일하던 중 심한 어지러움증을 호소하면서 쓰러졌다. 발한은 거의 없고 피부가 건조하였으며 심부체온은 41.5°C였다.

① 열경련 - 말초혈관의 혈액 저류가 원인이므로 염분이 없는 수분을 충분하게 공급한다.
② 열피로 - 고온에 의한 만성 체력소모가 원인이므로 따뜻한 커피를 마시지 않도록 한다.
③ 열쇠약 - 지나친 발한에 의한 염분소실이 원인이므로 시원한 곳에 눕히고 충분한 수분을 공급한다.
④ 열사병 - 체온조절중추의 장애가 원인이므로 체온을 낮추기 위해 옷을 벗기고 찬물로 몸을 닦는다.

---

20 지역사회간호사업 - 산업보건 - 고열장애 🔍 ④

피부건조, 체온이 41.5도이므로 열사병을 의심할 수 있고 열사병은 열을 빨리 내려주는 응급처리를 해야한다.

추가 학습

열사병
원인은 혹심한 고열조건에 폭로나 고온다습한 환경에서 격심한 육체노동을 할 때 발생. 체온 방출 장애가 나타나 체내에 열이 축적되고 뇌막혈관의 충혈과 뇌 내 온도 상승에 의해 발생. 땀을 흘리지 못하여 체온이 41~43°C까지 급격히 상승하여 혼수 상태에 이를 수 있으며, 피부 건조. 체온조절중추의 장애가 원인이므로 체온을 낮추기 위해 옷을 벗기고 찬물로 몸을 닦는다.

21 다음 상황에서 우선적으로 취해야 할 조치는?

2023 지방직

> 뜨거운 여름날 아스팔트 위에서 작업 중이던 근로자가 쓰러졌다.
> 확인 결과, 의식이 없고 체온은 41°C였으며 발한은 없다.

① 얼음물에 몸을 담근다.
② 1~2시간 정도 안정시킨다.
③ 가슴을 격렬하게 마찰해 준다.
④ 강심제를 투여한다.

21 지역사회간호사업 – 산업보건 – 고열장애

선지체크

설명한 내용은 열사병을 나타내는데, 열사병 응급처치(우선적으로 취해야 할 조치)는 40°C 이상의 열을 빨리 내려가게 하는 것이다. 그러므로 ① 얼음물에 몸을 담근다.

추가학습

고열장애

구분	원인	원리	증상	처치
열사병	• 혹심한 고열조건에 폭로 • 고온다습한 환경에서 격심한 육체노동	• 체온 방출 장애가 나타나 체내에 열이 축적 • 뇌막혈관의 충혈과 뇌 내 온도 상승	• 땀을 흘리지 못하여 체온이 41~43°C까지 급격히 상승 • 혼수상태에 이를 수 있음.	체온을 낮추기 위해 옷을 벗기고 찬물로 몸을 닦음
열실신	오래 서 있거나 별안간 작업을 바꾸거나 환경기온과 습도가 급격히 높아질 때	고온폭로 → 피부온도 상승 → 혈관운동 장애 → 정맥혈이 말초혈관에 저류	저혈압, 뇌의 산소부족 → 실신, 현기증, 신체적 피로감	시원한 곳에 머리를 낮게 눕히고 안심시키며 수분섭취를 권장
열경련	고온에서 심한 육체적 노동할 때	발한 → 체내의 수분과 염분 소실 → 수의근의 경련	• 전구증상은 현기증, 귀울림, 두통, 오심, 구토, 호흡곤란 • 주증상은 유통성 경련	• 신선한 곳에 눕혀 작업복을 벗겨 체온 방산을 촉진 • 생리적 식염수 1,000~2,000cc로 정맥주사
일사병	발한으로 인한 염분 손실	순환장애	피로감, 구역, 현기증, 근육의 경련	• 시원하고 쾌적한 환경에서 휴식, 5% 포도당 용액을 정맥주사 • 예후: 완전한 회복 가능
탈수	• 원인: 인체 내의 수분부족 • 증상: 갈증, 현기증, 피로감, 발열, 섬망, 심하면 사망			

출제분석

열사병을 열로 죽을 수도 있는 병이고 열이 사십도(40°C) 이상이라고 외우시면 더 쉽게 외울 수 있어요. 고열장애는 개념이 번갈아가며 시험에 나옵니다.

22 의료기관에서 시행되는 가정간호사업과 보건소 방문 건강관리사업, 노인장기요양보험제도에 의한 방문간호 사업에 대한 설명으로 가장 옳지 않은 것은?

2022 서울시

① 보건소 방문건강관리사업은 「지역보건법」을 법적 근거로 한다.
② 장기요양등급 판정 결과 5등급인 자는 보건소 방문 건강관리 사업의 대상자이다.
③ 간호사가 노인장기요양보험에서 제공하는 방문간호를 실시하였을 때 수가산정 기준은 1회 방문당 급여제공 시간에 따라 정해진다.
④ 의료기관 가정간호사업의 서비스 제공자는 가정전문 간호사이다.

---

22 지역사회간호사업 – 가정간호사업 – 가정간호사업과 방문간호사업 등 비교 — ②

② 장기요양등급 판정 결과 5등급인 자는 노인장기요양보험의 방문간호사업의 대상자이다.

추가학습

사업의 종류	인력	대상	대상의 성격	내용	장소	환자접근 방법	법적 근거	소속 기관
가정간호 사업 (의료기관)	가정 간호사	개인 (가족)	모든 연령급· 만성	진료＞지원 ＞예방 (합병증)	가정	가정 방문	의료법	의료기관 단독사업
방문건강 관리 사업 (보건소)	보건 (지역 사회)	개인가족 지역사회	인구집단	진료＜지원 ＜예방 (포괄적)	가정	가정 방문 내소자 이동시설	지역 보건법	정부보건 기관
방문간호 사업 (노인장기 요양보험)	방문 간호사	개인 (가족)	의뢰된 환자 모든 연령	진료＞지원 ＞예방 (합병증)	가정	가정 방문	노인장기 요양보험	장기요양 기관 (방문간호 센터)

23 우리나라의 방문간호에 대한 설명으로 옳은 것은? 2023 지방직

① 의료기관 가정간호의 목표는 지역사회 인구집단의 건강행태 개선이다.
② 의료법 시행규칙 상 가정간호를 실시하는 의료기관의 장은 가정전문간호사를 2명 이상 두어야 한다.
③ 지역보건법 시행규칙 상 방문건강관리 전담공무원이 되고자 하는 간호사는 2년 이상의 간호업무경력이 있어야 한다.
④ 노인장기요양보험법령상 방문간호급여는 급여제공 행위별 진료수가를 기준으로 급여비용을 산정한다.

이론서 278p
난이도 상 중 하
중요도 ★★★☆☆
CHECK ☐☐☐

---

23 지역사회간호사업 – 방문건강관리사업 ②

의료기관에서 시행하고 있는 가정간호는 가정전문간호사 2명이상은 두도록 되어있다.

선지체크
① 의료기관 가정간호의 목표는 의료기관을 퇴원한 환자의 합병증 예방이다.
③ 「지역보건법 시행규칙」상 방문건강관리 전담공무원이 되고자 하는 간호사는 2년 이상 경력의 전문간호사 또는 방문건강관리사업에 관한 전문지식과 경험이 있다고 보건복지부장관이 인정하여 고시하는 사람이어야 한다.
④ 노인장기요양보험법령상 방문간호급여는 시간당 기준으로 급여비용을 산정한다.

추가 학습

가정간호사업과 방문간호사업 비교

사업의 종류	인력	대상	대상의 성격	내용	장소	환자접근 방법	법적 근거	소속 기관
가정간호 사업 (의료기관)	가정 간호사	개인 (가족)	모든 연령급·만성	진료 > 지원 > 예방 (합병증)	가정	가정 방문	의료법	의료기관 단독사업
방문건강 관리사업 (보건소)	보건 (지역 사회)	개인 가족 지역 사회	인구집단	진료 < 지원 < 예방 (포괄적)	가정	가정 방문 내소자 이동시설	지역 보건법	정부보건 기관
방문간호 사업 (노인장기 요양보험)	방문 간호사	개인 (가족)	의뢰된 환자 모든 연령	진료 > 지원 > 예방 (합병증)	가정	가정 방문	노인장기 요양보험	장기요양 기관 (방문간 호센터)

24 의료기관 가정간호에 대한 설명으로 옳지 않은 것은?

2024 지방직

① 기본간호와 치료적 간호가 제공된다.
② 누구에게나 무료로 제공되는 서비스이다.
③ 가정간호를 실시하는 간호사는 가정전문간호사이어야 한다.
④ 대상자는 담당의사가 의뢰한 조기퇴원환자 등이다.

---

24 지역사회간호사업 - 가정간호사업 - 가정간호사업과 방문간호사업 🔍 ②

의료기관에서 실시하는 가정간호는 의료법에 근거한 의료기관 단독사업으로 그 대상자가는 의료기관을 이용한 환자 중 의료기관에서 정한 기준에 맞는 대상자에게 제공되는 서비스이다.

선지체크
② 누구에게나 무료로 제공되는 서비스이다.
→ 의료기관을 이용한 환자를 대상으로 자가간호가 되는지, 합병증은 없는지 등을 확인하고 교육하기 위한 목적으로 제공되는 서비스이다.

출제분석
의료기관에서 실시하는 가정간호사업, 보건소의 방문건강관리사업, 노인장기요양보험에서 실시하고 있는 방문간호사업은 법적근거도 다르고 목적과 대상이 모두 다르므로 추가학습의 표를 꼭 달달 외워서 구별해주세요.

25 지역사회 통합건강증진사업의 특징은?   2019 서울시

① 사업 산출량 지표를 개발하여 모든 지역에 적용함으로써 객관적으로 지역 간 비교가 가능하다.
② 기존 건강증진사업이 분절되어 운영되었던 것에 비해 사업을 통합하여 지역특성 및 주민수요 중심으로 서비스를 제공한다.
③ 모든 지역에서 동일한 사업을 수행할 수 있도록 중앙에서 표준화된 사업계획이 제공된다.
④ 사업별로 재원을 구체적으로 배분하여 일정 정해진 사업을 지역에서 수행하도록 하여 중앙정부의 목표에 집중하도록 한다.

---

25 지역사회간호사업 – 지역사회 통합건강증진사업 ②

건강증진사업이 흩어져 있던 과거의 시행착오를 반영하여 이를 통합한 것이 통합건강증진사업이다.

선지체크
① 지역마다 여건이 다르므로 모든 지역에 적용 불가능하다.
③ 지역여건과 연계된 사업이 제공된다.
④ 지방분권식, 상향식 구조로 수행한다.

추가 학습
통합건강증진사업의 의의 및 특성
1. 지역사회 통합건강증진사업의 의의: 지역사회 주민을 대상으로 실시하는 건강생활실천 및 만성질환 예방, 취약계층 건강관리를 목적으로 지역사회 특성, 주민의 요구가 반영된 프로그램과 서비스를 기획, 추진하는 사업
2. 지역사회 통합건강증진사업의 특성
   ① 사업범위 및 원칙 중심 지침
   ② 지방분권식, 상향식
   ③ 지역여건과 연계된 사업
   ④ 지역사회 과정, 성과중심 평가
   ⑤ 보건소 내외 사업 통합 및 연계 활성화

26 다음 중 「노인복지법」에 규정된 노인의료 복지시설로만 묶인 것은? 2016 서울시

① 노인공동생활가정, 단기요양시설
② 방문요양시설, 노인요양시설
③ 노인요양시설, 노인요양공동생활가정
④ 노인요양시설, 단기요양시설

---

26 지역사회간호사업 – 노인보건사업 – 노인복지시설   ③

추가 학습
노인복지시설
1. 노인주거 복지시설: 노인복지주택, 노인공동 생활가정, 양로시설
2. 노인여가 복지시설: 노인복지관, 노인교실, 경로당
3. 노인의료 복지시설: 노인요양시설, 노인요양 공동생활가정
4. 재가노인 복지시설: 방문 요양서비스, 주.야간 보호서비스, 단기 보호서비스, 방문목욕서비스

출제분석
노인복지시설의 종류가 다양하므로 일단 분류를 네가지고 하고 세부적으로 외워주세요!

27 2013년부터 전국 지자체에서 시행되고 있는 지역사회 통합건강증진사업의 기본방향 중 옳지 않은 것은?
2015 서울시

① 분절적인 단위사업 중심에서 대상자 중심의 통합서비스 제공(효율성)
② 정해진 지침에 따른 운영에서 지역 여건에 맞추어 탄력적인 운영(자율성)
③ 생애주기별, 공통적 건강문제를 갖는 인구 집단별 모든 주민의 건강관리사업(형평성)
④ 정해진 사업의 물량 관리위주의 평가에서 사업 목적·목표 달성 여부의 책임 평가(책임성)

---

27 지역사회간호사업 – 지역사회 통합건강증진사업 🔍 ③

선지체크
③ 생애주기별, 공통적 건강문제를 갖는 인구 집단별 모든 주민의 건강관리사업(형평성)
→ 자세한 사업은 HP2030에서 확인할 수 있다.

추가 학습
통합건강증진사업의 기본방향
1. 건강증진사업 통합 및 재편성을 통한 사업의 효율성 제고
   ① 보건소 지역보건의료계획 및 국민건강증진종합계획에 부합하도록 사업구조 재편성
   ② 사업목표가 달성될 수 있도록 사업을 건강영역별, 생애주기별로 구성하여 다양한 전략 활용
2. 지자체 자율성 확대
   ① 지자체가 재원의 용도, 세부내역을 자율적으로 설계, 집행할 수 있도록 개선
   ② 지역사회 건강문제, 특성에 따라 우선순위 사업영역 선정 및 사업량 선택, 자율적 운영
3. 지자체 책임성 제고
   ① 사업운영의 자율성을 부여, 스스로 관리 감독할 수 있는 역할 강화
   ② 사업기획, 운영, 평가과정에서 지자체의 자발적 성과관리가 이루어질 수 있도록 평가관리체계 운영

28 실험기구를 생산하는 공장지대 근처에 살고 있는 김씨는 주변 지하수를 식수로 사용하고 있다. 얼마 전부터 김씨는 입안에 출혈이 있고 손 떨림이 심해져 병원을 방문하게 되었다. 김씨에게 의심되는 중독으로 가장 옳은 것은?

2015 서울시

① 납중독
② 수은중독
③ 크롬중독
④ 카드뮴중독

---

28 지역사회간호사업 - 산업보건(환경보건) - 중금속 중독 🔍 ②

지하수 식수, 입안 출혈, 구내염, 근육경련 등 전형적인 수은중독 증상이다.

추가 학습

중금속 중독
1. 납중독: 페인트, 인쇄소, 납 용접 등 통해 호흡기로 축적되어 기도의 점막, 위장관계, 피부로 침입
   ① 증상은 소변 중 코프로폴피린 증가, 구강 치은부 착색, 빈혈로 인한 피부 착색, 과립적혈구 증가
   ② 예방 및 관리는 개인보호구 착용, 작업공정 밀폐하거나 배기장치 설치, 바닥에 물 뿌림
2. 수은중독: 수은 증기에 노출되어 발생(과거 미나마타병)
   ① 증상은 구내염, 구내출혈, 근육진전, 근육경련, 정신증세, 시야협창, 청력 및 언어장애, 보행장애, 모체를 통해 아이에게도 중독증상이 나타나서 위험함.
   ② 예방 및 관리는 밀폐장치에서 보관, 작업 후 목욕, 급성중독시 우유나 달걀흰자 먹어 수은과 단백질 결합 후 침전효과
3. 크롬중독: 크롬 도금작업
   ① 증상은 심한 신장장애, 과뇨증, 무뇨증, 비중격 천공
   ② 예방 및 관리는 응급조치로 우유와 비타민C 섭취, 호흡기 흡입은 병원에 입원, 비중격 점막에 바셀린 도포
4. 카드뮴중독: 카드뮴은 가열하면 공기 중 쉽게 증기로 변함(과거 이타이이타이병)
   ① 증상은 구토, 설사, 급성위장염, 복통, 착색뇨, 폐기종, 단백뇨, 뼈 통증, 골연화증, 골다공증
   ② 예방 및 관리는 보호구 사용, 개인위생 중요, 작업 후 목욕, 작업 중 음식 섭취나 흡연 금지

29 다음 (가)에 들어갈 장기요양서비스는?

2021 지방직

- 장기요양등급을 인정받은 A 노인은 치매를 앓고 있으며 종일 신체활동 및 가사활동의 지지가 필요하다.
- A 노인을 부양하고 있는 아들부부가 3일간 집을 비워야 하는 상황이다.
- 이 기간 동안 A 노인을 돌볼 다른 가족이 없어 아들 부부는 ___(가)___ 를(을) 이용하고자 한다.

① 방문요양 ② 주·야간보호
③ 단기보호 ④ 방문간호

---

29 지역사회간호사업 – 노인장기요양보험 – 장기요양서비스 ③

3일이라는 시점이 결정적으로 작용하여 단기보호 장기요양서비스를 확정할 수 있다.

추가 학습

단기보호
수급자를 월 15일 이내 기간 동안 장기요양기관에 보호하여 신체활동 지원 및 심신기능의 유지·향상을 위한 교육·훈련 등을 제공하는 장기요양급여

출제분석
2026년으로 추정되는 초고령사회에 발맞춰 노인보건사업에 대한 문제가 점점 늘고 있는 추세예요!

30 노인장기요양보험법령상 다음 사례에 적용할 수 있는 설명으로 옳은 것은?　　2019 지방직

> 파킨슨병을 진단받고 1년 이상 혼자서 일상생활을 수행할 수 없는 60세의 의료급여수급권자인 어머니를 가정에서 부양하는 가족이 있다.

① 어머니는 65세가 되지 않았기 때문에 노인 장기요양 인정 신청을 할 수 없다.
② 의사의 소견서가 있다면 등급판정 절차 없이도 장기요양서비스를 받을 수 있다.
③ 의료급여수급권자의 재가급여에 대한 본인일부부담금은 장기요양급여비용의 100분의 20이다.
④ 장기요양보험가입자의 자격관리와 노인성질환예방사업에 관한 업무는 국민건강보험공단에서 관장한다.

---

30 지역사회간호사업 - 노인장기요양보험 - 노인장기요양보험법령　　④

선지체크
① 어머니는 65세 이상이 아니더라도 65세 미만 뇌혈관성 질환이므로 인정받는다.
② 의사의 소견서가 있어도 등급판정 절차를 거쳐야 장기요양서비스를 받을 수 있다.
③ 「국민기초생활보장법」에 의한 의료급여수급권자의 재가급여 본인일부담금은 면제이다.

추가 학습
노인장기요양제도가 운용되기 위한 재원은 장기요양보험료(60~65%), 국가지원(20%), 본인일부부담금(15~20%)으로 구성. 건강보험료에서 재원이 대부분 충당되고 국민건강보험공단에서 관장한다.

출제분석
노인장기요양보험법의 혜택이 점점 확대되고 있는 만큼 더욱더 중요한 개념으로 자리매김 하고 있어요. 개념을 잘 알아주셔야 해요.

31 노인장기요양보험제도에 대한 설명으로 옳은 것은? 2014 지방직

① 급여종류는 재가급여와 요양병원급여로 구분된다.
② 요양등급은 1~3등급으로 구분되며 판정은 요양보호사가 한다.
③ 가입자는 국민건강보험 가입자와 동일하다.
④ 1989년 전국민의료보험과 함께 시작되었다.

이론서 287~290p
난이도 상 중 하
중요도 ★★★★★
CHECK ☐☐☐

---

31 지역사회간호사업 - 노인장기요양보험 - 노인장기요양보험제도 ③

선지체크
① 급여종류는 재가급여, 시설급여, 특별현금급여로 구분된다.
② 요양등급은 1~5등급으로 구분되며 판정은 등급위원회가 한다.
④ 2008년 노인장기요양보험법과 함께 시작되었다.

추가 학습
장기요양기본계획
1. 재가급여
   ① 방문요양 장기요양요원이 수급자의 가정 등을 방문하여 신체활동 및 가사활동 등을 지원하는 장기요양급여
   ② 방문목욕 장기요양요원이 목욕설비를 갖춘 차량을 이용하여, 수급자의 가정을 방문하여 목욕을 제공하는 급여
2. 시설급여: 노인의료복지시설(노인전문병원 제외)에 장기간동안 입소하여 신체활동지원, 심신기능의 유지·향상을 위한 교육·훈련 등을 제공하는 요양급여
3. 특별현금급여
   ① 가족요양비: 장기요양기관이 현저히 부족한 지역(도서·벽지)에 거주하는 자, 천재지변 등으로 장기요양기관이 실시하는 장기요양급여 이용이 어렵다고 인정된 자, 신체·정신·성격 등의 사유로 가족 등이 장기요양을 받아야 하는 자에게 지급
   ② 특례요양비: 수급자가 장기요양기관으로 지정되지 않은 장기요양시설 등의 기관과 재가 또는 시설급여에 상당한 장기요양급여를 받은 경우 장기요양급여비용의 일부를 지급
   ③ 요양병원 간병비: 수급자가 「노인복지법」상의 노인전문병원 또는 「의료법」상의 요양병원에 입원한 때에 장기요양에 사용되는 비용의 일부를 지급
   ※ 특례요양비와 요양병원 간병비는 현재 시행을 유보하고 있다.

난이도 상 중 하
중요도 ★★★★☆
CHECK ☐☐☐

32. 다음 프로그램의 결과평가 지표에 해당하는 것은?

2023 지방직

> A지역의 보건소는 지역사회의 비만관리를 위해 성인을 대상으로 6개월간 걷기운동프로그램을 운영하였다.

① 걷기운동 참여자 수
② 프로그램 운영 간호사 수
③ 체중 감소자 수
④ 프로그램 운영횟수

---

32 보건사업 기획 및 자원활용 – 보건사업 기획과정 – 결과평가 지표 🔑 ③

결과평가는 사업이 종료된 시점에서 사업 효과를 평가하는 것이므로 산출값인 몸무게, 즉 체중 감소자 수를 말한다.

추가학습

투입평가	• 사업인력의 양적 충분성 • 사업정보의 적절성 • 사업수행에 필요한 전문성 확보 • 시설 및 장비의 적절성
과정평가	• 제공된 서비스의 질에 대한 평가로 목표 대비 사업의 진행 정도 • 사업자원의 적절성과 사업의 효율성이 포함
결과평가	• 사업이 종료된 시점에서 목표달성 정도 • 사업효과를 평가하는 것

33 우리나라 지역사회 간호의 발달사에 대한 설명으로 가장 옳은 것은? 2023 서울시

① 1956년 「보건소법」이 제정되면서 읍·면 단위의 무의촌에 보건진료소가 설치되었다.
② 1981년 「산업안전보건법」이 제정되면서 산업장 간호사가 보건관리자가 되었다.
③ 1995년 「국민건강증진법」이 제정되고 「보건소법」이 「지역보건법」으로 개정되었다.
④ 「노인장기요양보험법」이 2008년에 제정되었다.

---

33 지역사회 간호의 입문 – 우리나라 지역사회 간호의 발달사

선지체크
① 1956년 「보건소법」이 제정되면서 읍면 단위의 무의촌에 보건진료소가 설치되었다.
  → 1980년 12월 31일 「농어촌 등 보건의료를 위한 특별조치법」을 제정 및 공포하고 이를 근거로 1981년부터 전국 농어촌 의료 취약지역에 보건진료소를 설치하여 보건진료원 배치
  → 1956년 「보건소법」이 제정되면서 시,군 단위에 보건소가 설치되었다.
② 1981년 「산업안전보건법」이 제정되면서 산업장 간호사가 보건관리자가 되었다.
  → 1981년 「산업안전보건법」이 제정되면서 300명 이상인 제조업 사업장에 간호사를 배치하였다.
④ 「노인장기요양보험법」이 2008년에 제정되었다.
  → 2007년에 제정, 시행된 것이 2008.07.01.이다.

출제분석
역사적인 내용이 국내외 혼합하여 출제되기도 하고 이렇게 전반적인 내용이 출제되기도 해요. 쉬운 문제가 아니랍니다. 앞으로도 변별력을 갖추기 위해 이러한 문제가 계속 출제될 것으로 보입니다!

LINK 이론서 287-290p
난이도 상 중 하
중요도 ★★★☆☆
CHECK ☐☐☐

34 노인장기요양보험의 방문간호에 대한 설명으로 가장 옳은 것은? 2023 서울시

① 장기요양 5등급 판정을 받은 자는 신청할 수 없다.
② 의사의 지시서가 필요하지 않다.
③ 주된 인력은 가정전문간호사이다.
④ 건강보험가입자의 경우 장기요양급여비용의 15%를 본인이 부담한다.

34 지역사회간호사업 - 노인장기요양보험 - 방문간호 🔑 ④
예외가 없는 경우 전국민 건강보험가입자이므로 이에 해당하는 경우 장기요양급여비용의 15%를 본인이 부담하게 되어 있다.

선지체크
① 장기요양 5등급 판정을 받은 자는 신청할 수 없다.
  → 노인요양보험 가입자는 국민건강보험 가입자와 동일, 수급권자는 65세 이상 노인과 65세 미만 노인성 질병(치매, 파킨슨병, 뇌졸중 등)을 가진 자, 장기요양 등급 판정을 받은 자가 신청할 수 있으므로 신청할 수 있다.
② 의사의 지시서가 필요하지 않다.
  → 등급판정을 위해서는 의사 지시서, 소견서가 필요하다.
③ 주된 인력은 가정전문간호사이다.
  → 가정전문간호사가 아니어도 된다. 주된 인력은 장기요양요원인 간호사이다.

LINK 이론서 295-296p
난이도 상 중 하
중요도 ★★★★☆
CHECK ☐☐☐

35 방문건강관리 사업 대상자 중 정기관리군을 〈보기〉에서 모두 고른 것은? 2023 서울시

| 보기 |
ㄱ. 북한이탈 주민으로 감염성 질환이 1개 있는 자
ㄴ. 암 대상자로 암 치료 종료 후 3년이 경과한 자
ㄷ. 뇌졸중 등록자로 신체활동 미실천자
ㄹ. 당화혈색소가 6.8%인 자
ㅁ. 출생 후 22일이 경과한 아기가 있는 다문화 가족

① ㄱ, ㄹ   ② ㄴ, ㄷ   ③ ㄴ, ㅁ   ④ ㄷ, ㅁ

35 지역사회간호사업 - 방문건강관리사업 - 정기관리군 🔑 ②

추가학습
건강상태 스크리닝
1. 목적: 신체계측, 건강면접조사를 통해 건강위험 요인 파악. 대상자별 건강관리 서비스 맞춤 제공을 위한 계획 수립 및 기준마련
2. 스크리닝 구성 및 내용
  ① 건강상태 스크리닝을 위해 건강면접조사표, 건강기초조사표 활용

② 지역보건의료정보시스템(PHIS) 내 건강상태 스크리닝 결과, 업무내용 입력필요(행정안전부 지자체 합동평가지표 실적과 관련하여 지방행정평가정보시스템 연동)
3. 대상자 군별 서비스 – 집중관리군(3개월 내 8회 이상): 건강위험요인 및 건강문제가 있고 증상조절이 안 되는 경우
   ① 고혈압 기준
      • 수축기압 140mmHg 이상 또는 이완기압 90mmHg 이상
      • 수축기압 140mmHg 이상 또는 이완기압 90mmHg 이상이고, 흡연, 고위험음주, 비만, 신체활동 미실천 중 2개 이상의 행태 개선이 필요한 경우
   ② 당뇨 기준
      • 당화혈색소 7.0% 이상 또는 공복혈당 126mg/dl 이상 또는 식후혈당 200mg/dl 이상
      • 당화혈색소 7.0% 이상 또는 공복혈당 126mg/dl 이상 또는 식후혈당 200mg/dl 이상이고, 흡연, 고위험음주, 비만, 신체활동 미실천 중 2개 이상의 행태 개선이 필요한 경우
   ③ 기타 질환
      • 관절염, 뇌졸중, 암 등록자로 흡연, 고위험음주, 비만, 신체활동 미실천 중 2개 이상의 행태 개선이 필요한 경우
   ④ 대상 특성별 관리사항
      • 임부 또는 분만 8주 이내 산부, 출생 4주 이내 신생아, 영유아, 다문화가족
      • 허약노인 판정점수가 4~12점인 자
      • 북한이탈주민으로 감염성 질환이 1개 이상이거나 흡연, 고위험음주, 비만, 신체활동 미실천 중 2개 이상의 행태 개선이 필요한 경우
      • 암대상자로 암 치료 종료 후 5년이 경과되지 않은 경우
4. 대상자 군별 서비스 – 정기관리군(3개월 마다 1회 이상): 건강위험요인 및 건강문제가 있고 증상이 있으나 조절되는 경우(위험군)
   ① 고혈압 기준
      • 수축기압 120~139mmHg 이상 또는 이완기압 80~89mmHg 이상
      • 수축기압 120~139mmHg 또는 이완기압 80~89mmHg이고, 흡연, 고위험음주, 비만, 신체활동 미실천 중 1개 이상의 행태 개선이 필요한 경우
   ② 당뇨 기준
      • 공복혈당 100~125mg/dl 이상 또는 식후혈당 140~199mg/dl 이상
      • 공복혈당 100~125mg/dl 이상 또는 식후혈당 140~199mg/dl 이상이고, 흡연, 고위험음주, 비만, 신체활동 미실천 중 1개 이상의 행태 개선이 필요한 경우
   ③ 기타 질환
      • 관절염, 뇌졸중, 암 등록자로 흡연, 고위험음주, 비만, 신체활동 미실천 중 1개 이상의 행태 개선이 필요한 경우
   ④ 대상 특성별 관리사항
      • 북한이탈주민으로 흡연, 고위험음주, 비만, 신체활동 미실천 중 1개 이상의 행태 개선이 필요한 경우
      • 암대상자로 암 치료 종료 후 5년이 경과되지 않은 경우
5. 대상자 군별 서비스 – 자기역량지원군(6개월마다 1회 이상): 건강위험요인 및 건강문제가 있으나 증상이 없는 경우(정상군)
   ① 고혈압 기준
      • 수축기압 120mmHg 미만이고 이완기압 80mmHg 미만
      • 수축기압 120mmHg 미만이고 이완기압 80mmHg 미만이고, 흡연, 고위험음주, 비만, 신체활동 미실천 중 1개 이상의 행태 개선이 필요한 경우
   ② 당뇨 기준
      • 당화혈색소 7.0% 미만 또는 공복혈당 100mg/dl 미만 또는 식후혈당 140mg/dl 미만
      • 당화혈색소 7.0% 미만 또는 공복혈당 100mg/dl 미만 또는 식후혈당 140mg/dl 미만, 흡연, 고위험음주, 비만, 신체활동 미실천 중 1개 이상의 행태 개선이 필요한 경우
   ③ 기타 질환
      • 질환은 없고, 흡연, 고위험음주, 비만, 신체활동 미실천 중 1개 이상의 행태 개선이 필요
      • 기타 집중관리군과 정기관리군에 해당되지 않은 경우

Part

10

환경보건관리

환경보건관리는 최근 3년 지역사회간호학 시험을 분석했을 때 5% 출제 분포를 보였습니다.

빈출 키워드
- 환경영향평가
- 대기환경과 건강
- 기후협약
- 물과 건강
- 식품과 건강

기분최고 핵심 잡기

기출문제 분석으로 최고의 고지에 도달하다!

01 환경영향평가

- **환경영향평가제도의 도입**
  ① 20세기 후반에 과학기술의 발달과 산업화에 따른 인구의 도시집중으로 환경의 오염과 파괴가 급증하자 인간과 환경과의 생산적 조화유지의 자각과 환경에 영향을 미칠 행위를 하기 전에 환경파괴를 사전에 예방하기 위한 법적제도 마련과 기술적 접근의 필요성을 느끼게 되었음.
  ② 우리나라는 1977년 종전의 공해방지법을 환경보존법으로 대체하면서 미국의 국가 환경정책법과 같은 입법 취지하에 환경영향평가 제도를 도입하였음.
  환경보존법에 환경보존에 영향을 미치는 사업의 계획을 수립하고자 하는 행정기관장은 보건복지부장관과 미리 협의하도록 하는 규정을 두었음.
  ③ 1979년에는 환경보존법의 규정을 '환경영향평가 및 협의'로 하면서 평가대상 사업과 절차를 구체화하고 협의기관도 보건복지부장관에서 환경청장으로 바꾸어 현재의 틀을 갖추게 되었음.
  ④ 1986년에 환경보존법을 개정하여 민간인 시행사업도 평가대상 사업에 포함시키는 등 제도를 개선하였음.

- **환경영향평가 제도의 효과**
  ① 각종 개발계획 수립시 개발과 보전이 조화를 이룰 수 있도록 하는 환경적 배려
  ② 환경오염의 예방적 기능 담당
  ③ 지역주민이 참여하게 될 경우 사회적인 관심 제고의 효과

02 대기환경과 건강

- **대기오염**
  ① 정의: 옥외의 대기 중에서 오염물질이 혼입되어 다수의 주민들에게 불쾌감을 주거나 공중 보건상 해를 주어 인간의 생활이나 동식물의 성장을 방해하는 상태
  ② 오염원의 분류
    - 고정오염원
      - 점오염원(point source pollution): 생활하수나 공장 등, 특정한 지점 또는 좁은 지역 안에서 발생하는 배출원
      - 지역오염원: 가정용 난방 및 취사시설
    - 이동오염원: 자동차, 기차, 항공기, 선박 등

- **대기오염 대책**
  ① 에너지 사용의 규제, 대체
  ② 오염방지 기술의 향상과 보급
  ③ 산업구조의 고도화
  ④ 입지대책 등 사전조사
  ⑤ 대기오염 방지에 대한 지도: 계몽 및 법적규제
  ⑥ 오염자 비용부담 원칙의 적용

03 기후협약

- **브라질 리우 회의(1992년 6월)**
  ① 50개국이 가입함에 따라 효력이 발생하며 이때부터 각국은 CO_2 가스배출규제 의무 수행을 시작
  ② 규제의 주요 내용은 국가별로 일정 수준 이하의 온실 가스 배출량을 억제해야 하며 불이행 시에는 무역규제 등 불이익을 당할 가능성이 농후
  ③ 특히 선진국은 개도국의 산업구조 조정을 위해 재정지원, 기술이전의 부담을 지게 됨.

- **교토기후협약(1997년 12월)**
  ① 1992년 6월 리우 유엔환경회의에서 채택된 기후변화협약(UNFCCC)을 이행하기 위해 1997년 만들어진 국가 간 이행 협약으로, '교토 의정서'라고도 함.
  ② 지구온난화가 범국제적인 문제라는 것을 인식한 세계 정상들이 1992년 브라질 리우에 모여 지구온난화를 야기하는 화석연료 사용을 제한하자는 원칙을 정하면서 이를 추진하기 위해 매년 당사국 총회(COP)를 열기로 하였다. 그 후 1997년 일본 교토에서 열린 제3차 당사국 총회(COP3)는 선진국으로 하여금 이산화탄소 배출량을 1990년 기준으로 5.2% 줄이기로 하는 교토의정서를 만들어 냄.

- **파리기후변화협약(2015년 12월)**
  전 세계 온실가스 감축을 위해 2015년 12월 12일 프랑스 파리에서 맺은 국제협약을 말한다. 이 협약에는 미국과 중국을 포함해 총 195개 국가가 서명. 산업화 이전 시기 대비 지구 평균 기온 상승폭을 2도보다 상당히 낮은 수준으로 유지하는 것이 목표

- **UN 기후변화협약 COP26(2021년 11월)**
  ① 영국 Glasgow에서 제26차 유엔기후협약 당사국총회 개최
  ② 화석연료 사용과 온실가스 주범인 이산화탄소와 메탄을 줄이고자 하는 취지의 배경으로 산업혁명의 상징인 나라 영국에서 개최함.
  → 글래스고 기후조약 결과: 석탄발전 단계적 감축, 선진국은 2025년까지 기후변화 적응기금 2배로 확대, 2030

국가온실가스감축목표 지구온도 상승폭 1.5도에 맞게 다시 설정

04 물과 건강

- 상수의 정화과정
  ① 일반정수법(인공적 정수)
  - 침전
    - 보통 침전: 물의 흐름을 극히 느리게 하여 부유물질을 침전시킴.
    - 약품 침전
      ㉠ 급속 침전법으로 비중이 작거나 직경이 작은 것을 약품을 이용하여 침전시킴.
      ㉡ 세균 수 감소, 부유물, 색도, 냄새, 탁도 등의 제거 목적도 있음.
  - 폭기: CO_2, CH_4, H_3S, NH_4 등과 O_2를 교환하는 단계
  - 여과
    - 급속 여과법(약품 침전 후)
      ㉠ 기계적으로 자동화되므로 여과막을 일일이 세정할 필요가 없음.
      ㉡ 단시간 내에 다량의 물이 통과(완속의 30~40배)
      ㉢ 원수의 색도나 탁도가 큰 경우에 적합
      ㉣ 철분 함유, 조류 발생 시, 수면의 동결이 쉬운 때 적합
      ㉤ 적은 장소를 차지
      ㉥ 시설비는 적게 드나 경상비가 많이 소요
    - 완속 여과법(보통 침전 후)
      ㉠ 광대한 면적이 필요
      ㉡ 설비비는 많이 드나 경상비는 적게 소요
  ② 특수정수법
  - 경수연화법
    - 칼슘과 마그네슘 존재 시 사용하는 연수법
    - 석회 소다법, Zeolite법이 있다.
  - 생물 제거법: 조류가 급격히 증가하여 여과지를 막거나 냄새가 날 때 황산동을 사용함.
  - 제철, 제망간법: 폭기법을 사용해서 철분과 망간을 제거하는 방법

- 수질 오염의 피해
  ① 수인성 감염병: 장티푸스, 이질, 아메바 질환, 콜레라, 소아마비 등
  ② 수인성 중독
  - 알킬수은
    - 미량의 축적으로도 중추신경계 장애, 시야 협착, 감정 불안, 단백뇨 등의 증상
    - 급성중독: 위장증상으로 구역, 설사, 구내염
    - 중독 시 미나마타병
  - 카드뮴
    - 오염원: 황산, 제련, 도금, 합금, 안료, 염화비닐 안정제, 원자로 등의 폐수에 의함.
    - 증상: 심한 근육통, 단백뇨, 관절통, 골연화증, 자연골절, 급성 위장염 증상
    - 중독 시 이타이이타이병
  - 크롬: 증상은 피부점막의 부종과 궤양, 미각장애, 간 장애, 폐암, 다량의 축적 시 복통 등의 경련으로 사망, 비중격 천공
  - 납: 증상은 만성 시 빈혈증, 식욕부진, 중추와 말초의 신경장애, 단백뇨, 요골신경마비
  - 시안
    - 급성 시 수초 내지 수분 만에 체온이 급격히 떨어지고 호흡곤란, 경련 등으로 사망
    - 만성 시 흉부 및 복부의 중압감
  - PCB(Polychlorinated biphenyl: 대표적인 환경호르몬): 증상은 피부에 색소 침착, 태아피부 이상, 폐기종, 손톱 및 구강점막에 색소 침착, 발암, 수족마비

- 수질 오염 대책
  ① 수질오염의 방지계획과 정비
  ② 오염실태파악과 산업폐수처리시설의 완비
  ③ 관계 법률의 강화
  ④ 계속적인 감시·측정·관리
  ⑤ 용수의 재활용, 생산 공정의 변화
  ⑥ 폐수처리의 기술 개발, 연구
  ⑦ 환경영향평가제도의 실시
  ⑧ 수질보전운동 및 계몽

05 식품과 건강

- 식품위해요소 중점관리(HACCP)
  식품의 원료와 제조, 가공 및 유통 모든 과정에서 위해 요소가 식품에 혼합되거나 오염되는 것을 미연에 방지하고자 각 과정을 중점적으로 관리하는 기준
  - 「식품위생법」 제32조2 제1항

- 식중독
  ① 세균성 식중독
  - 살모넬라 식중독
    - 원인: 육류, 유제품
    - 증상: 구토, 복통, 설사, 급성발열
    - 잠복기: 6시간~48시간
    - 특성: 40도 발열, 발병률 75%, 치명률 0.03%

- 예방법: 균 사멸, 생식금지, 식품취급 위생관리
- 장구균 식중독
  - 원인: 소시지, 햄, 치즈
  - 증상: 구토, 복통, 설사, 발열
  - 잠복기: 5시간~10시간
- 호염균 식중독
  - 원인: 해산물
  - 증상: 구토, 복통, 설사, 발열
  - 잠복기: 8시간~20시간
- 병원성대장균 식중독
  - 원인: 보균자, 동물의 대변에 의해 또는 오염된 우유
  - 증상: 복통, 두통, 발열, 극도의 설사
  - 잠복기: 10시간~30시간

② 독소형 식중독
- 포도상구균 식중독
  - 원인: 유제품, 아이스크림, 케이크, 가공식품, 김밥
  - 증상: 구토, 복통, 설사, 미열
  - 잠복기: 3~6시간
  - 특성: 봄, 가을에 흔함
  - 예방법: 5도 이하로 식품보관, 식기멸균
- 보툴리누스 식중독
  - 원인: 소시지, 육류, 통조림, 밀봉식품
  - 증상: 호흡곤란, 근육통 수반한 경련, 복시, 시력저하, 언어장애, 연하곤란
  - 잠복기: 3시간~6시간
  - 특성: 치명률 5~10%
  - 예방법: 통조림은 고압증기 멸균급의 관리 필요
- 웰치균 식중독
  - 원인: 어패류 조리식품, 식육가공품
  - 증상: 보통, 설사, 두통
  - 잠복기: 12시간~18시간
  - 특성: 발병률 50~60%
  - 예방법: 식품 오염방지

• **식중독 예방의 4원칙**
① **청결과 소독의 원칙**: 식품위생에서 제일 중요한 것은 청결과 소독으로 이는 단순히 깨끗함만을 뜻하는 것이 아니라, 청결한 재료, 청결한 조리장소, 청결한 기구, 식품 취급자의 청결 등 광범위한 청결과 소독을 의미
② **신속의 원칙**: 식품을 취급함에 있어 세심한 주의나 청결을 유지한다 해도 어떤 세균도 존재하지 않는 무균 상태로 만들기는 불가능하므로 식품에 부착된 세균이 증식하지 못하도록 신속하게 처리하는 것이 중요
③ **가열 또는 냉각의 원칙**: 세균은 종류에 따라 증식의 최적 온도가 서로 다르지만 식중독, 부패균은 일반적으로 사람의 체온(36~37℃) 범위에서 가장 잘 자라며 5~60℃까지 광범위한 온도 범위에서 증식이 가능하므로 식품을 보관할 때 이 범위를 벗어난 온도에서 보관하도록 하여야 함.
④ **적극적인 식중독 감시 활동 중요**: 적극적인 감시는 시기적절하게 정보를 증가시킬 수 있으며 관리측정 효과를 모니터링하기 위한 기준선을 만들기 위해 특별한 식중독 병원균에 의한 질병 부담을 더 정확하게 결정하는 데 도움을 줄 수 있음.

기출로 실력 올리기

01 1952년 영국 런던에서 대기오염으로 대규모의 사상자를 발생시킨 주된 원인물질은?

2020 서울시

① SO_2(아황산가스)
② CO_2(이산화탄소)
③ O_3(오존)
④ NO_2(이산화질소)

LINK 이론서 308p
난이도 상 중 하
중요도 ★★★★★
CHECK ☐☐☐

01 환경과 건강 – 대기 오염물질 ①

추가 학습

구분	런던형	LA형
발생 시 온도	-1~4도	24~32도
발생 시 습도	85% 이상	70% 이하
기온역전형태	방사성역전	침강성역전
풍속	무풍	5m/s 이하
발생하기 쉬운 시간	12~1월, 이른 아침	8~9월 낮
주된 성분	SO_2, CO	O_3, NO_2, HC
주로 사용한 연료	석탄 및 석유계	자동차매연

02 〈보기〉에서 설명하는 지구온난화 및 기후변화 대비 협약으로 가장 옳은 것은? 2020 서울시

| 보기 |

2015년에 채택되었으며 지구 평균온도 상승폭을 산업화 이전 대비 2℃ 이상 상승하지 않도록 합의

① 몬트리올 의정서 ② 바젤협약
③ 파리협약   ④ 비엔나협약

02 환경과 건강 – 지구온난화 및 기후변화 대비 협약 ③

추가학습

파리기후변화협약(2015년 12월)
전 세계 온실가스 감축을 위해 2015년 12월 12일 프랑스 파리에서 맺은 국제협약을 말한다. 이 협약에는 미국과 중국을 포함해 총 195개 국가가 서명. 산업화 이전 시기 대비 지구 평균기온 상승폭을 2도보다 상당히 낮은 수준으로 유지하는 것이 목표

출제분석

기후협약과 관련된 회의체는 keyword만 바로 알고 계시면 그 어떤 문제도 쉽게 풀 수 있어요. 예를 들면 "브라질 리우 회의 = 최초로 이산화탄소 배출 규제, 지구온난화 문제 인식"

---

03 1992년 브라질 리우데자네이루에서 체결한 유엔환경개발회의의 주요 기후협약내용은? 2014 서울시

① 국제보건 협력 강화
② 지구 온난화의 방지
③ 수질오염물질의 관리 강화
④ 건강유해인자의 건강피해 예방

03 환경과 건강 – 지구온난화 및 기후변화 대비 협약 ②

추가학습

지구온난화가 범국제적인 문제라는 것을 인식한 세계 정상들이 1992년 브라질 리우에 모여 지구온난화를 야기하는 화석연료 사용을 제한하자는 원칙을 정하면서 이를 추진하기 위해 매년 당사국 총회(COP)를 열기로 하였다. 그 후 1997년 일본 교토에서 열린 제3차 당사국 총회(COP3)는 선진국으로 하여금 이산화탄소 배출량을 1990년 기준으로 5.2% 줄이기로 하는 교토의정서를 만들어 냄.

04 상수도의 정수과정 중 완속여과법과 급속여과법에 대한 설명으로 가장 옳은 것은?

2022 서울시

① 완속여과법은 보통침전법 후 사용되는 방법이다.
② 급속여과법은 사면대치의 청소방법을 사용한다.
③ 완속여과법은 여과 면적이 좁을 때 적당한 방법이다.
④ 급속여과법은 건설비는 많이 드나 경상비는 적게 든다.

---

04 환경과 건강 – 물과 건강 – 상수도의 정수과정 ①

선지체크
② 완속여과법은 사면대치의 청소방법을 사용한다.
③ 급속여과법은 여과 면적이 좁을 때 적당한 방법이다.
④ 완속여과법은 건설비는 많이 드나 경상비는 적게 든다.

추가 학습

급속 여과법(약품 침전 후)
1. 기계적으로 자동화되므로 여과막을 일일이 세정할 필요가 없음.
2. 단시간 내에 다량의 물이 통과(완속의 30~40배)
3. 원수의 색도나 탁도가 큰 경우에 적합
4. 철분 함유, 조류 발생시, 수면의 동결이 쉬울 때 적합
5. 여과 면적이 좁을 때 적당한 방법
6. 시설비는 적게 드나 경상비가 많이 소요

완속 여과법(보통 침전 후)
1. 광대한 면적이 필요
2. 설비비는 많이 드나 경상비는 적게 소요
3. 사면대치의 청소방법을 사용

출제분석
완속여과법과 급속여과법에 대한 문제는 과거부터 지금까지 다빈도 출제이므로 꼭 기억하세요!

05 「먹는물관리법」과 「먹는물 수질기준 및 검사 등에 관한 규칙」에 따른 수돗물의 수질 기준으로 가장 옳지 않은 것은?
2019 서울시

① 납은 수돗물 1L당 0.01mg을 넘지 아니할 것
② 비소는 수돗물 1L당 0.01mg을 넘지 아니할 것
③ 수은은 수돗물 1L당 0.01mg을 넘지 아니할 것
④ 암모니아성 질소는 수돗물 1L당 0.5mg을 넘지 아니할 것

> **05** 환경과 건강 – 물과 건강 – 먹는물 기준 — ③
> ③ 수은은 수돗물 1L당 0.001mg을 넘지 아니할 것
>
> **추가학습**
>
> | 납 | 0.01mg/L를 넘지 않을 것 | 불소 | 1.5mg/L를 넘지 않을 것 |
> |---|---|---|---|
> | 수은 | 0.001mg/L를 넘지 않을 것 | 유리잔류염소 | 4.0mg/L를 넘지 않을 것 |
> | 비소 | 0.01mg/L를 넘지 않을 것 | 질산성질소 | 10mg/L를 넘지 않을 것 |
> | 벤젠 | 0.01mg/L를 넘지 않을 것 | 수소이온농도 | pH 5.8 이상 pH 8.5 이하 |
> | 암모니아성질소 | 0.5mg/L를 넘지 않을 것 | 탁도 | 1NTU를 넘지 않을 것 |
> | 포름알데히드 | 0.5mg/L를 넘지 않을 것 | 색도 | 5도를 넘지 않을 것 |
> | 카드뮴 | 0.005mg/L를 넘지 않을 것 | 일반세균 | 1mL 중 100CFU를 넘지 않을 것 |
> | 톨루엔 | 0.7mg/L를 넘지 않을 것 | 총대장균 | 100mL에서 미검출 되어야 함. |

06 수돗물의 수질검사를 시행한 후, 다음과 같은 결과를 얻었다. 다음 중 「먹는물 수질기준 및 검사 등에 관한 규칙」에 명시된 기준과 비교 시, 문제가 되는 검사결과는?
2014 서울시

① 암모니아성 질소: 0.7mg/L
② 유리잔류염소: 2.0mg/L
③ 일반세균: 50CFU/mL
④ 수소이온 농도: pH 8.4

> **06** 환경과 건강 – 물과 건강 – 먹는물 수질기준 및 검사 등에 관한 규칙 — ①
> 암모니아성질소 0.5mg/L 넘지 않아야 하지만 넘기 때문에 문제가 됨.

07 〈보기〉가 설명하는 실내오염 물질은? 2019 서울시

| 보기 |

- 지각의 암석 중에 들어있는 우라늄이 방사성 붕괴 과정을 거친 후 생성되는 무색, 무취, 무미의 기체
- 토양과 인접한 단독주택이나 바닥과 벽 등에 균열이 많은 오래된 건축물에 많이 존재함
- 전체 인체노출 경로 중 95%는 실내 공기를 호흡할 때 노출되는 것임
- 지속적으로 노출되면 폐암을 유발함

① 라돈
② 오존
③ 폼알데하이드
④ 트리클로로에틸렌

---

07 환경과 건강 – 실내오염 물질

추가 학습

라돈
비활성 기체족에 속하는 방사성 기체. 다른 비활성 기체들처럼 반응성이 매우 낮고, 자체의 색이나 냄새가 없는 기체. 라돈은 약 3.82일의 반감기를 가지는 방사성 원소이기 때문에 미국 환경보호국(EPA)에서 라돈 기체의 흡입을 흡연 다음의 폐암 요인으로 경고하고 있음. 과거에는 암 치료 등의 방사선을 이용한 치료와 가스 누출 탐지 등에 라돈을 이용하였으나, 그 위험성 때문에 현재는 이용하고 있지 않음.

출제분석
폐암 유발의 라돈이 침대에서 나와서 대량 폐기한 이슈가 있고나서 나온 문제예요.
월간송아름을 주목해주세요!

LINK 이론서 323-324p
난이도 상 중 하
중요도 ★★★★★
CHECK ☐☐☐

08 세균성 식중독은 감염형과 독소형으로 분류된다. 감염형 식중독의 특징에 대한 설명으로 가장 옳은 것은?

2022 서울시

① 잠복기가 비교적 길다.
② 균이 사멸해도 발생할 수 있다.
③ 식품을 가열처리해도 예방효과가 낮다.
④ 세균이 증가할 때 발생하는 체외독소에 의해 발생한다.

08 식품과 건강 - 식중독 🔑 ①

선지체크
② 균이 사멸하면 발생 가능성이 낮다.
③ 식품을 가열처리하면 예방효과가 높다.
④ 세균이 증가할 때 발생하는 감염에 의해 발생한다.

추가 학습
감염형 및 독소형 세균성 식중독의 차이
1. 감염형: 세균이 체내에서 대량 증식. 대량의 균이 소화기에 작용해서 일어나는 식중독이므로 잠복기가 길다.
2. 독소형: 세균이 증가할 때 발생하는 체외독소가 소화기에 작용하여 일어나는 식중독

09 세균성 식중독 중 독소형은?

2024 지방직

① 살모넬라 식중독
② 장염 비브리오 식중독
③ 황색포도상구균 식중독
④ 캠필로박터 식중독

---

09 환경보건관리 - 식품과 건강 - 식중독 ③

세균성 식중독은 포도상구균 또는 황색포도상구균 식중독 그리고 보툴리누스 식중독을 말한다.

선지체크
① 살모넬라 식중독 → 감염형 식중독
② 장염 비브리오 식중독 → 감염형 식중독
④ 캠필로박터 식중독 → 닭고기를 덜 익힌 상태, 축산식품이므로 → 병원성 대장균 식중독

추가학습
식중독의 종류
1. 감염형 세균성 식중독

	살모넬라 식중독 (제일 위험)	장염 비브리오 식중독	병원성 대장균 식중독
감염원	육류, 유제품, 달걀 등	해산물, 어패류, 물김치	분쇄육, 햄버거, 축산식품
감염경로	분뇨, 오수에 의한 식품오염	발육 조건이 갖추어지면 1~2시간 만에 증식	보균자, 동물의 대변에 의해 1차, 2차적 오염된 식품
잠복기	6~48시간	8~20시간	1~3일
증상	위장염(구토, 복통, 설사), 급성 발열	구토, 복통, 설사, 발열	두통, 빈혈, 발열, 심한설사
예방대책	• 가열 후 즉시 섭취 • 냉장보관	• 생식 금지 • 가열 처리	• 다진 고기류 74도 1분 이상 가열 • 생고기와 조리된 음식, 물 구분 보관 • 손 씻기

2. 독소형 세균성 식중독

	포도상구균 식중독 (제일 위험)	보툴리누스 식중독
감염원	유제품, 아이스크림, 케이크	통조림, 육류, 소시지, 밀봉식품
감염경로	• 손의 화농소 • 식품취급자 비인두 분비물	토양으로부터 나온 아포
잠복기	1~6시간으로 단시간	12~약 100시간
증상	구토, 복통, 설사(발열 無)	경련, 연하곤란, 신경성 증상
예방대책	화농소가 있는 사람은 식품취급 금지 → 끓여도 안전하지 않음	통조림 식품의 위생적 제조, 관리

출제분석
식중독 사망사건이 이슈이므로 식중독 문제 꼭 나온다고 했어요. 결국 나왔죠! 내년 시험 전에도 지켜봐야겠습니다.

10 「환경정책기본법 시행령」상 환경기준 중에서 대기환경의 기준 지표 항목에 해당하는 것은?

2023 서울시

① 아황산가스, 일산화탄소, 이산화질소, 벤젠, 납
② 이산화탄소, 이산화질소, 초미세먼지, 오존, 벤젠
③ 포름알데하이드, 이산화탄소, 초미세먼지, 벤젠, 납
④ 아황산가스, 염화수소, 오존, 초미세먼지, 일산화탄소

---

10 환경과 건강 - 대기와 건강 - 대기환경의 기준 지표 항목 ①

추가학습
「환경정책기본법」에 규정된 우리나라 대기오염 측정 항목
- 아황산가스
- 일산화탄소
- 미세먼지
- 이산화질소
- 오존
- 벤젠
- 납

Part 11

재난관리

출제경향

재난관리는 사회적 이슈가 없을때는 기본적인 개념을 묻는 문제가, 사회적 이슈가 있을때는 아주 구체적이고 실제적인 문제가 출제되어 왔습니다. 최근 3년 5% 출제분포를 보였습니다. 아래 키워드는 다빈도 출제이므로 더 꼼꼼하게 챙겨보셔야 합니다.

◆ 빈출 키워드
- 재난단계별 간호 • 재난의 분류 • 응급환자 구분 • 감염병 예방 및 위기대응단계

기분최고 핵심 잡기

기출문제 분석으로 최고의 고지에 도달하다!

01 재난단계별 간호(Petak 분류)

- **1단계: 재해의 완화와 예방(재난 발생 전)**
  ① 위험성 분석 및 위험 지도 작성
  ② 건축법 정비 제정, 재해 보험, 토지 이용관리
  ③ 안전 관련법 제정, 조세 유도
- **2단계: 재해의 대비와 계획(재난 발생 전)**
  ① 재난대응 계획, 비상경보체계 구축
  ② 통합대응체계 구축, 비상통신망 구축
  ③ 대응자원 준비, 교육훈련 및 연습
- **3단계: 재해의 대응(재난 발생 후)**
  ① 재난대응 적용, 재해진압, 구조 구난
  ② 응급의료체계 운영, 대책본부 가동
  ③ 환자 중증도 분류, 임시대피소 마련
- **4단계: 재해 복구(재난 발생 후)**
  ① 잔해물 제거, 감염 예방, 이재민 지원
  ② 임시 거주지 마련, 시설 복구

[재난 분류]
① 자연적 재난: 폭우, 폭설, 한파, 강풍, 태풍, 지진, 해일, 화산 폭발 등 자연현상으로 인하여 발생하는 재해
② 사회적 재난
  - 국가핵심기반 마비
  - 붕괴, 폭발, 항공사고, 해상사고, 화재, 화생방사고, 환경오염사고 등 대통령령으로 정하는 규모 이상의 피해

02 응급환자 구분

긴급(적색) 우선순위 1등급	- 생명을 위협하는 부상을 갖고 있으며, 저산소증에 놓인 자 - 쇼크, 흉부 상처, 내출혈, 의식 손실이 진행되고 있는 두부 외상, 피부 표면의 20~50%에 달하는 화상 등
응급(황색) 우선순위 2등급	- 신체 구조적 영향과 합병증을 동반한 부상을 가졌으나 아직 저산소증이나 쇼크 상태에 빠지지 않은 자 - 즉각적인 위험 없이 최대 2시간까지 견딜 수 있는 상태 - 다발성 골절, 개방성 골절, 척수 손상, 큰 부위 열상, 피부 표면의 10~20%에 달하는 화상과 당뇨성 혼수, 인슐린 쇼크, 간질적 발작과 같은 의료적 응급 등 - 철저한 관찰이 필요하며, 쇼크 등의 증상을 보일 시 우선순위 1등급으로 재분류될 수 있음.
비응급(녹색) 우선순위 3등급	- 구조적 합병증을 동반하지 않는 최소한의 부상을 가진 자 - 치료 없이 위험에 놓이지 않고 2시간 이상을 견딜 수 있는 상태 - 폐쇄성 골절, 약한 화상, 작은 열상, 좌상, 타박상 등
지연(흑색) 사망	- 생존 가능성이 없는 부상을 또는 이미 사망 - 머리나 가슴이 짓눌린 압좌 부상 같은 심각한 부상을 가진 자로서 최선의 환경을 제공하여도 생존 가능성이 없는 상태 - 간호철학에 반대되기 때문에 이러한 환자들에게 치료를 중단하는 것이 가장 어려우나 재난 중 환자 분류는 개인보다는 희생자의 생존자 수를 높이는 것이 목적임.

[혼합색(contaiminated)]
① 위험한 박테리아나 화학적 물질에 오염된 자
② 치료 전 오염되지 않은 지역으로 빨리 이동시켜야 함.

03 감염병 예방 및 위기대응단계

- 평상시
  ① 국가위기 상황과 평상시(국가위기상황을 제외한 모든 상황)로 구분하여 예방 및 위기대응 방안 제시
  ② 잠재적인 재난의 위험 파악, 재난 시 계획 수립, 수립된 계획의 반복적 연습, 자원봉사자와 건강관리 제공자들의 훈련 및 교육

- 대응단계 기간 및 후속조치

단계	상황	시작 시점	종료 시점	후속 조치
대응 제1단계	감염병 유증상자 존재	유증상자 발견	감염병 아님을 확인	"예방단계"로
			감염병환자 발생 확인	"대응 제2단계"로
대응 제2단계	의료기관으로부터 확인받은 감염병 의심 환자 존재	의료기관 진료 결과 감염병 의심환자 발생 확인	기존 의심환자가 완치되고 추가 의심환자 미발생	"예방단계"로
			추가 의심환자 발생 확인을 통해 유행의심 기준 충족	"대응 제3단계"로
대응 제3단계	감염병(의심)환자 2명 이상 존재	추가 의심환자 발생 확인을 통해 유행의심 기준 충족	기존 모든 의심환자가 완치되고 추가 의심환자 미발생	"복구단계"로

기출로 실력 올리기

LINK 이론서 335-336p
난이도 상 **중** 하
중요도 ★★★★★
CHECK ☐☐☐

01 재난 관련 위험을 예방하고 위험 및 관련 재해로 인한 악영향을 최소화하기 위한 재난 단계의 활동에 해당하는 것은?

2022 서울시

① 임시대피소 마련
② 중증도 분류 진료소 설치
③ 심리적 지지 프로그램
④ 안전점검 및 안전교육

---

01 재난관리 – 재난단계별 간호(Petak 분류) 🔑 ④

재해 위험을 예방하기 위해 재난 발생 전 안전교육을 하고 안전점검을 한다.

선지체크
① 임시대피소 마련 → 재해의 대응
② 중증도 분류 진료소 설치 → 재해의 대응
③ 심리적 지지 프로그램 → 재해 복구

추가학습
재난단계별 간호(Petak 분류)
1. 1단계: 재해의 완화와 예방(재난 발생 전)
   ① 위험성 분석 및 위험 지도 작성
   ② 건축법 정비 제정, 재해 보험, 토지 이용관리
   ③ 안전 관련법 제정, 조세 유도
2. 2단계: 재해의 대비와 계획(재난 발생 전)
   ① 재난대응 계획, 비상경보체계 구축
   ② 통합대응체계 구축, 비상통신망 구축
   ③ 대응자원 준비, 교육훈련 및 연습
3. 3단계: 재해의 대응(재난 발생 후)
   ① 재난대응 적용, 재해진압, 구조 구난
   ② 응급의료체계 운영, 대책본부 가동
   ③ 환자 수용, 환자 중증도 분류, 임시대피소 마련
4. 4단계: 재해 복구(재난 발생 후)
   ① 잔해물 제거, 감염 예방, 이재민 지원
   ② 임시 거주지 마련, 시설 복구

출제분석
재난단계별 간호는 점점 중요성이 커지고 보건소 차원에서도 의료기관에 재난시뮬레이션을 요청하는 추세이므로 반드시 달달달 외워주세요!

02 재난관리를 위해 대피소 운영, 비상의료지원, 중증도 분류가 이루어지는 단계는?

2021 지방직

① 예방단계 ② 대비단계
③ 대응단계 ④ 복구단계

> **02 재난관리 - 재난단계별 간호(Petak 분류)** ③
> 실제 상황에서 재난을 대응하면서 임시대피소를 운영하고 중증도분류가 이루어지는 단계는 재난 발생 직후 재해의 대응 단계를 말한다.
>
> **추가 학습**
> 3단계: 재해의 대응(재난 발생 후)
> 1. 재난대응 적용, 재해진압, 구조 구난
> 2. 응급의료체계 운영, 대책본부 가동
> 3. 환자 수용, 간호, 보호 및 후송

03 Petak의 재난관리 과정 중 완화·예방단계에 해당하는 활동은?

2020 지방직

① 생필품 공급
② 부상자의 중증도 분류
③ 위험지도 작성
④ 이재민의 거주지 지원

> **03 재난관리 - 재난단계별 간호(Petak 분류)**
> 재난 발생 전을 두 가지 단계로 나누는데 시간이 확보된 상태에서 위험지도 작성, 관련 법 제정 및 개정이 이루어지는 단계를 1첫째 단계인 재해의 완화와 예방이라고 한다.
>
> **추가 학습**
> 1단계: 재해의 완화와 예방(재난 발생 전)
> 1. 위험성 분석 및 위험 지도 작성
> 2. 건축법 정비 제정, 재해 보험, 토지 이용관리
> 3. 안전 관련법 제정, 조세 유도

04 「재난 및 안전관리 기본법」에 따른 사회재난에 해당하지 않는 것은?   2019 서울시

① 소행성 등 자연우주물체의 추락으로 인해 발생한 재해
②「감염병의 예방 및 관리에 관한 법률」에 따른 감염병으로 인한 피해
③ 화재, 붕괴 등으로 인해 발생된 대통령령으로 정하는 규모 이상의 피해
④「가축전염병 예방법」에 따른 가축전염병의 확산으로 인한 피해

---

04 사회재난 🔑 ①
① 소행성 등 자연우주물체의 추락으로 인해 발생한 재해 → 자연적 재난

추가학습
1. 자연적 재난: 폭우, 폭설, 한파, 강풍, 태풍, 지진, 해일, 화산폭발 등 자연현상으로 인하여 발생하는 재해
2. 사회적 재난
   ① 국가핵심기반 마비
   ② 붕괴, 폭발, 항공사고, 해상사고, 화재, 화생방사고, 환경오염사고 등 대통령령으로 정하는 규모 이상 피해

---

05 재난이 발생했을 때 중증도 분류체계에 따라 환자를 4개의 중증도로 분류하고 있으며, 이를 색깔로 나타내고 있다. 부상이 크지 않아 치료를 기다릴 수 있는 환자로서 대부분 보행이 가능하며 이송이 필요없고 현장에서 처치 후 귀가할 수 있는 상태를 나타내는 색깔은?   2016 서울시

① 빨강(적색)
② 노랑(황색)
③ 초록(녹색)
④ 검정(흑색)

---

05 재난관리 – 응급환자 간호 🔑 ③
부상이 크지 않고 보행이 가능하여 이송이 필요없을 정도면 녹색등급(3등급)이라고 할 수 있다.

추가학습
녹색(green): 우선순위 3등급
1. 구조적 합병증을 동반하지 않는 최소한의 부상을 가진 자
2. 치료 없이 위험에 놓이지 않고 2시간 이상을 견딜 수 있는 상태
3. 폐쇄성 골절, 약한 화상, 작은 열상, 좌상, 타박상 등

06 「학교 감염병 예방·위기대응 매뉴얼」(제3차 개정판)상 다음 내용에 해당하는 학교 내 감염병 발생 시 대응단계는?

2024 지방직

> 감염병 유증상자를 발견하여 의료기관 진료를 통해 감염병(의심) 환자 발생 여부를 확인하는 단계

① 예방단계
② 대응 제1단계
③ 대응 제2단계
④ 대응 제3단계

---

06 재난관리 – 감염병 예방 및 위기 대응 단계 – 학교 내 감염병 발생 시 대응단계

🔑 ②

진료를 통해 감염병 의심 환자 발생에 대해 확인하는 단계를 대응 1단계라고 한다.

선지체크
① 예방단계: 감염병을 예방하기 위하여 생활수칙을 지키는 단계
③ 대응 제2단계: 의료기관으로부터 확인받은 감염병 의심환자 존재
④ 대응 제3단계: 감염병 의심환자 2명 이상 존재

추가 학습
학교 내 감염병 발생 시 대응단계

단계	상황	시작 시점	종료 시점	후속 조치
대응 제1단계	감염병 유증상자 존재	유증상자 발견	감염병환자 발생 확인	"대응 제2단계"로
			감염병 아님을 확인	"예방단계"로
대응 제2단계	의료기관으로부터 확인 받은 감염병 의심환자 존재	의료기관 진료 결과 감염병 의심환자 발생 확인	추가 의심환자 발생 확인을 통해 유행의심 기준 충족	"대응 제3단계"로
			기존 의심환자가 완치되고 추가 의심환자 미발생	"예방단계"로
대응 제3단계	감염병(의심) 환자 2명 이상 존재	추가 의심환자 발생 확인을 통해 유행의심 기준 충족	기존 모든 의심환자가 완치되고 추가 의심환자 미발생	"복구단계"로

출제분석
코로나19 이후로 지자체 각 사업단위로 모의훈련을 하므로 이슈가 있는 문제라고 할 수 있어요!

07 우리나라 재난안전관리에 대한 설명으로 가장 옳은 것은? 2023 서울시

① 응급처치반은 재난현장에서 발생한 사상자를 검진하여 분류한 후 긴급, 응급환자에 대한 응급처치를 담당한다.
② 재난예방 장기계획의 수립, 개발규제 및 건축기준 등 법규를 마련하는 것은 대비단계의 활동 내용이다.
③ 대규모의 재난 시 중앙재난안전대책본부장은 행정안전부장관이다.
④ 현장응급의료소의 인력은 응급의학 전문의를 포함한 의사 3명, 간호사 1명, 1급 응급구조사 5명 이상으로 편성한다.

---

07 재난관리 - 재난안전관리 ③

선지체크
① 응급처치반은 인계한 긴급과 응급환자에 대해 응급처치를 담당한다. 응급처치사항을 응급환자분류표에 기록하고 신속히 이송반에게 인계한다.
② 재난예방 장기계획의 수립, 개발규제 및 거축기준 등 법규를 마련하는 것은 예방 및 완화단계의 활동 내용이다.
④ 현장응급의료소의 인력은 응급의학 전문의를 포함한 의사 3인, 간호사 4인 및 보조요원 1인 이상으로 편성한다.

출제분석
국가적 재난 또는 지역사회, 의료기관에서의 재난 발생 시 어김없이 출제되는 재난관리 문제입니다. 2022년 서울에서 대규모 압사사고가 있어서 출제될 수 있다고 언급드렸는데 역시 출제되었습니다. 지금까지 출제되었던 양상과 다르게 출제되었기 때문에 실질적인 내용이 많이 출제되었어요.

송아름 간호직